MARLENE DIETRICH ADRESSBUCH

W0012396

MARLENE DIETRICH ADRESSBUCH

Herausgegeben von
Christine Fischer-Defoy

: TRANSIT

Impressum

Die Veröffentlichung und fotografische Wiedergabe des Adreßbuches von Marlene Dietrich erfolgt mit freundlicher Genehmigung ihrer Tochter Maria Riva und der Marlene Dietrich Collection GmbH, München.
Die Veröffentlichung und fotografische Wiedergabe von Briefen und Fotografien aus dem Nachlaß von Marlene Dietrich erfolgt mit freundlicher Genehmigung der Marlene Dietrich Collection Berlin.
Sämtliche, auch auszugsweise Verwertungen bleiben vorbehalten.

Umschlag, Gestaltung, Satz und Lithografie: Reschke, Steffens & Kruse, Berlin/Köln
Druck und Bindung: Pustet KG, Regensburg

© für Briefe und Fotografien aus dem Nachlaß von Marlene Dietrich:
Filmmuseum Berlin – Marlene Dietrich Collection
© für diese Ausgabe:
: **TRANSIT** Verlag 2003, Gneisenaustraße 2, 10961 Berlin
www.transit-verlag.de
ISBN: 3-88747-183-0

Bildnachweis:

Bis auf die Abbildung S. 122 entstammen alle Abbildungen dem Nachlaß von Marlene Dietrich im Filmmuseum Berlin – Marlene Dietrich Collection.
Wolfgang Albrecht: S. 116, Pierre Bajo: S. 182, Magdalena v. Bismarck: S. 122, Lennart Carlén: S. 242, Neville Clayton: S. 300, Csaszik: S. 287, Fritz Dreyer: S. 129, L. Dwobinski: S. 310, Arno Fischer: S. 102, 104–106, 166, Bengt Malmqvist: S. 235, Victoriano Marquez: S. 213, Willy Rizzo: S. 281, Sado: S. 179, Kurt Schraudenbach: S. 280, Seal Reporter: S. 216, Liselotte Strelow: S. 148, Inez Van t'Hoff: S. 152, 166.
Nicht in allen Fällen konnten die Rechteinhaber festgestellt werden.
Wir bitten eventuelle Rechtsnachfolger, sich beim Verlag zu melden.

Inhalt

Werner Sudendorf

Vorwort

Das Adreßbuch einer jeder fremden Person ist wie die fremde Person selbst – es hat Geheimnisse, birgt vielleicht Versprechungen, spricht in Rätseln und manches kommt einem merkwürdig bekannt vor. Mit dem ersten Blick ist man im Unbekannten, Fremden, Nicht-Vertrauten. Möchte man das kennenlernen, in das fremde Leben eintauchen? Deutlich ahnt man, daß dies Leben möglicherweise nicht so weit entfernt ist von dem eigenen: aufgeteilt in ein System von Koordinaten, in dem sich der Autor des Adreßbuches, genauer ein Teil davon bewegt. Neben den im Adreßbuch notierten Namen gibt es ja die des täglichen Umgangs, die lange unveränderten Anschriften und Telefonnummern, die es nicht aufzuschreiben lohnt. Man kennt sie auswendig. Und es gibt die zufällig aufgeschriebenen Adressen, die überzähligen, die, nachdem sie festgehalten wurden, im weiteren Leben keine Rolle spielen. Dahinter können sich unerfüllte Hoffnungen verbergen, kleine Abenteuer, auch Banalitäten.

Ganz anders ist die Aura eines solchen Buches aus dem Besitz von Prominenten. Das könnte einen Blick in das Private gestatten, in das, was vor der Öffentlichkeit verborgen gehalten und nun endlich offenbar wird. Jeder bekannte Name ein Anlaß zu Spekulation, zu wilden Phantasien, das Ganze ein unendlicher Klatschblatt-Artikel im Rohzustand – der Lottogewinn des Boulevard-Journalismus, eine Lieschen-Müller-Phantasie.

Marlene Dietrichs Adreßbuch verrät einiges über ihr Privatleben, aber nichts, mit dem der Boulevard sich großartig amüsieren könnte. Es ist das Logbuch einer Künstlerin, die sich jene Namen notiert, die zu ihrem professionellen Leben als Showstar einen Beitrag leisten. Neben Adreßbüchern stellte Marlene auch Adressenlisten auf: zu einzelnen Filmproduktionen, zu Weihnachten, zu Anlässen, die uns bislang unbekannt geblieben sind. Daneben gibt es »die Zettelei«, und wenn man die Briefe, die geschriebenen und erhaltenen, die Rechnungen und die in den Tagesplanern enthaltenen Adressen zusammenfassen würde, dann erhielten wir eine schier unendliche Liste. Nur eines benutzte Marlene nicht: einen Computer oder ein digitales Adreßbuch. Das kam erst später und darüber dürfen wir glücklich sein. Was für einen Aufwand werden Archivare zukünftiger Generationen betreiben müssen, um die simpelsten Informationen wiederherzustellen, und was werden die Museen dann ausstellen?

Das Büchlein wurde in der Zeit um 1960 angelegt, jener Zeit also, in der Marlene rastlos durch die Welt tourte. Hier ein eher globaler Entwurf ihres Reise- und Arbeitspensums:

1960 tritt sie auf in den USA, in Österreich, Deutschland, Dänemark, Norwegen, Schweden, Schweiz, Holland, Israel, Spanien und Canada.

1961 – in diesem Jahr wird sie 60 Jahre – dreht sie den Film »Judgment at Nuremberg« und tritt live nur in den USA auf.

1962 geht die Reise durch die USA, dann nach Frankreich, Deutschland, Holland, England und in die Schweiz. Sie spricht den Kommentar zu dem Dokumentarfilm »The Black Fox«.

1963 singt sie in Monaco, Belgien, England, Spanien, Deutschland, Mexico, den USA und Schweden.

1964 ist sie in Polen, Schweiz, Rußland, Dänemark, Schweden, Frankreich, Italien, Schottland, den USA, Canada und England.

Wie nebenbei produziert sie in diesen Jahren rund dreißig neue Lieder und eine Langspielplatte in zwei verschiedenen Versionen.

Das ist selbst für heutige Verhältnisse ein enormes Arbeitspensum, das sich ohne weiteres für die darauf folgenden Jahre weiterschreiben läßt. Wie sähe das Adreßbuch eines Stars der Gegenwart bei einer solchen Produktivität, mit einem solchen Arbeitseifer aus? Da gäbe es zunächst die eigene Firma mit Sekretären und Sekretärinnen, den Personenschutz, die Anwälte, die Manager, die Steuer- und Vermögensberater – das alles würde schon ein Buch vom Umfang des vorliegenden Werkes füllen. Natürlich hatte Marlene Dietrich auch eine Firma, auch Manager und Anwälte – aber die Firma besteht nur aus ihr und manchmal aus ihr und der Tochter Maria. Marlene Dietrich Incorporated war die Frau, die der Firma den Namen gab. Erreichen konnte man die Firma – es gab noch keinen Anrufbeantworter – nur dort, wo die Chefin sich aufhielt.

Marlene ist ein Arbeitstier, aber ist sie auch das, wofür man sie hält, was die Menschen in ihre Konzerte treibt – die femme fatale, eine lebende Ikone der Alterslosigkeit und Erotik, umgeben von Glanz und Ruhm? Man darf ruhig davon ausgehen, daß sie dies alles wenig bis gar nicht interessiert hat. Sie ist vollauf damit beschäftigt, diese Imaginationen zu produzieren. Sie vor- oder nachzuleben überläßt sie gerne anderen. Ihr Alltag und ihre Shows folgen einem strengen, unerbittlichen Reglement. Disziplin ist ihre herausragende Charaktereigenschaft. Ohne Disziplin könnte sie ihr Pensum nicht bewältigen. Zu einer Show in Chicago notiert sie: »The show was exactly timed and lasted for 1 hour 41 minutes.«

Christine Fischer-Defoy präsentiert mit diesem Buch einen ganz eigenen und durchaus individuellen Zugang zu Marlene Dietrichs Leben. Ein Leben oder vielmehr ein Lebensabschnitt, gesehen durch ein Adreßbuch, gefiltert durch die Möglichkeit oder Unmöglichkeit, etwas über die zumeist wenig prominenten Namen herauszufinden, gespiegelt durch die von Marlene aufgehobenen Briefe und Zeugnisse, geformt durch die Auswahl von Zitaten und die beigegebenen Kommentare. Man mag das Buch für eine Art von privatem Lexikon halten; ein Lexikon liest man in der Regel nicht. Dies Buch kann man in einem Zug lesen, ja man tut sogar gut daran, es nicht mit einem Nachschlagewerk zu verwechseln. Wir erleben Marlene Dietrich bei der Arbeit. Es ist ein gelungenes Stück Arbeit – in jedem Sinne.

Christine Fischer-Defoy

Ein Reiseführer durch Marlene Dietrichs Universum

In einem der unzähligen Archivkartons, die Marlene Dietrichs Nachlaß im Berliner Filmmuseum bergen, findet sich ein kleines, vom häufigen Gebrauch abgegriffenes und zerfleddertes rotes Adreßbuch mit der archivalischen Bezeichnung »Europa«. Es ist eines von acht Adreßbüchern, einige haben das gleiche Format von 7,5 mal 11,5 cm und wurden von der Londoner Firma »T.J.&J.Smith« hergestellt – einer Traditionsfirma: »Leathersmith of London Ltd. Established over 100 years« heißt es schon in den 1950er Jahren im Impressum.

Es war kein Zufall, daß es irgendwann meine Neugier weckte. Mit den Recherchen zu David Rivas Dokumentarfilm über seine Großmutter [»Marlene Dietrich – Her Own Song«, 2001] war ich über Monate auf den Spuren von Marlene Dietrich im Nachlaß unterwegs und genoß das Privileg, meine Tage mit der Lektüre von umfangreichen Liebesbriefen aus den Händen ihrer zahlreichen Verehrer – und ihren in der Regel erheblich kürzeren Antworten – zu verbringen. Ein Jahr zuvor hatte ich zusammen mit Susanne Schaal und Lothar Steffens das private Adreßbuch von Paul Hindemith kommentiert und veröffentlicht. Es juckte mir also in der Nase, den Karton mit der Aufschrift »Adreßbücher« aus dem Regal zu fischen und seinen Inhalt zu betrachten.

Das nur unzureichend mit »Europa« bezeichnete kleine Büchlein reicht, wie das von Marlene Dietrich eigenhändig vorangestellte Inhaltsverzeichnis zeigt, weit über das »alte Europa« hinaus. In Wahrheit enthält es ein Universum: Marlene Dietrich's private und berufliche Kontakte in alle Welt. Hier finden sich private Telefonnummern von Freunden und Kollegen wie Charlie Chaplin, Orson Welles, Hildegard Knef oder Max Colpet, von Politikern wie Willy Brandt, Liebhabern wie Erich Maria Remarque oder von »amitiés amoureux« wie Noel Coward, Journalisten wie Friedrich Luft oder Alfred Braun, Fotografen wie Arno Fischer, Herbert List oder Bengt Malmqvist und Konzertveranstaltern wie Fritz Rau neben Institutionen wie dem Salzburger Festspielhaus und natürlich jede Menge Friseure, Hotels, Fluggesellschaften und Konsulate. Nicht zu vergessen die Ärzte und Rechtsanwälte, die der Diva in fast jeder hier genannten Stadt der Welt zu Diensten waren.

Marlene Dietrich schuf sich dazu ihr eigenes System: Unter den verschiedenen Buchstaben des Adreßbuches findet man bei ihr nicht die alphabethisch aufgeführten Namen, sondern Städte und Länder: die Schweiz unter »A« bis »C«, Berlin unter »D«, Baden-Baden unter »G«, Amsterdam unter »K«, Italien unter »W«, Tel-Aviv unter »Y« und Südafrika unter »Z«. Einige Zuordnungen scheinen noch Sinn zu machen: Berlin gehört zu Deutschland, wie Baden-Baden zu Germany, Hamburg steht passend unter »H«. Doch im Laufe der Jahre geriet das System außer Kontrolle, wie Marlene Dietrichs Einschübe und Ergänzungen ihres Inhaltsverzeichnisses belegen.

So erschließt sich die Reihenfolge eher über Marlene Dietrichs biographische Daten, denn das Adreßbuch »Europa« folgt, abgesehen vom Ersteintrag der Schweiz, ihren Konzerten in den 1960er und 1970er Jahren. Es war ihr Reisebegleiter auf der ersten Europa-Tournée 1960, die sie neben Berlin in die von »E« bis »H« genannten westdeutschen Städte Köln, Düsseldorf, Hamburg, München und Wiesbaden führte – nicht jedoch zu ihrer Schwester Elisabeth Will in Bergen-Belsen, auch wenn sie ihre Adresse gleichwohl unter »F–G« eintrug. Auch die weiteren Einträge folgen ihren Konzerten: Amsterdam (»K«), Madrid (»O«) und Wien (»N«) standen noch im selben Jahr auf dem Reiseplan, das Konzert in Wien wurde jedoch kurzfristig abgesagt. Und schon greift Marlenes »Europa« über sich hinaus: Das 1960er Gastspiel in Toronto hinterließ unter »R« seine Spuren, und die Auftritte 1974 in Mexico City (»U«) und Rio (»V«) stehen in ihrer Tournéetätigkeit ebenso wie ihre Buchstaben im Alphabet relativ am Schluß. Doch auch bei diesem Versuch, Marlene Dietrichs Ordnung biographisch zu entschlüsseln, bleiben Rätsel: Warum verbirgt sich Südafrika, wohin sie bereits 1965 reiste, unter »Z«? Und wieso steht Australien, das sie im selben Jahr besuchte, zusammen mit Belgien unter »M«? Vermutlich wuchs das Büchlein im Laufe der Jahre mit Einträgen zu, und sie entschied sich, den leer gebliebenen Seiten neue Bezeichnungen zu geben.

Von der Reihenfolge der Einträge und ihren beruflichen wie privaten Bezügen her läßt sich eine zeitliche Zuordnung des Adreßbuches »Europa« auf die 1950er bis 1970er Jahre treffen. Die Geschichten jedoch, die sich hinter den Adressen oder Telefonnummern verbergen, umfassen Marlene Dietrichs Leben von 1901 – zum Beispiel die Beziehung zu ihrer älteren Schwester Elisabeth – bis 1992: Der letzte Brief ihres Freundes Mago (siehe unter Stockholm) ist vier Tage vor ihrem Tode abgestempelt. Dazwischen liegen fast lebenslange Freundschaften, wie zum Beispiel zu Max Colpet, ihrem ersten Namenseintrag im Adreßbuch, Liebschaften aus den 1930ern, wie etwa Hans Jaray, mit dem sie 1933 ein Techtelmechtel in Wien verband, und späte Flirtagen, wie Ricardinho Passanello, der 25jährige brasilianische Playboy, den sie 1959 in Rio eroberte. Einige der frühen Liebhaber wurden gute Freunde, wie zum Beispiel Brian Aherne, den sie in den 1960er Jahren in der Schweiz besuchte.

Adreßbücher öffnen wie ein Schlüsselloch den Blick in die Banalitäten des Alltags, auch wenn es »Alltägliches« bei Marlene Dietrich kaum gegeben haben mag. Die Kontakte, von denen ihre Einträge erzählen, reichen von Geschäftlichem bis zu Leidenschaftlichem – wobei auch das Geschäftlichste nie von Leidenschaft frei war. Auf ihren Konzertreisen schleppte sie stets eine kleine Reiseschreibmaschine mit, um von den diversen Hotels aus ihre Geschäftspost zu erledigen. Und darin erfährt man sie häufig als schreibende Furie, die ihren Gefühlen nicht nur mit eigenwilliger Rechtschreibung und Interpunktion, die in diesem Buch allen Korrekturprogrammen zum Trotz beibehalten wurde, sondern auch mit drastischen Worten Ausdruck gab: »You can kiss my ass in spades I remain standing [Sie können mich ordentlich am Arsch lecken, es wirft mich nicht um],« schreibt sie 1956 an Marcello Girosi, den Produzenten von »Monte Carlo Story«. Auch die Poker-Sprache war ihr nicht fremd.

Viele der Einträge betreffen Bühnentechniker oder Beleuchter ihrer Shows, Dolmetscherinnen und Friseure, denen sie eine freundschaftliche Aufmerksamkeit widmete, um im Gegenzug von ihnen auf Händen getragen zu werden. Und man erfährt auf diese Weise, daß Marlene Dietrich zu den »kleinen Leuten« offensichtlich sehr herzliche Beziehungen pflegte. Es war jedoch, wie die Korrespondenz zeigt, nicht leicht, ihren Ansprüchen – etwa denen nach Sauberkeit im Hotel und auf der Bühne – gerecht zu werden. War sie zufrieden, dankte sie es mit persönlichen Briefen und kleinen Geschenken, oft auch mit Einladungen nach Paris oder New York, oder sie schickte zumindest eine Schallplatte oder eine Autogrammkarte aus Paris.

Unmittelbar daneben gibt es Einträge, die auf Liebesbeziehungen verweisen, die häufig nach dem gleichen Schema verliefen: kam jemand der Diva zu nahe, stellte gar Forderungen, verlangte Aufmerksamkeit oder zumindest eine gelegentliche Nachricht, so wurde dies umgehend mit Mißachtung gestraft. Die traf Männer wie Frauen, Liebhaber wie Erich Maria Remarque ebenso wie gute Freunde: »Wenn Du keine anderen Sorgen hast, als auf ein Geburtstagsgrüßchen zu warten wie ein Kind, beneide ich Dich« [Brief an Max Colpet]. Nur selten war es umgekehrt, so etwa in der Affäre mit Raf Vallone, die Marlene ihrerseits zur sehnsüchtig Wartenden machte – »... moi j'ai seulement la force de mon amour et je l'emploie mal. Je devient quelqu'un que je ne connais pas« [Ich habe nur die Kraft meiner Liebe, und ich setze sie falsch ein. Ich werde zu jemandem, den ich nicht kenne – Brief an Raf Vallone].

Und noch eines offenbart dieses unscheinbare kleine Adreßbuch: Mag Marlene Dietrich in den Augen ihrer Kritiker in diesem oder jenem Punkte fragwürdig sein, ihr Anti-Nazismus war eine – wenn nicht die – Tugend ihres Lebens. So überrascht es nicht, unter den eingetragenen Adressen deutsche Emigranten zu finden, denen sie freundschaftlich verbunden war und die sie – wie etwa Max Colpets Eltern – unterstützte. Neben dem Netzwerk der Ärzte und Rechtsanwälte gibt es so auch ein Netzwerk des Exils in Marlene Dietrichs Nachlaß zu entdecken, das in der Nachkriegszeit fortlebte. »Fault her if you dare«, ist Maria Rivas Standard-Antwort auf Fragen, die die Haltung ihrer Mutter betreffen. Marlene Dietrichs Engagement gegen alte und neue Nazis – so sammelte sie bis zu ihrem Tode Zeitungsausschnitte über die insbesondere nach der Wende 1989 verstärkten Neonazi-Aktionen in Deutschland und kommentierte sie mit dickem rotem Filzstift – ist nicht zu widerlegen. Ihre Reisen nach Warschau, Moskau und Jerusalem zu einer Zeit, da dies nicht als »political correctness« galt, offenbaren sie vielmehr als Überzeugungstäterin. Daß man in diesem Adreßbuch viele ihrer bekannten Kollegen, Freunde und Liebhaber vergeblich sucht, hat einen einfachen Grund. Sie führte separate Verzeichnisse für die Orte, an denen sie sich häufig aufhielt: New York, Hollywood, London und selbstverständlich Paris, ihren letzten Wohnort, in dem sie 1992 starb. Von Berlin, ihrem ersten Wohnsitz bis 1931, existiert kein Adreßbuch im Nachlaß. Möglicherweise hat sie es, als der Arbeitsaufenthalt in den USA zum Exil wurde, aus Vorsicht vernichtet.

Nicht zu allen in ihrem »Europa« genannten Personen fanden sich Korrespondenzen oder Materialien, aus denen sich eine Geschichte erzählen ließ. Die Recherche konzentrierte sich, um Authentizität bemüht, bewußt auf die Bestände des umfangreichen Nachlasses, Marlene Dietrichs eigenen Veröffentlichungen und die erst nach ihrem Tode 1992 publizierte Doppel-Biografie ihrer Tochter Maria Riva »Marlene Dietrich by her Daughter« – eine brillante und zugleich oft schmerzhaft-schonungslose Bilanz aus Marlene Dietrichs unmittelbarer »Umgebung«. Auch die Abbildungen – seien es Fotografien, Briefe oder Presseartikel, entstammen fast ausschließlich dem Nachlaß.

Dank

Mein besonderer Dank gilt Silke Ronneburg von der Marlene Dietrich Collection Berlin, denn ohne ihre detaillierte Sachkenntnis und Findigkeit im Nachlaß und ihre unerschütterliche Fröhlichkeit wäre dieses Buch nicht entstanden. Silke Ronneburg ist quasi der Dietrich zum Dietrich-Archiv, der die verborgensten Schatzkästlein öffnet und bisher unbekannte Marlene-Fotos – auch das gibt es noch: siehe unter Wien – ans Tageslicht fördert. Werner Sudendorf danke ich für Anregung und Kritik bei Durchsicht des Manuskriptes und für die Bereitschaft, das Buch durch ein sachkundiges Vorwort zu bereichern. Der Familie Riva, allen voran Maria Riva, gebührt mein Dank dafür, daß sie mich mit Ratschlägen unterstützte und mir uneingeschränke Einsicht in den Nachlaß gewährte. Holger Teschke half bei der Übertragung der englischsprachigen Zitate. Lothar Steffens hat dieses Buchprojekt von den ersten Überlegungen bis zum Druck mit konzeptionellen Ideen, gestalterischer Kompetenz und Liebe zum Detail begleitet. Und Ulrich Roloff-Momin verdanke ich die Gelassenheit, dem Auf und Ab dieses Projekts – und derer gab es einige – mit Langmut zu begegnen.

Christine Fischer-Defoy
Berlin, im Juli 2003

Vita

1901 am 27. Dezember als Maria Magdalene Dietrich in Berlin geboren; Schulbesuch in Berlin, Dessau und Mittenwald **1919–1921** Internat in Weimar **1922** erste Rollen an verschiedenen Berliner Theatern **1923** am 17. Mai Heirat mit Rudolf Sieber in Berlin **1924** am 13. Dezember Geburt der Tochter Maria **1929** erste Hauptrolle im Film »Die Frau, nach der man sich sehnt«; Probeaufnahmen und Vertrag zum Film »Der blaue Engel« **1930** Abreise in die USA nach der Uraufführung des Films »Der blaue Engel« am 1. April **1931** nach mehrmonatigem Aufenthalt in Berlin Übersiedlung mit ihrer Tochter Maria in die USA **1935** nach sieben gemeinsamen Filmen Trennung von ihrem Regisseur Joseph von Sternberg **1937** Annahme der amerikanischen Staatsbürgerschaft **1944/1945** Auftritte im Rahmen der Truppenbetreuung amerikanischer Soldaten an den Fronten in Europa **1947** Auszeichnung mit der »Medal of Freedom« für ihren Einsatz während des Zweiten Weltkrieges **1950** Ernennung zum »Ritter der Ehrenlegion« durch den französischen Staat **1953** in Las Vegas Beginn einer zweiten Karriere als Bühnenstar **1960** Gastspielreise durch Europa: die Auftritte in Deutschland werden von Protesten gestört; zu den weiteren Stationen ihrer Tournéen gehörten Holland, Israel, Spanien, USA und Canada **1962** Gastspiele in Las Vegas, Paris, Cannes, Düsseldorf und Den Haag **1963** Veröffentlichung des autobiografischen Buches »ABC meines Lebens«, Gastspiele unter anderem in Monte Carlo, Brüssel, Baden-Baden, Valencia, Mexico City, Stockholm und London **1964** Gastspiele in Warschau, Moskau, Leningrad, Stockholm, Göteborg, Kopenhagen und Edinbourgh **1965** Auftritte in Südafrika, Tournée durch Australien **1966** zweite Konzertreise nach Israel sowie unter anderem nach Warschau, Wroclav und Gdansk **1967** Gastspiel während der EXPO in Montreal **1968–1969** Gastspiele in verschiedenen Städten der USA sowie in Canada **1970** Konzert während der EXPO in Osaka, Japan **1973** Tournéen durch USA und Großbritannien sowie nach Kopenhagen, Malmö und Stockholm **1974** Tournée durch Mittel- und Südamerika sowie nach Japan **1975** Rückzug von der Bühne **1978** letzter Filmauftritt: in »Schöner Gigolo – armer Gigolo« mit David Bowie **1979** Veröffentlichung der Autobiografie »Nehmt nur mein Leben« **1992** am 6. Mai in Paris gestorben; die Beerdigung fand am 16. Mai in Berlin statt.

Editorische Notiz

Marlene Dietrich schuf sich für ihr Adreßbuch »Europa« ein eigenes System: den verschiedenen Buchstaben ordnete sie Städte und Länder zu, wie ihr handgeschriebenes Inhaltsverzeichnis zeigt:

A/B/C	Schweiz	P	Barcelona
D	Deutschland/Berlin	Q	Mexico City
E/F	München/Düsseldorf/	R/S	Canada/Toronto/Montreal
	Bergen-Belsen	S	Schweden/Stockholm
G	Baden-Baden/Wiesbaden/	T	Dänemark/Kopenhagen/
	Offenbach/Saarbrücken/		Finnland
H/I	Köln/Hamburg	U	Südamerika/Rio/Sao Paulo
J	»persons on tour 1960«	V	Argentinien
K	Holland/Amsterdam/	W/X	Italien/Rom
	Russland	Y	Israel/Tel-Aviv
L	Brüssel/Belgien	Z	Südafrika/Polen
M	Australien		
N	Österreich/Wien		
O	Spanien/Madrid		

Die erläuternden Geschichten im Kommentarteil folgen dieser Anordnung – oder vielmehr der Unordnung – ihrer Einträge im Adreßbuch. Die verwendeten Text-Zitate von Marlene Dietrich entstammen ihrem Berliner Nachlaß, dabei wurde die oft eigenwillige Rechtschreibung und die expressive Interpunktion des Originals beibehalten. Auf einen Anmerkungsapparat wurde verzichtet, alle Quellen finden sich unter den angegebenen Daten in der Sammlung der »Marlene Dietrich Collection Berlin«. Auch die verwendeten Fotografien kommen fast ausschließlich aus Marlene Dietrichs persönlichem Besitz. Nur in wenigen Fällen fanden sich dabei Angaben zu den Fotografen, die im Bildnachweis aufgeführt sind.

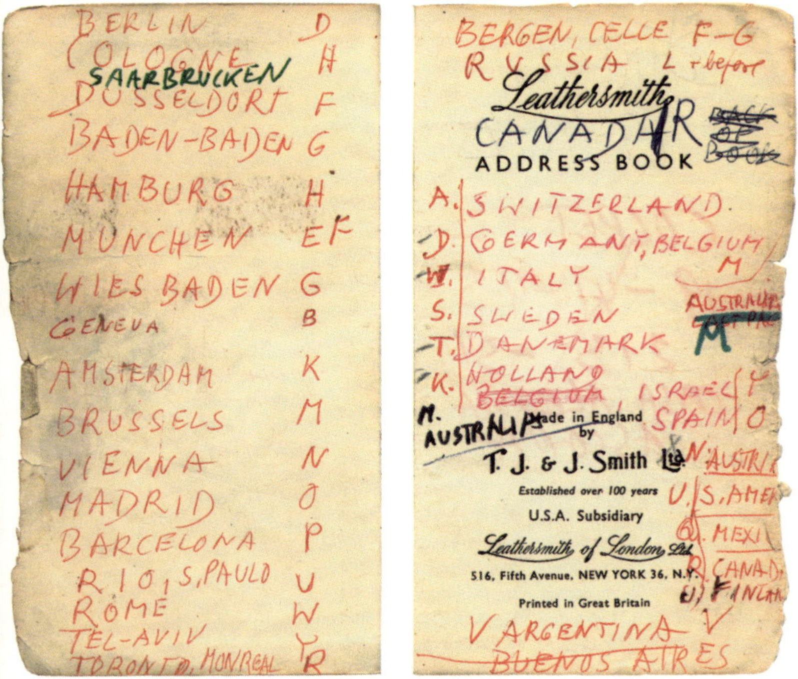

Left page (handwritten):

```
BERLIN              D
COLOGNE             H
SAARBRÜCKEN
DÜSSELDORF          F
BADEN-BADEN         G
HAMBURG             H
MÜNCHEN             EF
WIESBADEN           G
GENEVA              B
AMSTERDAM           K
BRUSSELS            M
VIENNA              N
MADRID              O
BARCELONA           P
RIO, S.PAULO        U
ROME                W
TEL-AVIV            Y
TORONTO, MONTREAL   R
```

Right page (handwritten over printed book cover):

```
BERGEN, CELLE   F-G
RUSSIA          L + before
```

Leathersmith
CANADAIR   BACK OF BOOK
ADDRESS BOOK

```
A.  SWITZERLAND.
D.  GERMANY, BELGIUM   M
W.  ITALY
S.  SWEDEN             AUSTRALIA
T.  DANEMARK           M
K.  HOLLAND
    BELGIUM   ISRAEL Y
M.  AUSTRALIA          SPAIN O
                       N AUSTRIA
                       U.S.AMER
                       MEXI
                       CANAD
                       FINLAN
V  ARGENTINA   V
   BUENOS AIRES
```

Printed text on cover:

Made in England
by
T. J. & J. Smith Ltd
Established over 100 years
U.S.A. Subsidiary
Leathersmith of London Ltd.
516, Fifth Avenue, NEW YORK 36, N.Y.
Printed in Great Britain

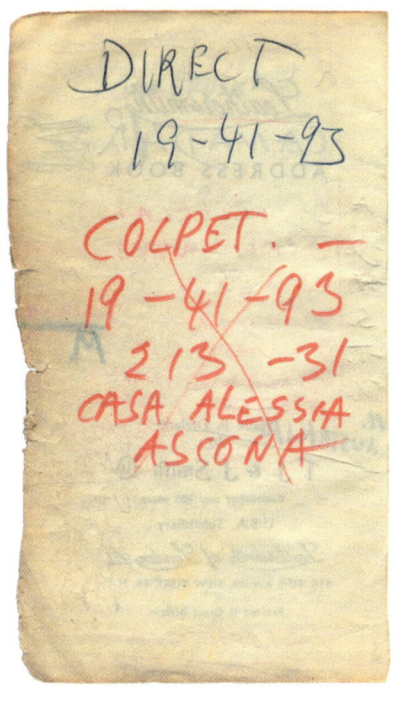

MAX COLPET A 69

HUG + CO **A 71**
DR. RUDOLF NISSEN **A 73**
LE ROSEY **A 73**
NIESSEN HOME

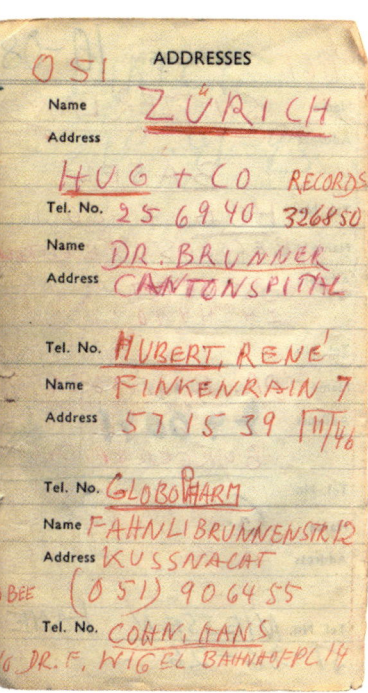

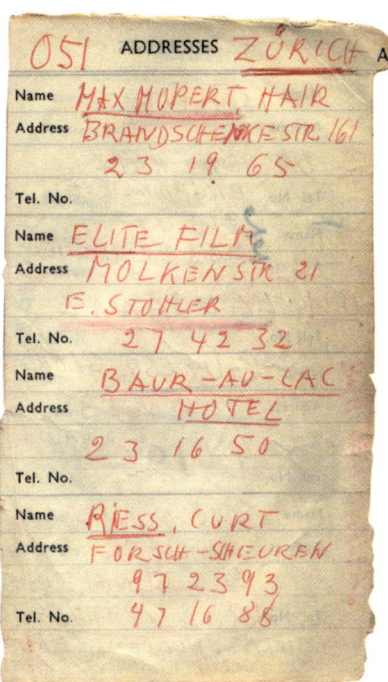

HUG + CO **A 71**
DR. BRUNNER
RENÉ HUBERT **A 74**
GLOBOPHARM
HANS COHN **A 74**

MAX MOPERT HAIR
ELITE FILM
E. STROHLER
BAUR-AU-LAC-HOTEL **A 75**
CURT RIESS **A 75**

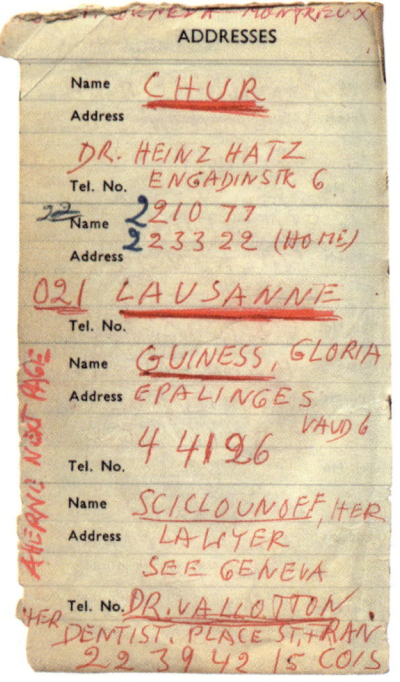

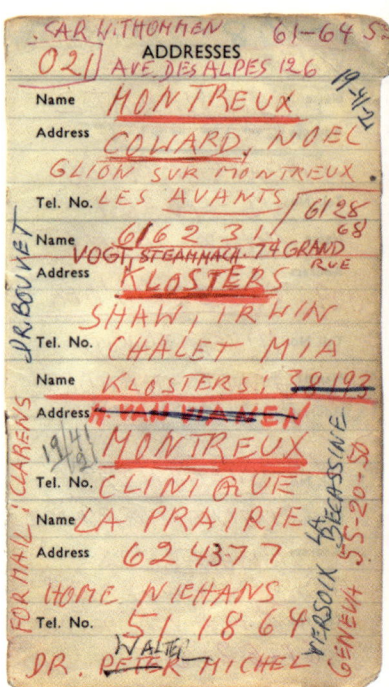

DR. HEINZ HATZ **B 76**
GLORIA GUINESS **B 77**
SCICLOUNOFF
DR. VALLOTTON

SAR W. THOMMEN
NOEL COWARD **B 79**
VOGT STEAMMACH
IRWIN SHAW **B 80**
M.VAN VIANEN
CLINIQUE LA PRAIRIE/NIEHANS/
DR. WALTER MICHEL **B 80**

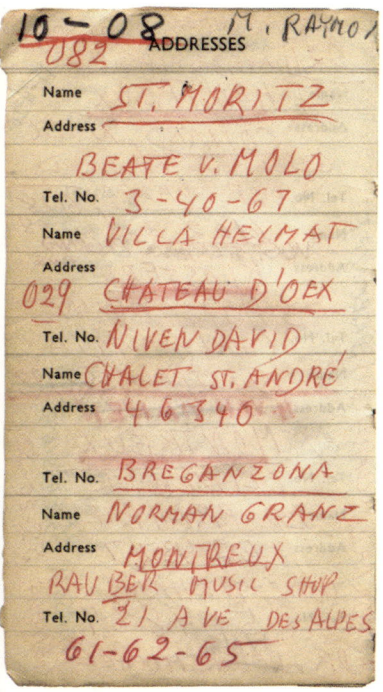

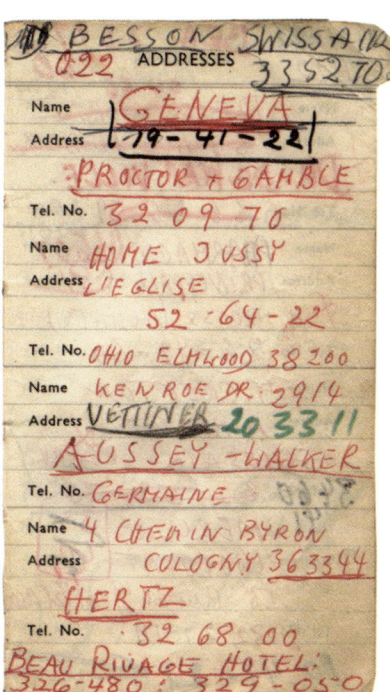

BEATE VON MOLO **B 81**
DAVID NIVEN **B 83**
NORMAN GRANZ **B 83**
RAUBER MUSIC SHOP

PROCTER & GAMBLE/
HOME JUSSY **B 84**
VETTINER **B 84**
GERMAINE AUSSEY-WALKER
HERTZ
HOTEL BEAU RIVAGE **B 85**

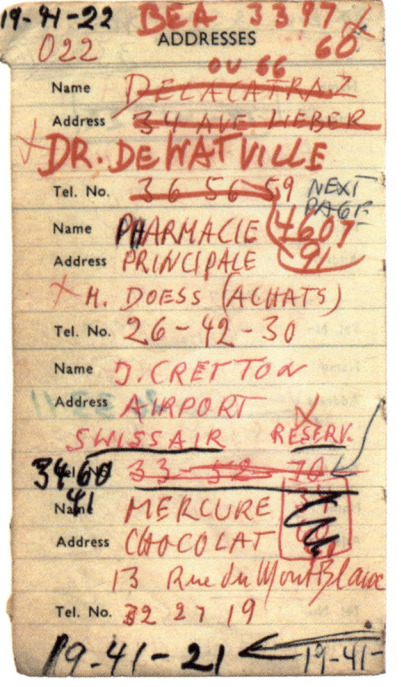

BEA
DELACATRAZ
DR. H. DE WATTEVILLE **B 85**
PHARMACIE PRINCIPALE **B 85**
J. CRETTON/AIRPORT SWISSAIR
MERCURE CHOCOLAT

PIERRE SCICLOUNDOFF/
SCICLATTORNEY
AIRPORT/BEA/AIR AUTHORITY/
RAYMOND BESSON
ROSEY **A 73**
HOTEL PALACE/ROSSLI **B 85**

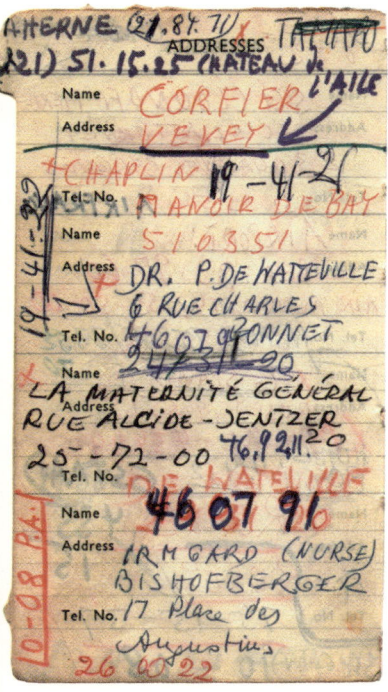

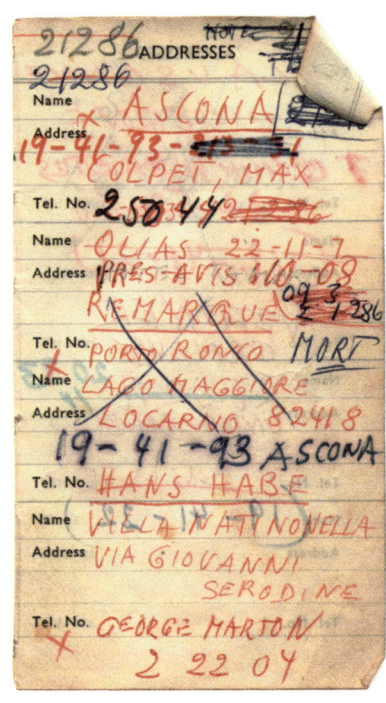

BRIAN AHERNE **C 95**

CHARLES CHAPLIN **B 87**

DR. DE WATTEVILLE **B 85**

LA MATERNITÉ GENÉRALE

IRMGARD BISCHOFBERGER

MAX COLPET **A 69**

LOTHAR OLIAS **B 87**

ERICH MARIA REMARQUE **B 89**

HANS HABE **B 93**

GEORGE MARTON

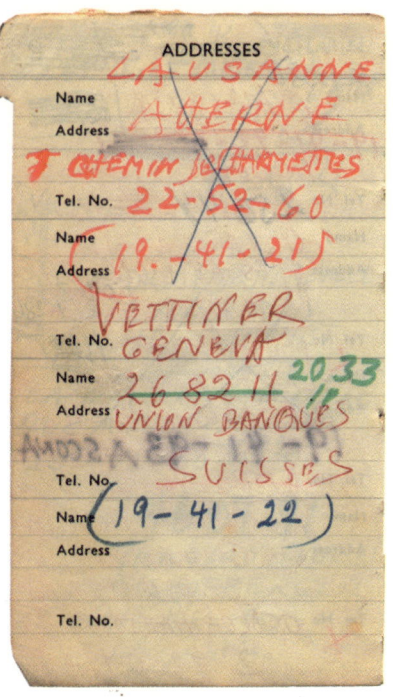

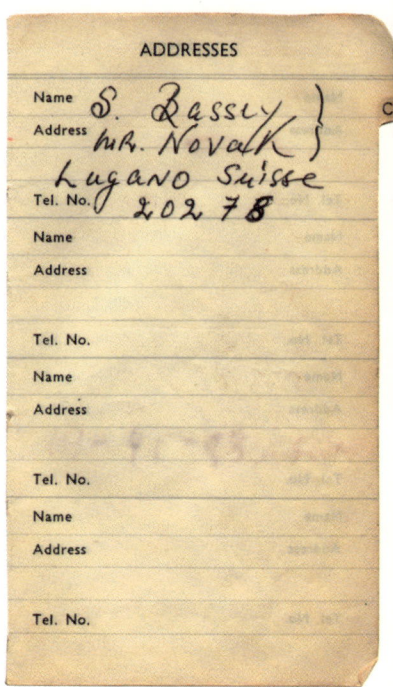

BRIAN AHERNE C 95
VETTINER
UNION BANQUES SUISSES

S. BASSEY/MR. NOVAK

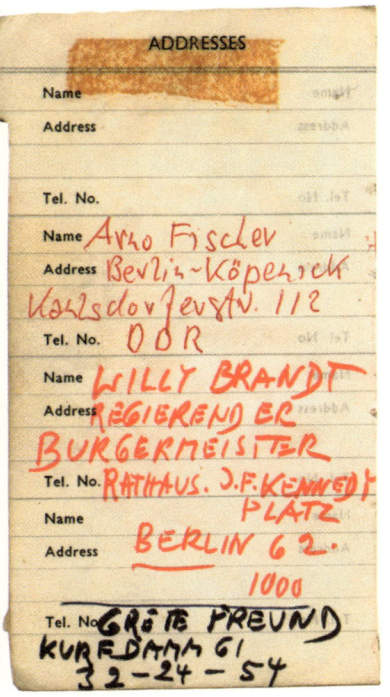

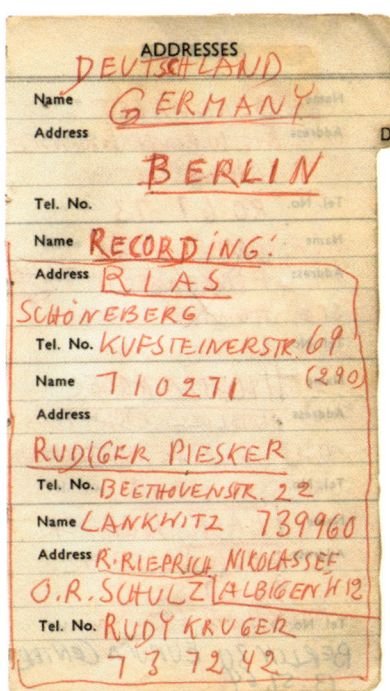

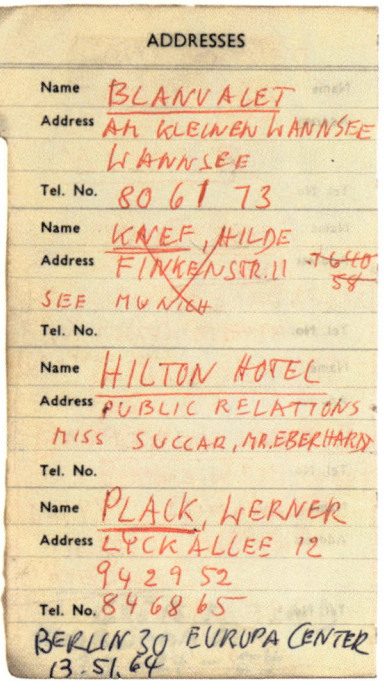

ADDRESSES

Name BLANVALET
Address AM KLEINEN WANNSEE
WANNSEE
Tel. No. 80 61 73

Name KNEF, HILDE
Address FINKENSTR. 11 7640 58
SEE MUNICH
Tel. No.

Name HILTON HOTEL
Address PUBLIC RELATIONS
MISS SUCCAR, MR. EBERHARD
Tel. No.

Name PLACK, WERNER
Address LYCK ALLEE 12
94 29 52
Tel. No. 84 68 65
BERLIN 30 EURUPA CENTER
13 . 51 . 64

ADDRESSES

Name MATUL, SERGEI
Address UHLAND STR. 161
CONSTANZER STR. 8
Tel. No.

Name US CONSULATE
Address 76 - 43 - 15
HENSING 74 75 31
Tel. No. HOME 76 26 86

Name LIGHTNER
Address U. S. MINISTER 76 12 25

Tel. No. FLEMING, JON
Name SECRETARY 24 63 44
Address
LUBINSKI
Tel. No. OFFENBACH STR. 9

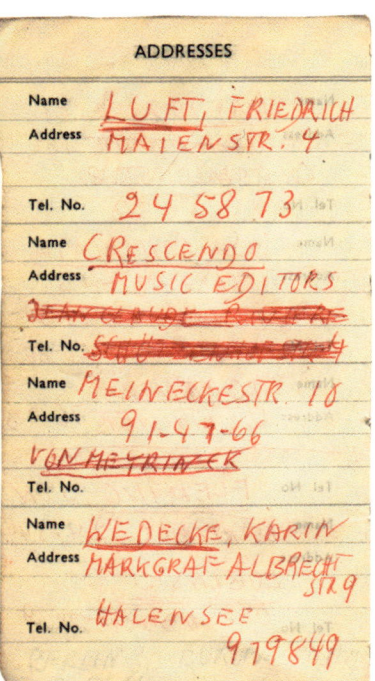

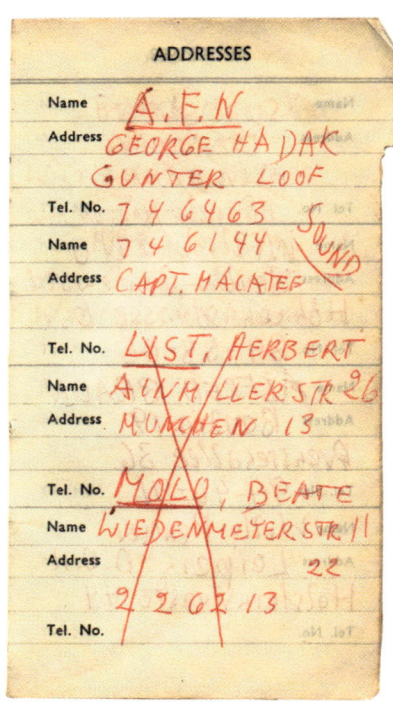

FRIEDRICH LUFT **D 121**
CRESCENDO MUSICEDITORS
KARIN WEDEKE **D 123**

A.F.N./GEORGE HADAK/
GÜNTHER LOOF **E 125**
HERBERT LIST **E 136**
BEATE VON MOLO **B 81**

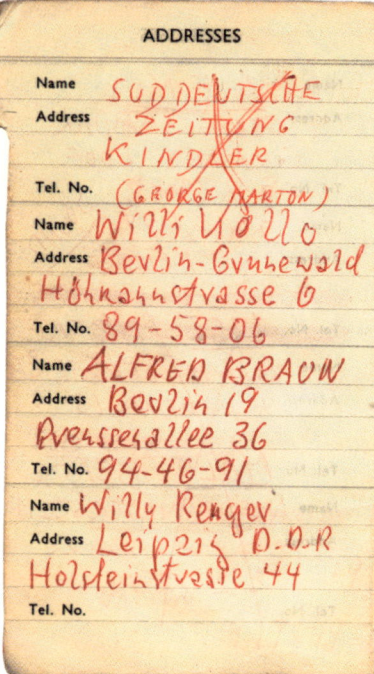

ADDRESSES

Name SÜDDEUTSCHE
Address ZEITUNG
KINDLER
Tel. No. (GEORGE MARTON)
Name Willi Kollo
Address Berlin-Grunewald
Höhmannstrasse 6
Tel. No. 89-58-06
Name ALFRED BRAUN
Address Berlin 19
Preusserallee 36
Tel. No. 94-46-91
Name Willy Renger
Address Leipzig D.D.R
Holsteinstrasse 44
Tel. No.

ADDRESSES

Name Jörg Bobsin
Address 8 MÜNCHEN
MEMELER STR. 46
Tel. No. 483607
Name
Address
Tel. No.
Name
Address
Tel. No.
Name
Address
Tel. No.

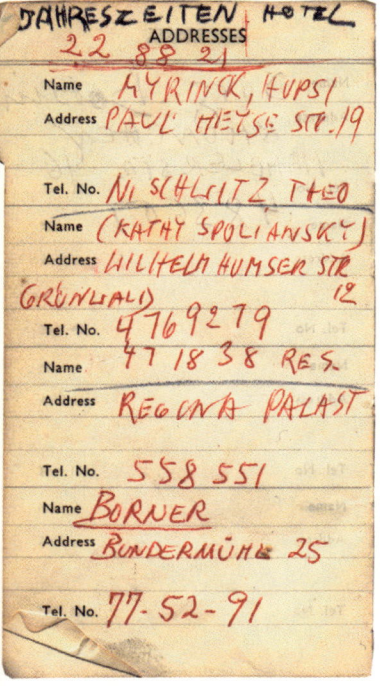

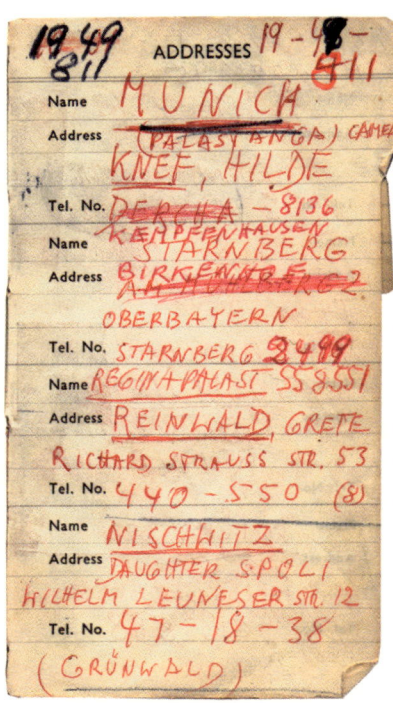

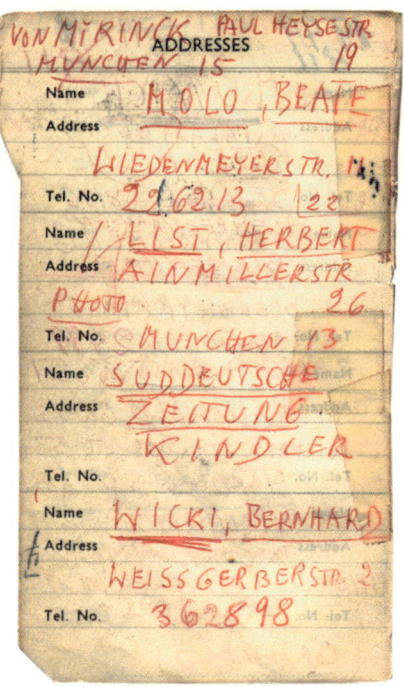

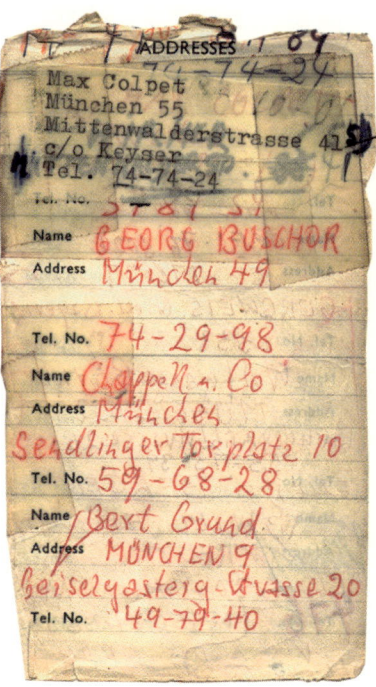

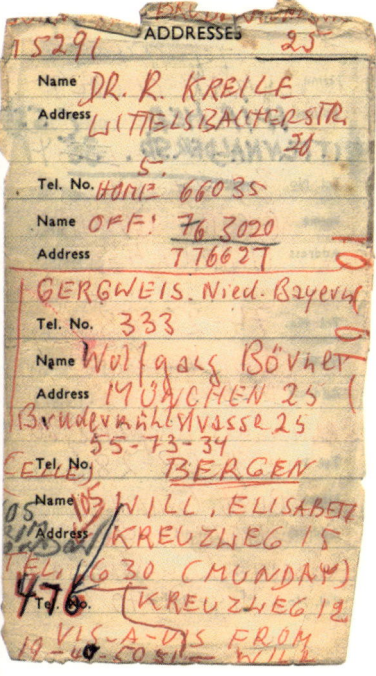

DR. REINHOLD KREILE **F 140**

GERGWEIS NIED. BAYERN **F 141**

WOLFGANG BÖRNER **F 141**

ELISABETH WILL **F 143**

VICTORIA VON NATHUSIUS **F 144**

TANTE VALLY SIEGFRIED **F 145**

HANS-GEORG WILL **F 146**

HELMUT ZACHARIAS **F 147**

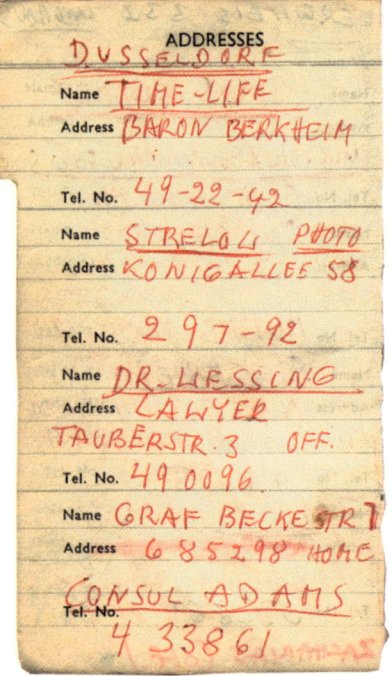

ADDRESSES

DUSSELDORF

Name TIME-LIFE
Address BARON BERKHEIM

Tel. No. 49-22-42
Name STRELOW PHOTO
Address KONIGALLEE 58

Tel. No. 297-92
Name DR. WESSING
Address LAWYER
TAUBERSTR. 3   OFF.
Tel. No. 49 0096
Name GRAF BECKE STR 7
Address 685298 HOME
CONSUL ADAMS
Tel. No.
4 33861

ADDRESSES

DUSSELDORF

Name ROBERT SHINN
Address U.S.I.S.
CECILIENALLEE 5
Tel. No. 40-00-81 / 8573165
Name IRMGARD BAUER
Address MÜHLHEIM (RUHR)
WILHELMSTR. 7
Tel. No. HUGO STINNES BANK
Name 44 641
Address HOME: 45 394
SECRETARY HILDE KNEF
Tel. No. ANWALI
Name NEUBERGER + PICK
HÜTTENWEG 37
Address

Tel. No.

TIME-LIFE/BARON BERKHEIM **F 147**
STRELOW PHOTO **F 147**
DR. KURT WESSING **F 147**
CONSUL ADAMS

ROBERT SHINN
IRMGARD BAUER/
HUGO STINNES BANK **F 149**
SECRETARY HILDE KNEF
NEUBERGER U. PICK **G 150**

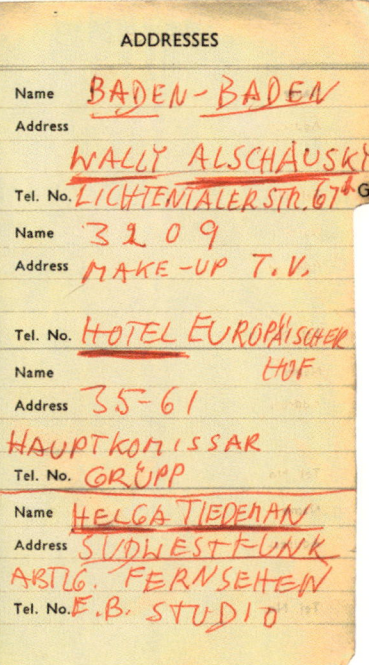

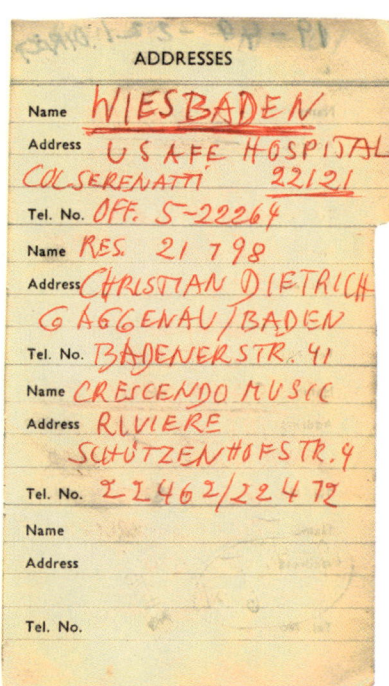

WALLY ALSCHAUSKY
HOTEL EUROPÄISCHER HOF G 150
HAUPTKOMMISSAR GRÜPP G 150
SÜDWESTFUNK/
HELGA TIEDEMANN G 151

US AFE HOSPITAL/
COL. SERENATTI H 151
CHRISTIAN DIETRICH H 153
CRESCENDO MUSIC

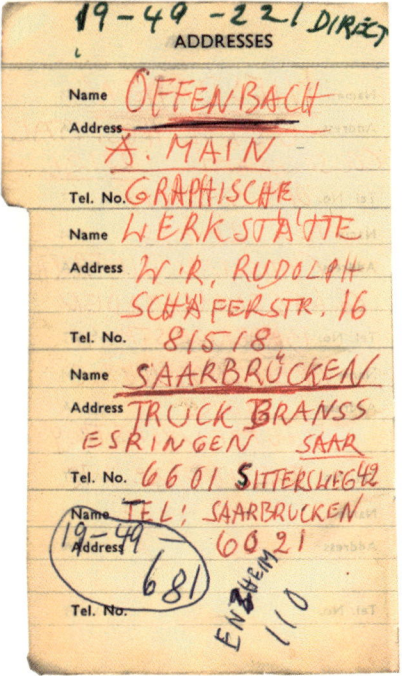

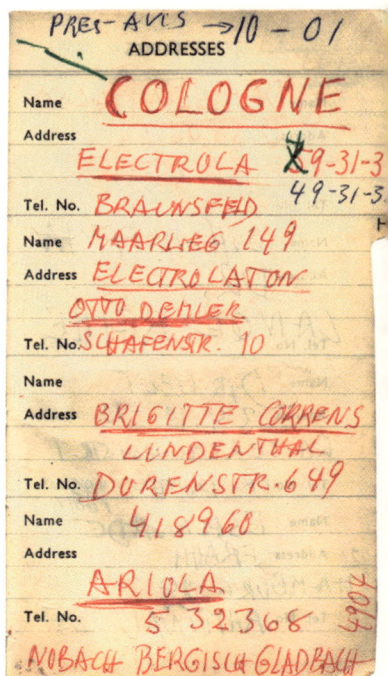

GRAPHISCHE WERKSTÄTTEN/
W. R. RUDOLPH **H 153**
TRUCK TRANSS
ESRINGEN

ELECTROLA **H 153**
ELECTROLA-TON/
OTTO DEMLER **H 154**
BRIGITTE CORRENS **H 154**
ARIOLA/NOBACH **H 155**

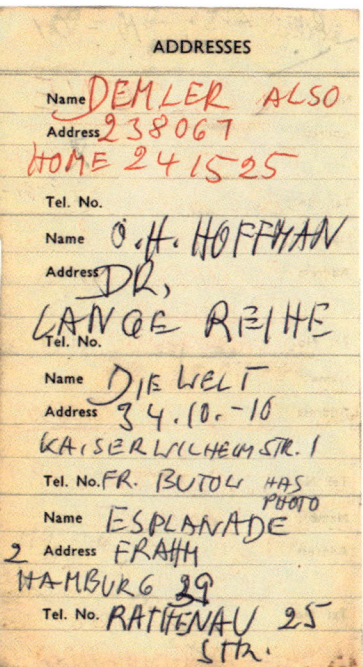

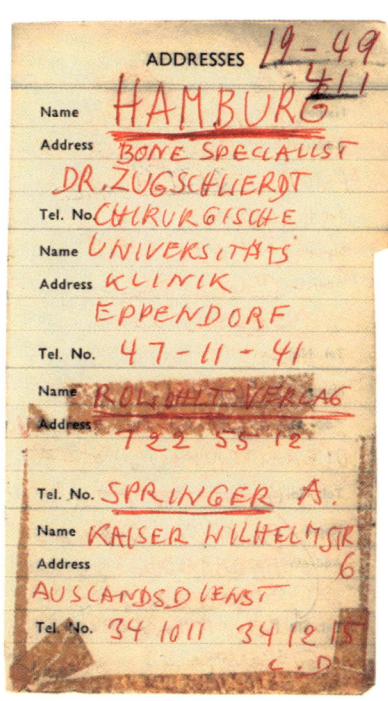

OTTO DEMLER H 154

DR. O. H. HOFFMANN

DIE WELT H 157

ESPLANADE/HARALD FRAHM H 157

DR. ZUGSCHWERD H 157

ROWOHLT VERLAG

AXEL SPRINGER/

SPRINGER-AUSLANDSDIENST H 157

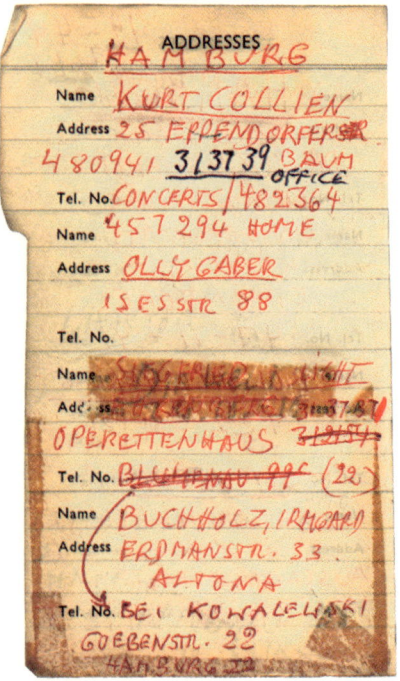

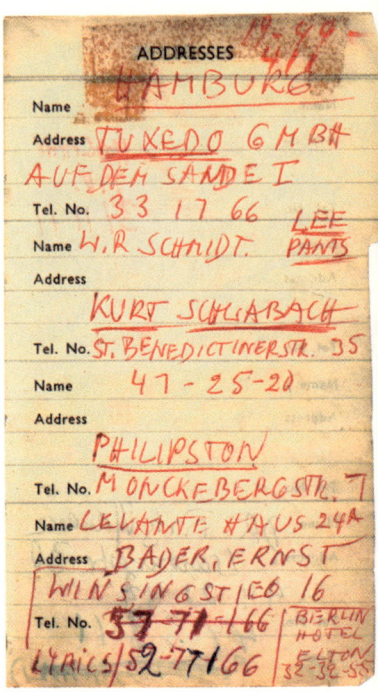

KURT COLLIEN H 158
OLLY GABER
SIEGFRIED EHRENBERG H 158
IRMGARD BUCHHOLZ

TUXEDO GMBH H 163
WALTER ROEBER SCHMIDT H 163
KURT SCHWABACH H 163
PHILIPS TON H 163
ERNST BADER H 163
BERLIN HOTEL/ELTON

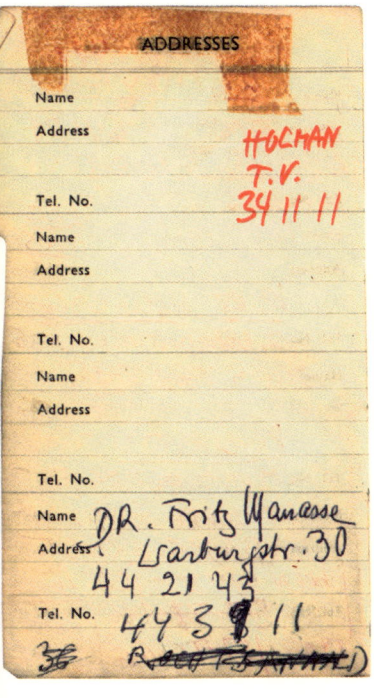

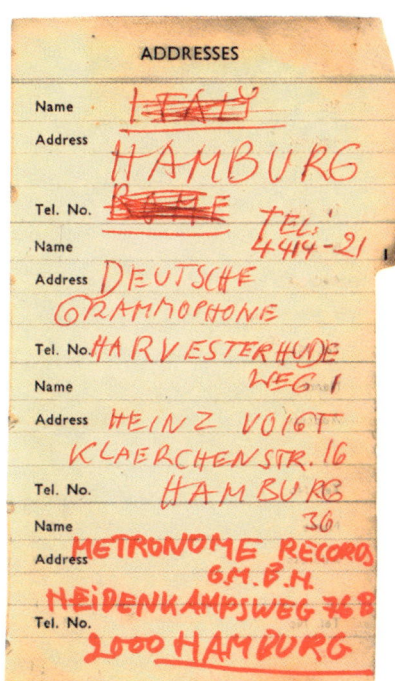

HOLMAN T.V.

DR. FRITZ MANASSE I 164

DEUTSCHE GRAMMOPHON I 164

HEINZ VOIGT

METRONOME RECORDS GMBH

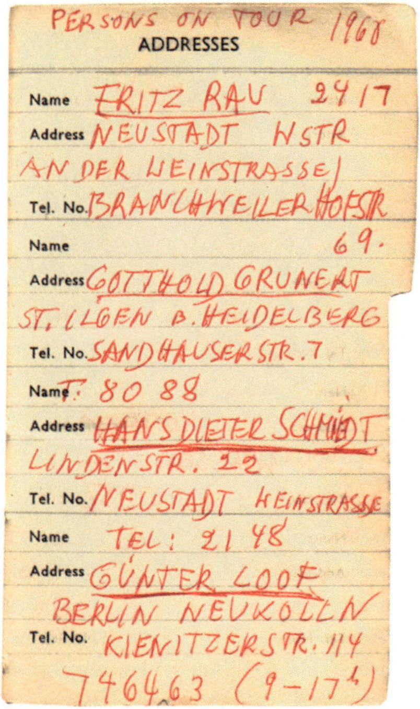

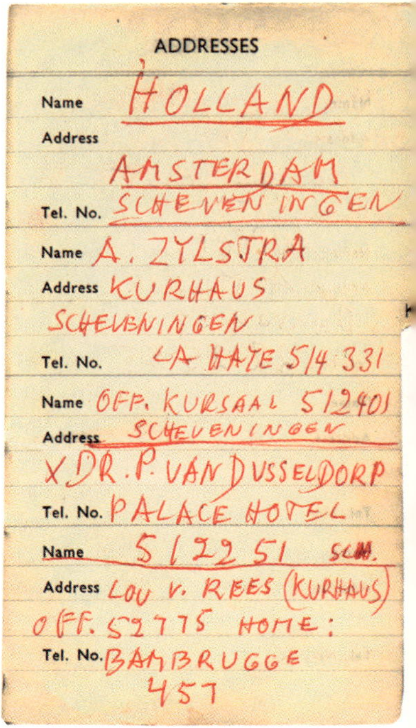

PERSONS ON TOUR 1960
FRITZ RAU **J** 165
GOTTHOLD GRUNERT
HANS DIETER SCHMIDT
GÜNTER LOOF

KURHAUS SCHEVENINGEN/
A. ZYLSTRA **K** 168
DR. VAN DUSSELDORP
LOU VAN REES

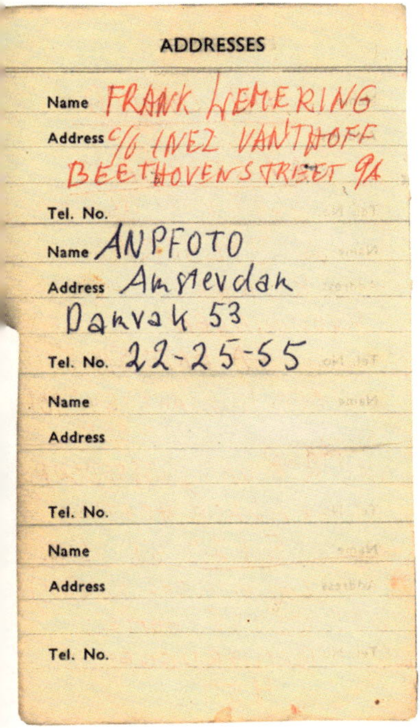

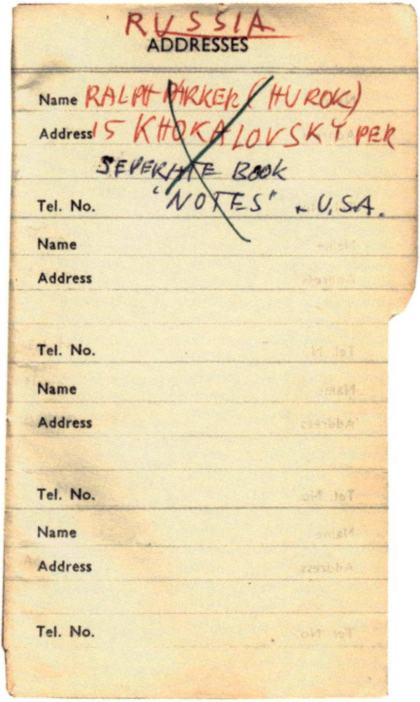

ADDRESSES

Name FRANK WEMERING
Address c/o INEZ VAN THOFF
BEETHOVEN STREET 9A
Tel. No.
Name ANPFOTO
Address Amsterdam
Danvak 53
Tel. No. 22-25-55
Name
Address
Tel. No.
Name
Address
Tel. No.

RUSSIA
ADDRESSES

Name RALPH PARKER (HUROK)
Address 5 KHOKALOVSKY PER
SEVERNE BOOK
Tel. No. 'NOTES' - U.S.A.
Name
Address
Tel. No.
Name
Address
Tel. No.
Name
Address
Tel. No.

FRANK WEMERING/
INEZ VAN T'HOFF **K 169**
ANP FOTO **K 169**

RALPH PARKER (HUROK) **K 177**

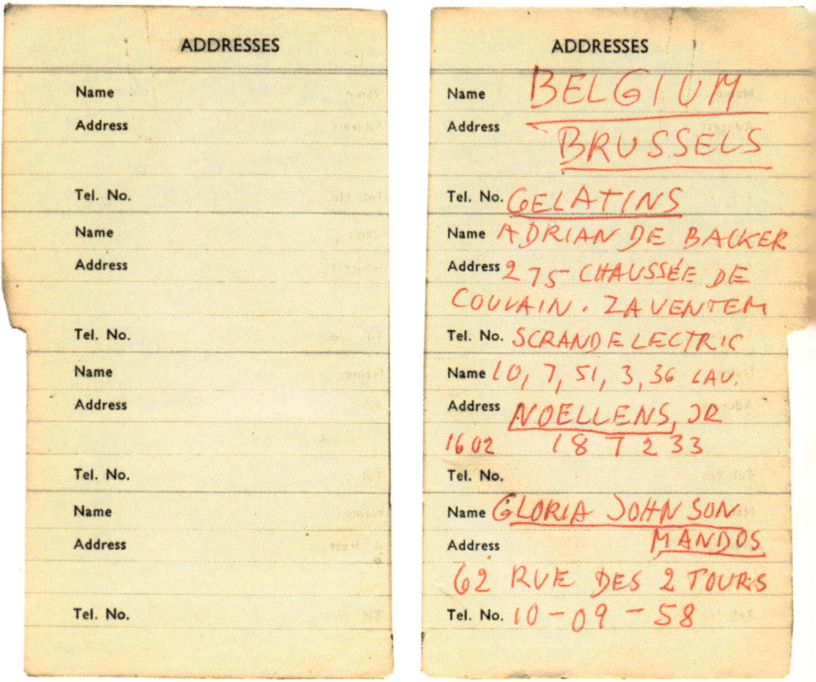

ADDRESSES	
Name	
Address	
Tel. No.	
Name	
Address	
Tel. No.	
Name	
Address	
Tel. No.	
Name	
Address	
Tel. No.	

ADDRESSES	
Name	BELGIUM
Address	BRUSSELS
Tel. No.	GELATINS
Name	ADRIAN DE BACKER
Address	275 CHAUSSÉE DE COULAIN · ZAVENTEM
Tel. No.	SCRAND ELECTRIC
Name	10, 7, 51, 3, 36 LAU.
Address	NOELLENS, JR
	1602 18 1 2 33
Tel. No.	
Name	GLORIA JOHNSON MANDOS
Address	62 RUE DES 2 TOURS
Tel. No.	10 - 09 - 58

GELATINS/ADRIAN DE BACKER
SCRAND ELECTRIC L 181
NOELLENS jr.
GLORIA JOHNSON MANDOS L 181

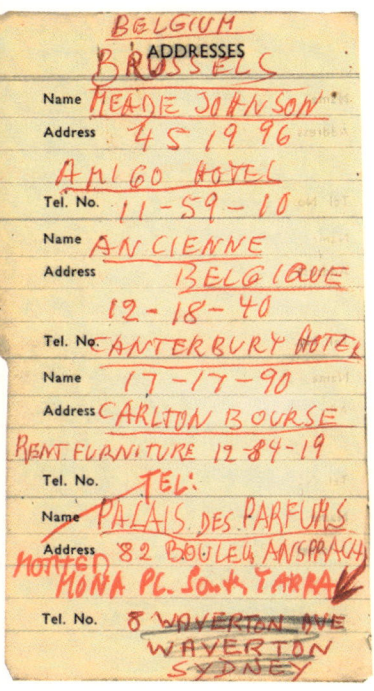

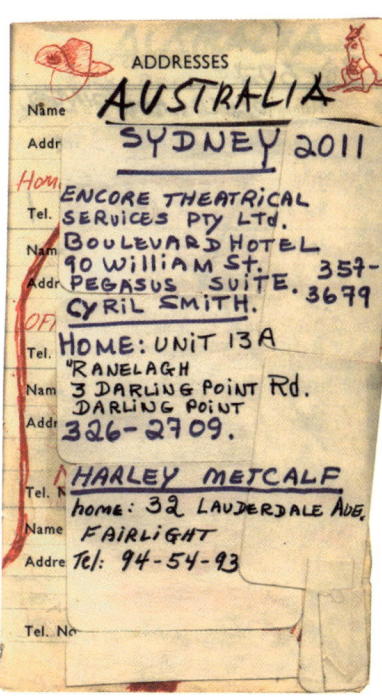

MEADE JOHNSON
HOTEL AMIGO **L 183**
ANCIENNE BELGIQUE **L 183**
CARLTON BOURSE/
MONA MOTTEN **L 183**
PALAIS DES PARFUMS

ENCORE THEATRICAL SERVICES
PTY Ltd./CYRIL SMITH **M 187**
BOULEVARD HOTEL **M 187**
HARLEY MEDCALF **M 189**

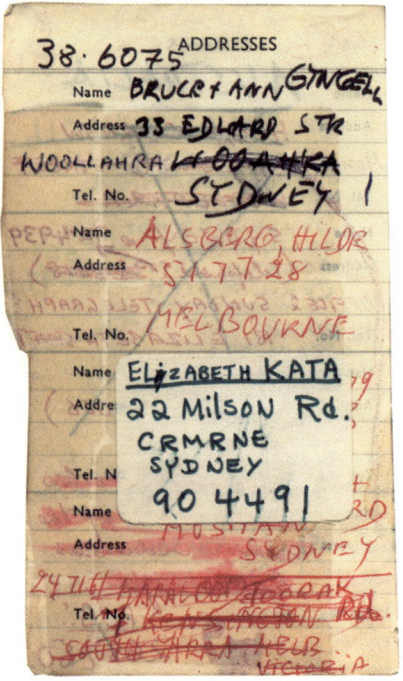

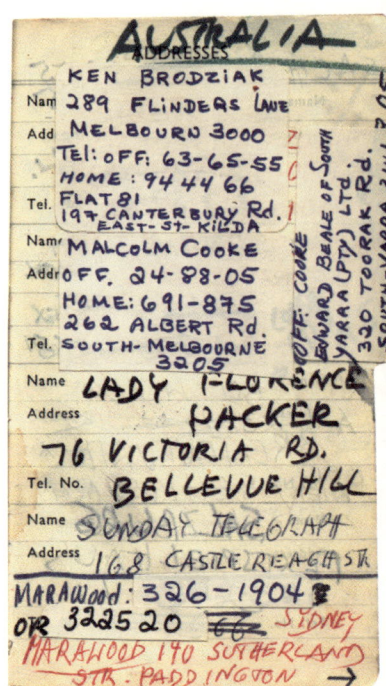

BRUCE UND ANN GYNGELL

HILDE ALSBERG **M 189**

ELIZABETH KATA **M 189**

KEN BRODZIAK **M 191**

MALCOLM COOKE **M 192**

LADY FLORENCE PACKER **M 193**

SUNDAY TELEGRAPH

CHARLES MARAWOOD **M 193**

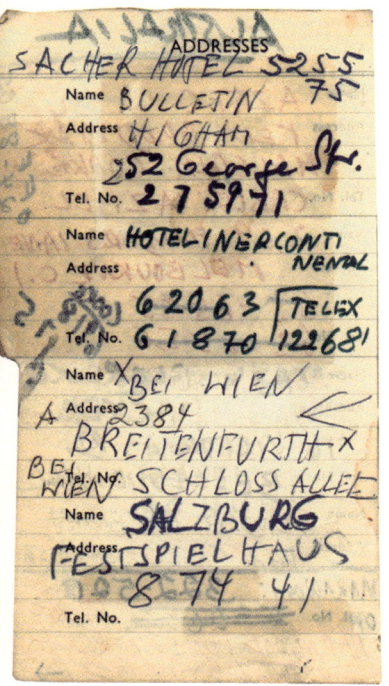

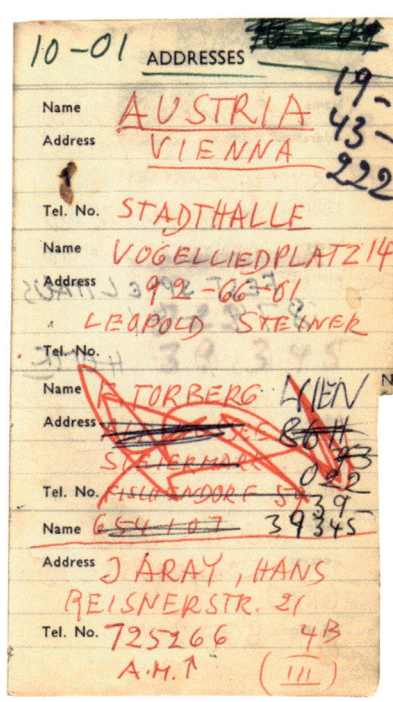

SACHER HOTEL **N 202**
BULLETIN/CHARLES HIGHAM **M 197**
HOTEL INTER-CONTINENTAL **M 199**
FESTSPIELHAUS SALZBURG **N 205**

STADTHALLE WIEN **N 205**
LEOPOLD STEINER
FRIEDRICH TORBERG **N 203**
HANS JARAY **N 205**

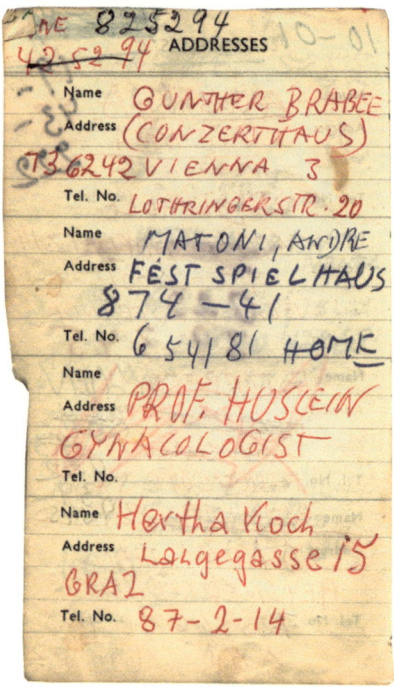

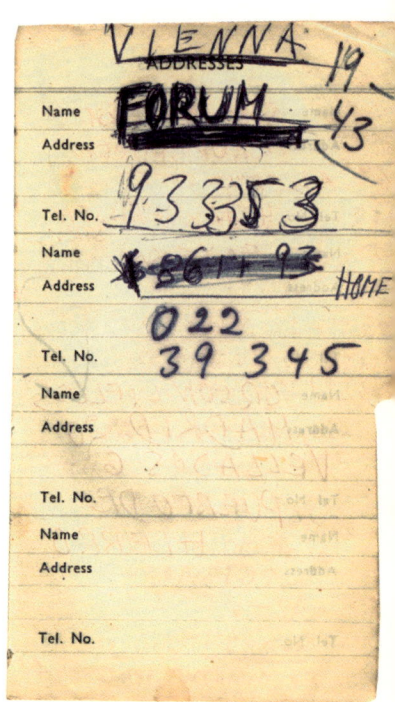

KONZERTHAUS WIEN/
GÜNTHER BRABEE
MATONI, ANDRÉ/FESTSPIELHAUS
PROF. HUSLEIN
HERTA KOCH **N 209**

FORUM **N 211**

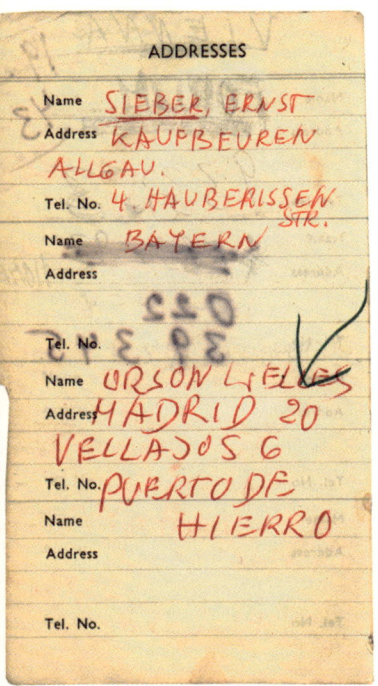

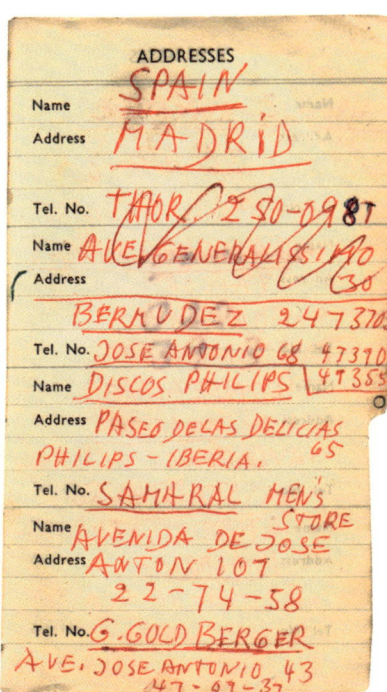

ERNST SIEBER N 211
ORSON WELLES X 279

JEROME THOR O 214
BERMUDEZ
DISCO PHILIPS/PHILIPS IBERIA
SAMARAL MEN'S STORE P 215
G. GOLDBERGER

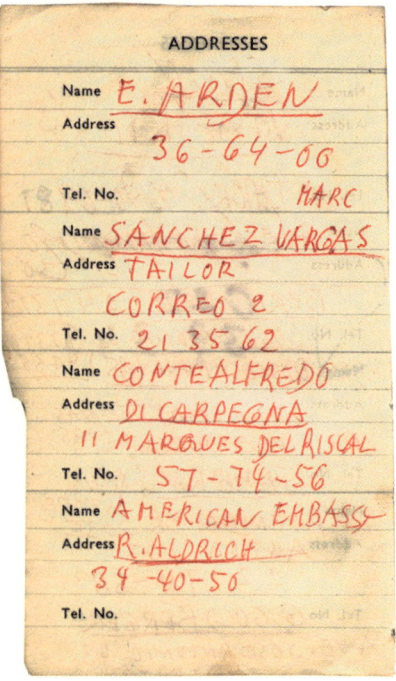

ADDRESSES

Name: E. ARDEN
Address: 36-64-00
Tel. No.: MARC

Name: SANCHEZ VARGAS
Address: TAILOR
CORREO 2
Tel. No.: 21 35 62

Name: CONTE ALFREDO
Address: DI CARPEGNA
11 MARQUES DEL RISCAL
Tel. No.: 57-74-56

Name: AMERICAN EMBASSY
Address: R. ALDRICH
34-40-50
Tel. No.:

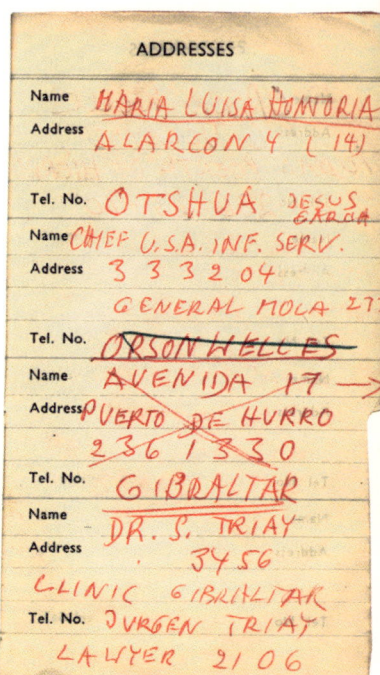

ADDRESSES

Name: MARIA LUISA HONTORIA
Address: ALARCON 4 (14)
Tel. No.: OTSHUA JESUS GARCIA

Name: CHEF U.S.A. INF. SERV.
Address: 3 3 3 2 04
GENERAL MOLA 27?
Tel. No.: ORSON WELLES

Name: AVENIDA 17 →
Address: PUERTO DE HURRO
236 1 330
Tel. No.: GIBRALTAR

Name: DR. S. TRIAY
Address: 3456
CLINIC GIBRALTAR
Tel. No.: JURGEN TRIAY
LAWYER 21 06

ELIZABETH ARDEN **P 215**
SANCHEZ VARGAS
CONTE ALFREDO DI CARREGNA
AMERICAN EMBASSY/R. ALDRICH

MARIA LUISA HONTORIA
OTSHUA, JESUS GARCIA
ORSON WELLES **X 279**
DR. S. TRIAY
JÜRGEN TRIAY

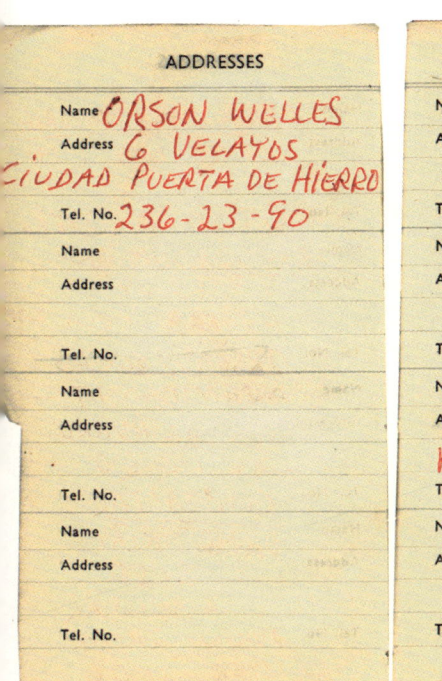

ADDRESSES

Name ORSON WELLES
Address 6 VELAYOS
CIUDAD PUERTA DE HIERRO
Tel. No. 236-23-90

Name
Address

Tel. No.

Name
Address

Tel. No.

Name
Address

Tel. No.

ADDRESSES

Name BARCELONA
Address
KAPPS ARTHUR
Tel. No. CALLE BESOS 14
Name 209-57-68
Address 222-47-43 OFF
93/236 49 59 HOME
Tel. No. 93/228 9964 T.V.
Name VALLMITJANA,
Address VICTOR, SAGI
PASCO DE GRACIA 2
Tel. No. GRAND HOTEL

Name
Address

Tel. No.

ORSON WELLES **X 279**

ARTUR KAPS **P 215**
VALIMITJANA, VICTOR SAGI **P 217**

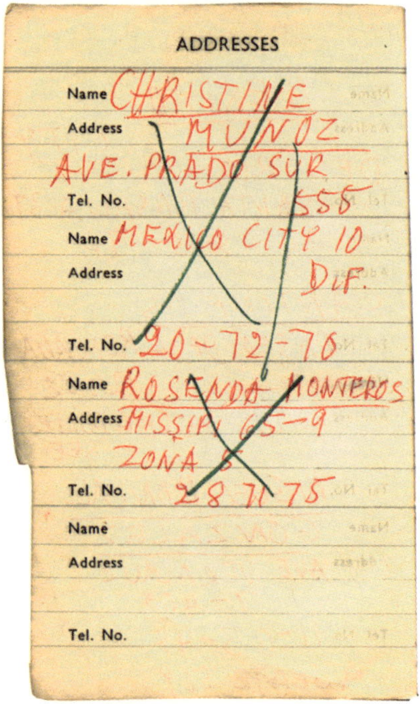

ADDRESSES

Name CHRISTINE MUÑOZ
Address MUÑOZ
AVE. PRADO SUR
Tel. No. 555
Name MEXICO CITY 10
Address D.F.
Tel. No. 20-72-70
Name ROSENDA MONTEROS
Address MISSIP 65-9
ZONA
Tel. No. 28 7175
Name
Address
Tel. No.

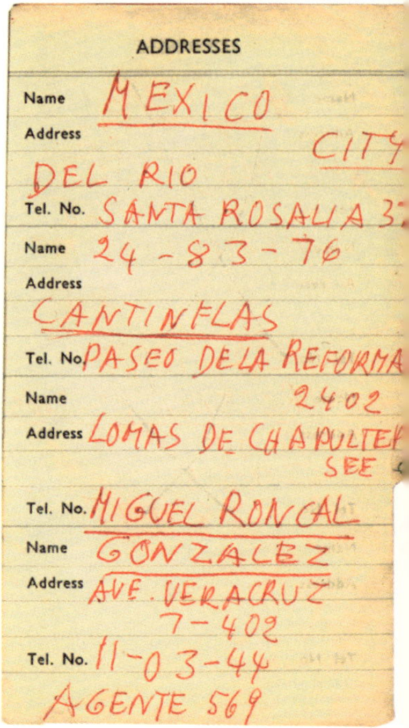

ADDRESSES

Name MEXICO
Address CITY
DEL RIO
Tel. No. SANTA ROSALIA 3
Name 24-83-76
Address CANTINFLAS
Tel. No. PASEO DE LA REFORMA
Name 2402
Address LOMAS DE CHAPULTEP
SEE
Tel. No. MIGUEL RONCAL
Name GONZALEZ
Address AVE. VERACRUZ
7-402
Tel. No. 11-03-44
AGENTE 569

CHRISTINE MUÑOZ **Q 221**
ROSENDA MONTEROS

DOLORES DEL RIO **Q 221**
MIGUEL RONCAL GONZALES

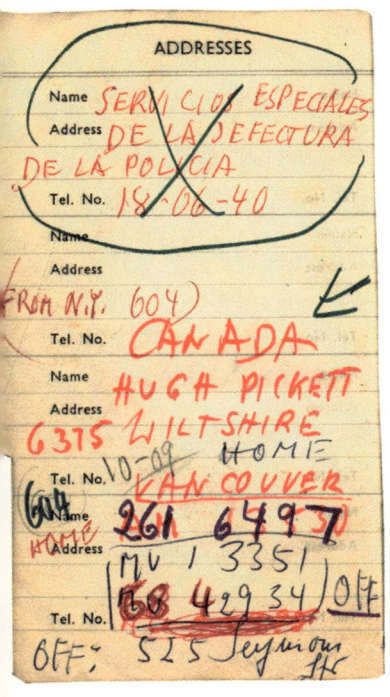

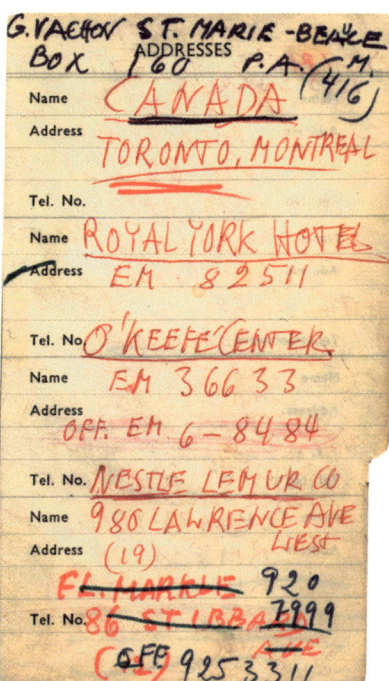

SERVICIO ESPECIALES DE LA
JEFECTURA DE LA POLICIA
HUGH PICKETT **R 225**

ROYAL YORK HOTEL **R 227**
O'KEEFE CENTER **R 225**
NESTLE LEMUR CO.
FLETCHER MARKLE **R 228**

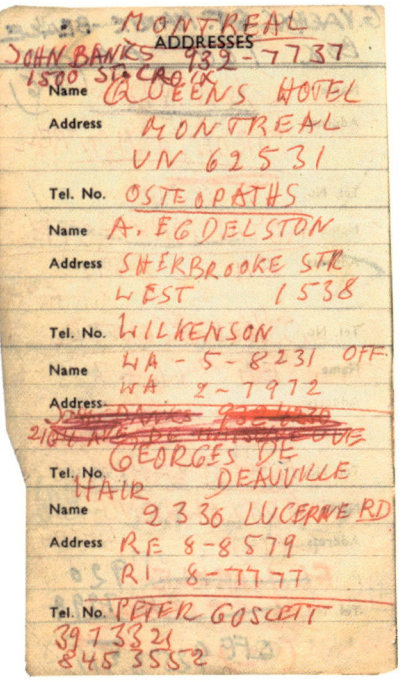

JOHN BANKS **R 228**
QUEENS HOTEL
OSTHEOPATHS:
A. EGDELSTON/WILKENSON **S 229**
GEORGE DE DEAUVILLE **S 229**
PETER GOSLETT

GEORGE , HAIR **S 229**
HER MAJESTY'S THEATRE
RITZ CARLTON **S 229**
ROYAL EMBASSY **S 230**
MARK FURNESS **S 230**
CHRIS BANKS **S 230**
DAVID HABER **S 230**

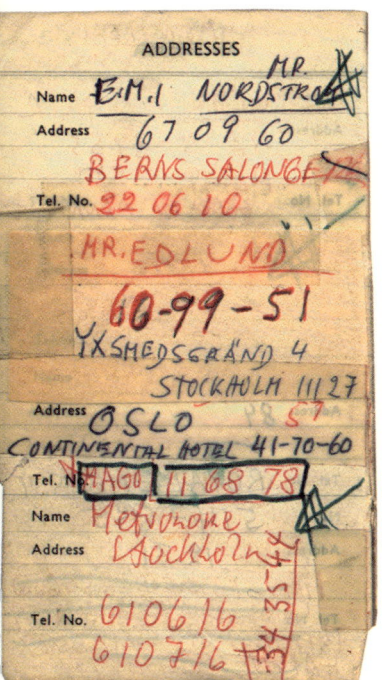

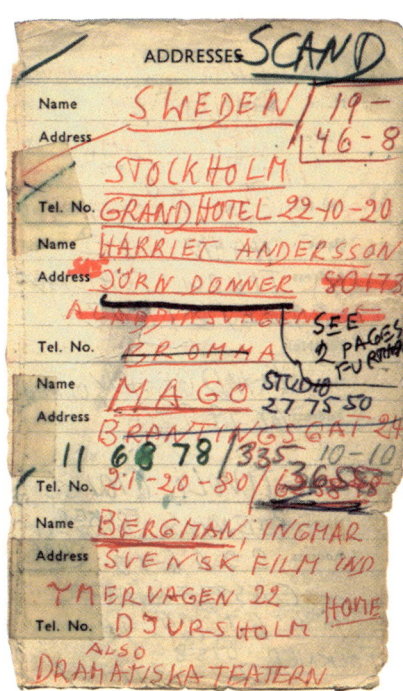

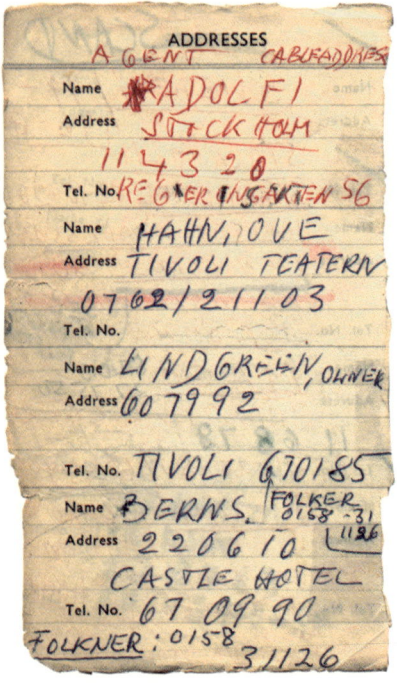

ADDRESSES

A G E N T — CABLEADDRESS

Name **ADOLFI**
Address **STOCKHOLM**
11 43 20
Tel. No. **REGER INGARTEN 56**

Name **HAHN, OVE**
Address **TIVOLI TEATERN**
0762/21103
Tel. No.

Name **LINDGREEN, OWNER**
Address 60 79 92

Tel. No. TIVOLI G70185

Name BERNS. FOLKER
0158-31
Address 2 2 0 6 10 [1126]
CASTLE HOTEL
Tel. No. 67 09 90
FOLKNER: 0158-
31126

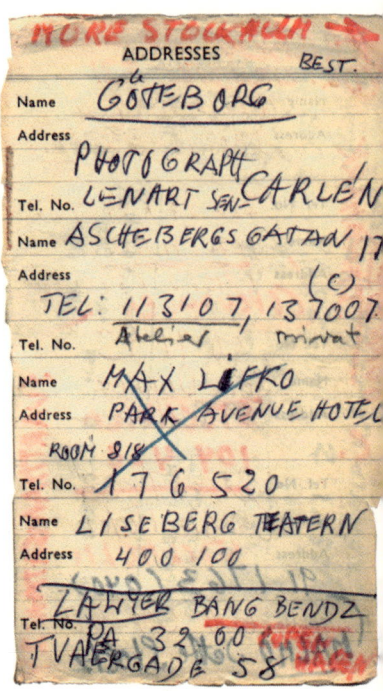

MORE STOCKHOLM →

ADDRESSES BEST.

Name **GÖTEBORG**
Address
PHOTOGRAPH
Tel. No. LENART SEN- **CARLÉN**
Name ASCHEBERGS GATAN 17
Address
(C)
TEL: 113107, 137007
Tel. No. Atelier! privat

Name **MAX LEFKO**
Address **PARK AVENUE HOTEL**
ROOM 818
Tel. No. 1 76 520

Name L I S E B E R G TEATERN
Address 400 100

Tel. No. LAWYER BANG BENDZ
PA 32 00
TVAERGADE 58

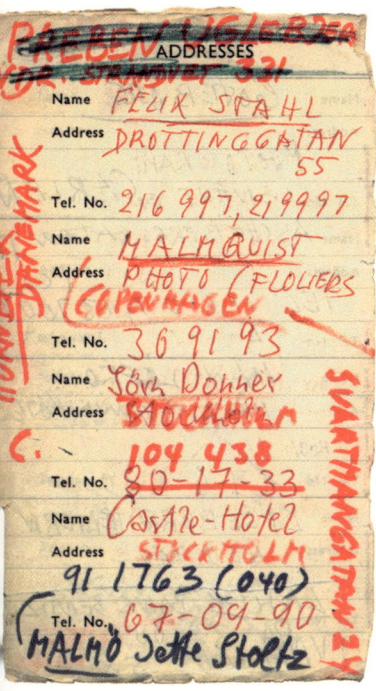

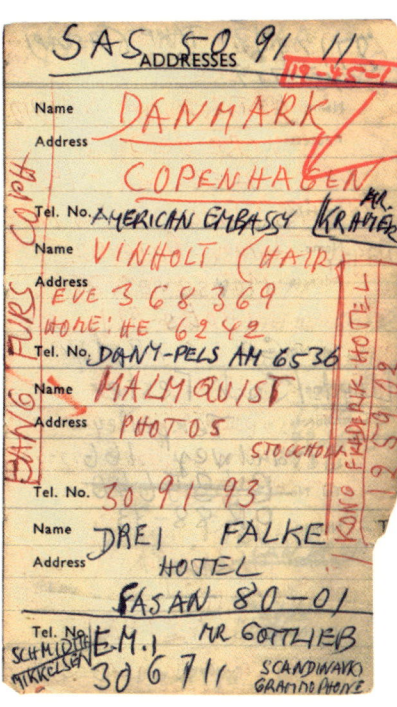

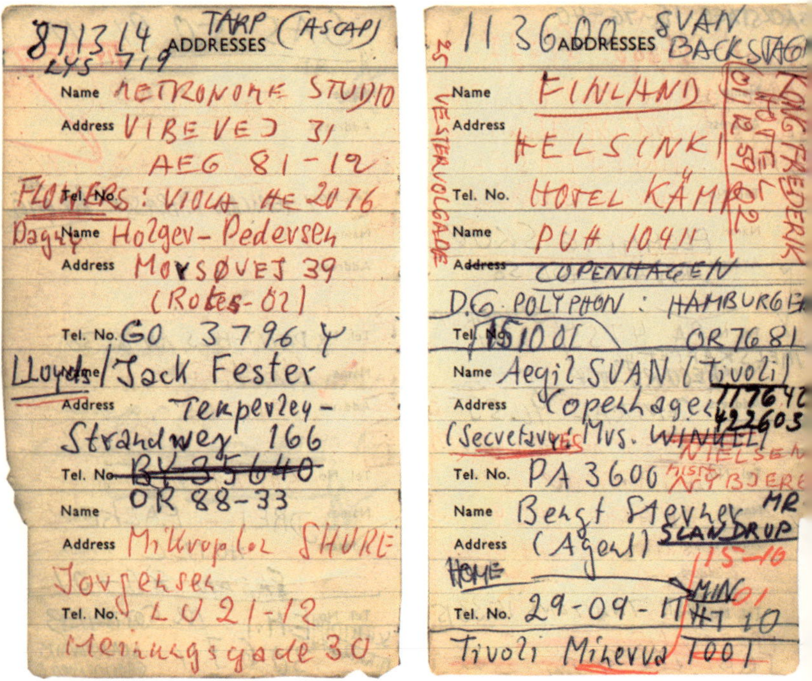

METRONOME STUDIO
FLOWERS VIOLA
HOLGER PEDERSEN
LLOYDS/JACK FESTER
SHURE

HOTEL KÄMP
D.G. POLYPHON: HAMBURGER
TIVOLI/EIGIL SVAN T 251
BENGT STEVNER
MR. SCANDRUP
TIVOLI: MINERVA/NIELSEN T 251

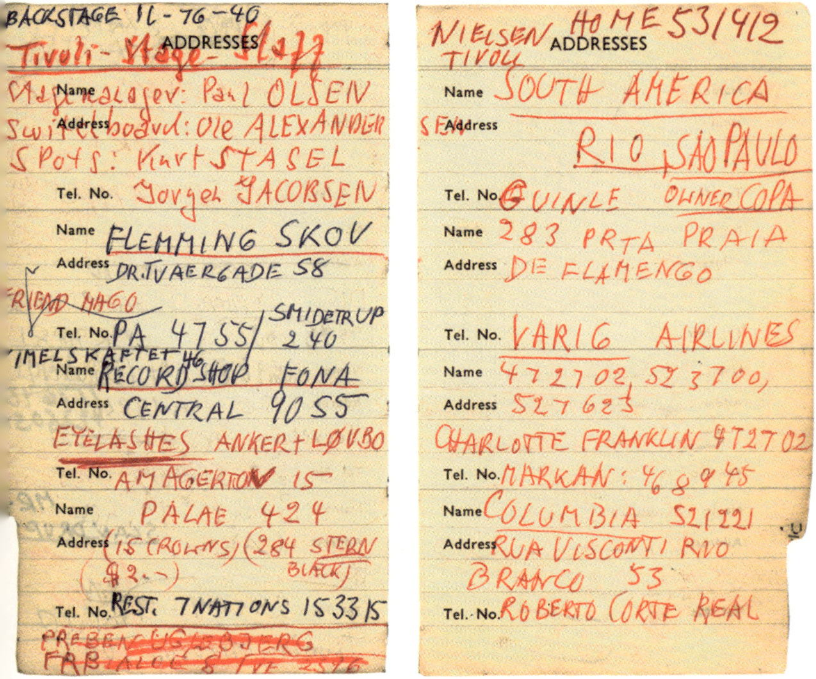

Handwritten address card (left):
BACKSTAGE IL-76-40
Tivoli- Stage-staff
Name: Scenealover: Paul OLSEN
Address: Switchboovd: Ole ALEXANDER
Spots: Kurt STASEL
Tel. No. Jorgen JACOBSEN
Name FLEMMING SKOV
Address DR.TVAERGADE 58
FRIEND HAGO SMIDSTRUP
Tel. No. PA 4755 / 240
IMELSKABTET 46
Name RECORD SHOP FONA
Address CENTRAL 9055
EYELASHES ANKER + LØVBO
Tel. No. AMAGERTON 15
Name PALAE 424
Address 15 CROWNS/(284 STERN
(92,-) BLACK)
Tel. No. REST. 7 NATIONS 15 33 15
PREBEN USLE OBERG
FRB. ALLE 8 / VE 2516

Handwritten address card (right):
NIELSEN HOME 531412
TIVOLI
Name SOUTH AMERICA
Address RIO, SAO PAULO
Tel. No. GUINLE OLIVER COPA
Name 283 PRTA PRAIA
Address DIE FLAMENGO
Tel. No. VARIG AIRLINES
Name 472702, SZ 3700,
Address 527623
CHARLOTTE FRANKLIN 9T2702
Tel. No. MARKAN: 468445
Name COLUMBIA S21221
Address RUA VISCONTI RIO
BRANCO 53
Tel. No. ROBERTO CORTE REAL

TIVOLI STAGE STAFF: PAUL OLSEN/
OLE ALEXANDERSEN/
KURT STASEL/ JORGEN JACOBSEN
FLEMMING SKOV **T 252**
RECORD SHOP FONA **T 252**
EYELASHES ANKER & LOVBO **T 252**
RESTAURANT 7 NATIONS **T 252**

GUINLE **U 259**
VARIG/MARKAN/CHARLOTTE
FRANKLIN **U 259**
COLUMBIA/
ROBERTO CORTE REAL **U 259**

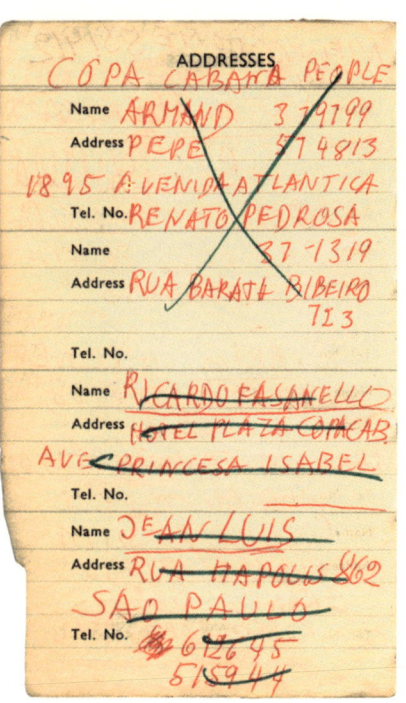

ADDRESSES

COPA CABANA PEOPLE

Name ARMAND 379199
Address PEPE 574813
1895 AVENIDA ATLANTICA
Tel. No. RENATO PEDROSA

Name 27-1319
Address RUA BARATA RIBEIRO
713
Tel. No.

Name RICARDO FASANELLO
Address HOTEL PLAZA COPACAB
AVE PRINCESA ISABEL
Tel. No.

Name JEAN LUIS
Address RUA NAPOLIS 862
SAO PAULO
Tel. No. 6 12645
515944

ADDRESSES

Name MARCEL 83347
Address RUA OSCAR FREIRE 587
SAO PAULO
Tel. No. HAIR

Name ELISABETH SEWELL
Address CAIXA POSTAL 1546
8-8502
Tel. No.

Name % MARIO MATOS VIEIRA
Address RUA IGUATEMI 1191
JARDIM PAULISTA
Tel. No. SAO PAULO 80-6064

Name

Address

Tel. No.

COPACABANA PEOPLE:
ARMAND/PEPE/
RENATO PEDROSO **U 261**
RICARDO PASSANELLO **U 263**
JEAN LUIS

MARCEL/SAO PAULO HAIR
ELISABETH SEWELL

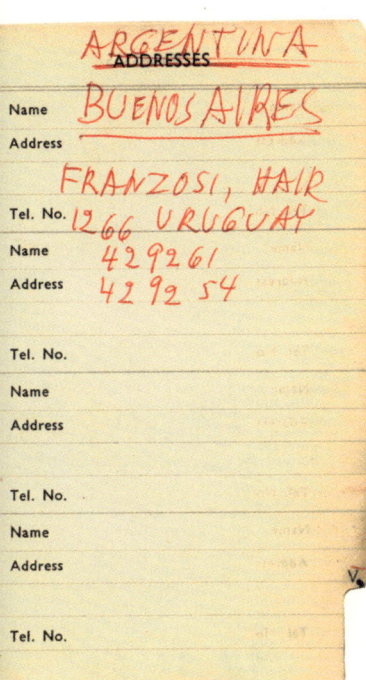

FRANZOSI HAIR

RAF VALLONE W 267

MARIO RUSSO W 270

MODUGNO

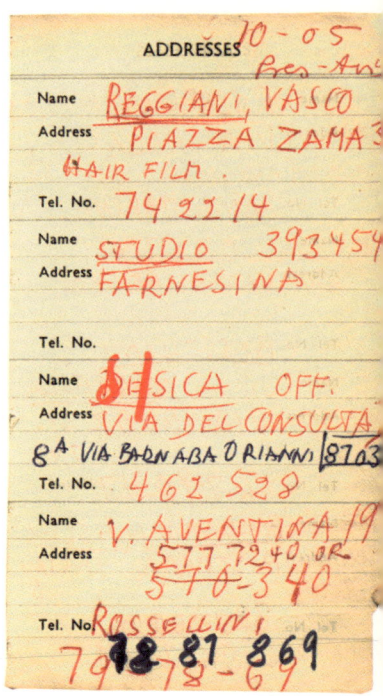

KAY THOMPSON **W 271**
TITANUS/
MARCELLO GIROSI **W 271**
PEPPINO ROTUNDO **W 273**

VASCO REGGIANI **W 273**
STUDIO FARNESINA **W 273**
VITTORIO DE SICA **W 273**
ROSSELLINI **W 277**

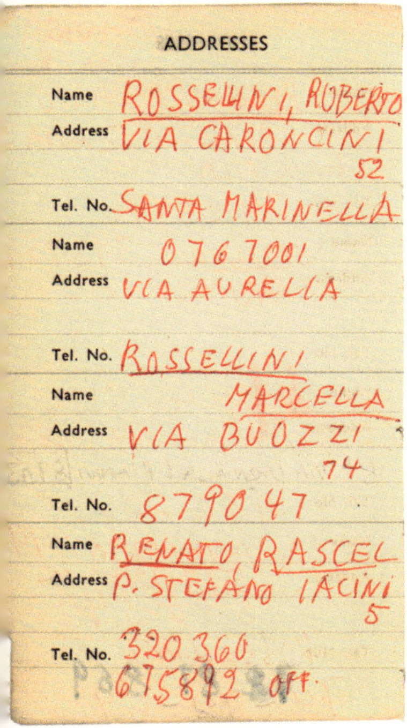

ADDRESSES

Name ROSSELLINI, ROBERTO
Address VIA CARONCINI
52
Tel. No. SANTA MARINELLA
Name 076 7001
Address VIA AURELIA

Tel. No. ROSSELLINI
Name MARCELLA
Address VIA BUOZZI
74
Tel. No. 879047
Name RENATO RASCEL
Address P. STEFANO IACINI
5
Tel. No. 320 360
675892 off.

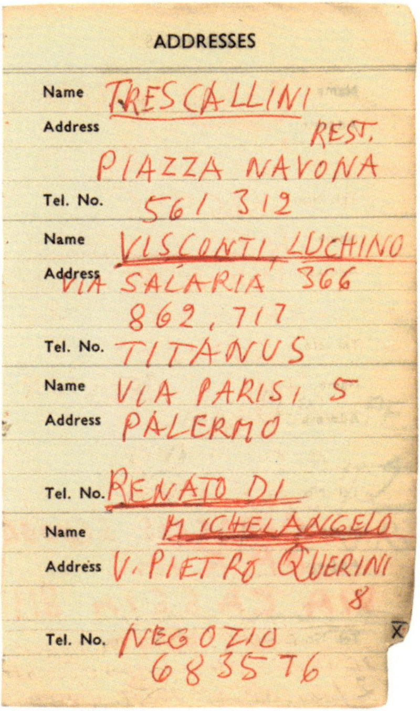

ADDRESSES

Name TRESCALLINI
Address REST.
PIAZZA NAVONA
Tel. No. 561 312
Name VISCONTI LUCHINO
Address VIA SALARIA 366
862 , 717
Tel. No. TITANUS
Name VIA PARISI 5
Address PALERMO

Tel. No. RENATO DI
Name MICHELANGELO
Address V. PIETRO QUERINI
8
Tel. No. NEGOZIO
683576

ROBERTO ROSSELLINI **W 277**
MARCELLA ROSSELLINI **X 279**
RENATO RASCEL

TRE SCALINI **X 279**
LUCCINO VISCONTI **X 279**
TITANUS **W 271**
RENATO DI MICHELANGELO

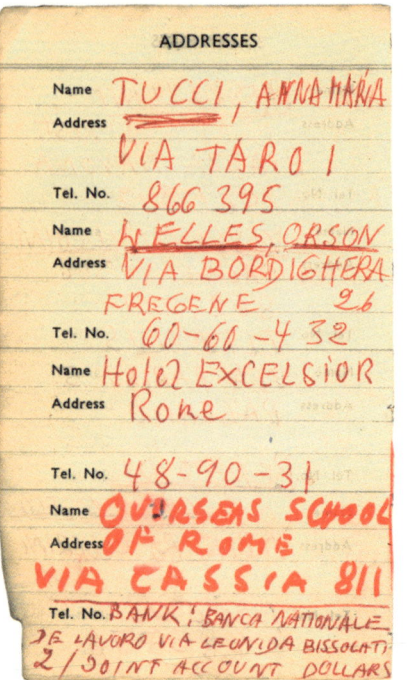

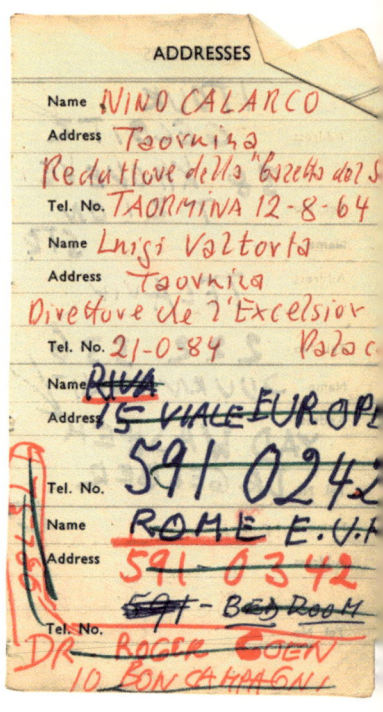

ANNA MARIA TUCCI **X 279**
ORSON WELLES **X 279**
HOTEL EXCELSIOR ROM **X 285**
OVERSEAS SCHOOL OF ROME
BANCA NATIONALE DE LAVORO

NINO CALARCO
LUIGI VALTORTA **X 285**
MARIA RIVA **X 285**
DR. ROGER COEN

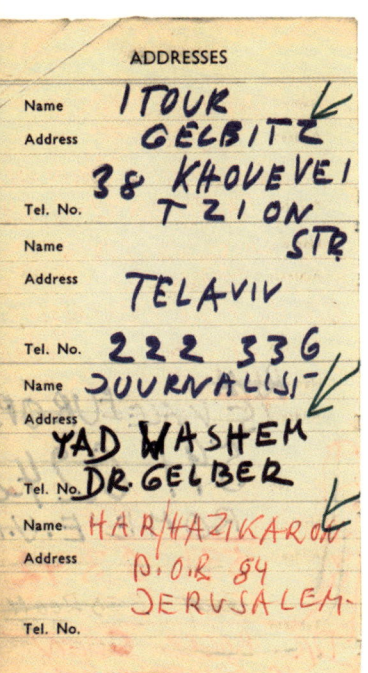

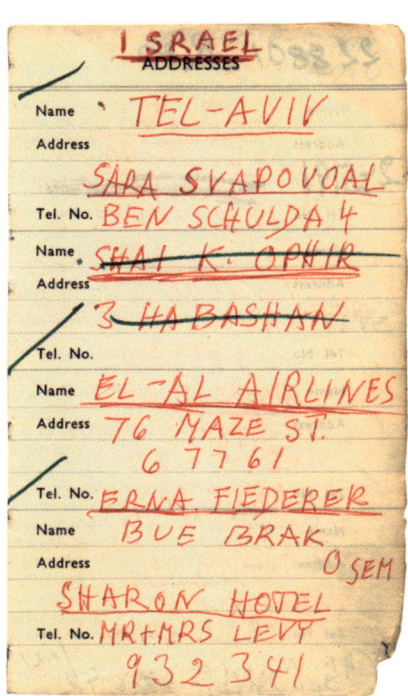

ITOUR/GELBITZ
YAD VASHEM/DR. GELBER Y 291

SARA SHAPOVOAL Y 293
SHAI K. OPHIR Y 294
EL-AL AIRLINES Y 294
ERNA FIEDERER Y 295
SHARON HOTEL/
MR.+ MRS. LEVY Y 295

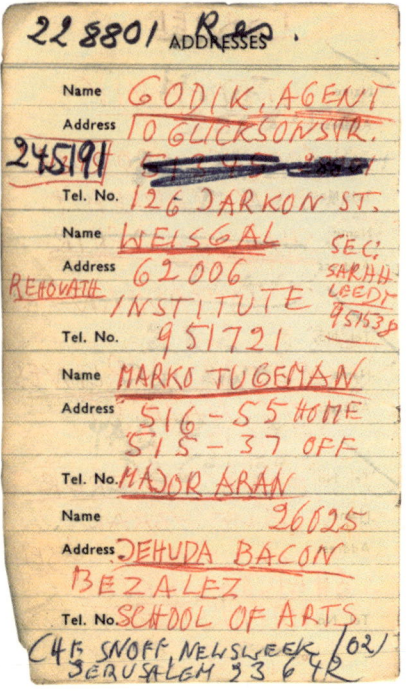

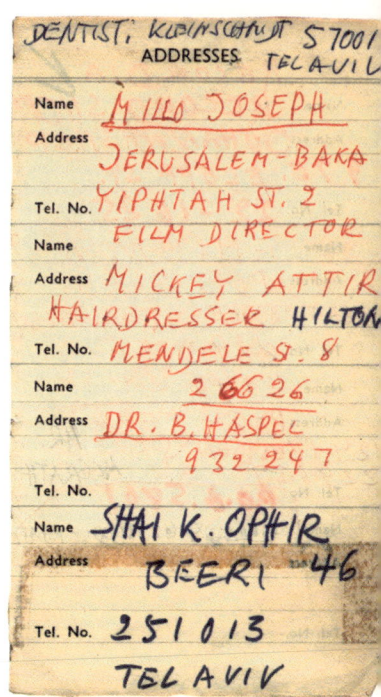

GIORA GODIK **Y 295**
WEISGAL/
WEIZMANN INSTITUTE **Y 297**
MARKO TUGEMAN
MAJOR ARAN
JEHUDA BACON
MR. SNOFF/NEWSWEEK

KLEINSCHMIDT
JOSEPH MILLO **Y 297**
MICKEY ATTIR/HILTON **Y 297**
DR. BERND HASPEL **Y 297**
SHAI K. OPHIR **Y 294**

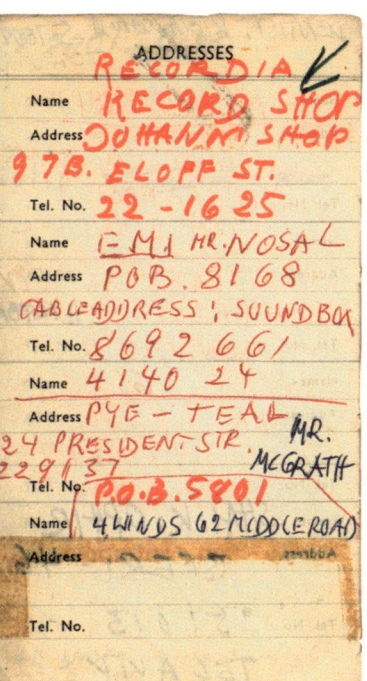

RECORDIA/RECORD SHOP
E.M.I./MR. NOSAL
PYE-TEAL
MR. MCGRATH

HYDE PARK HOTEL/
MR. TALLMAN **Z 303**
PERCY TUCKER **Z 304**

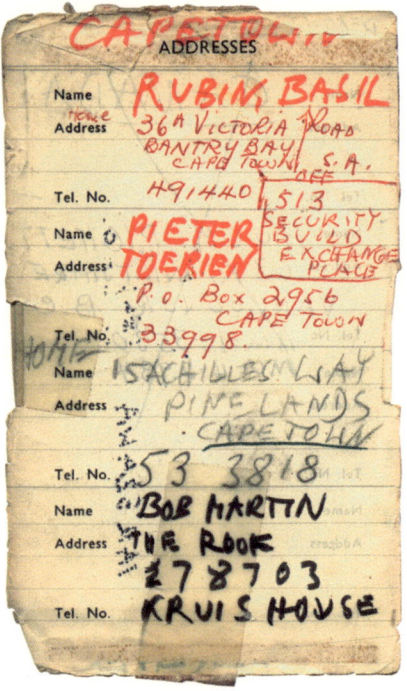

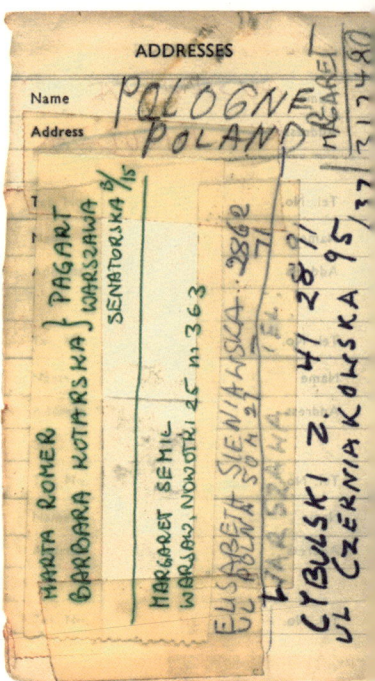

BASIL RUBIN **Z 304**
PIETER TOERIEN **Z 305**
BOB MARTIN/THE ROOF

MARTA ROMER/BARBARA
KOTARSKA/PAGART **Z 311**
MARGARET SEMIL
ELISABETH SIENIAWSKA **Z 312**
ZBIGNIWEW CYBULSKI **Z 313**

MARLENE DIETRICH ADRESSBUCH

GESCHICHTEN

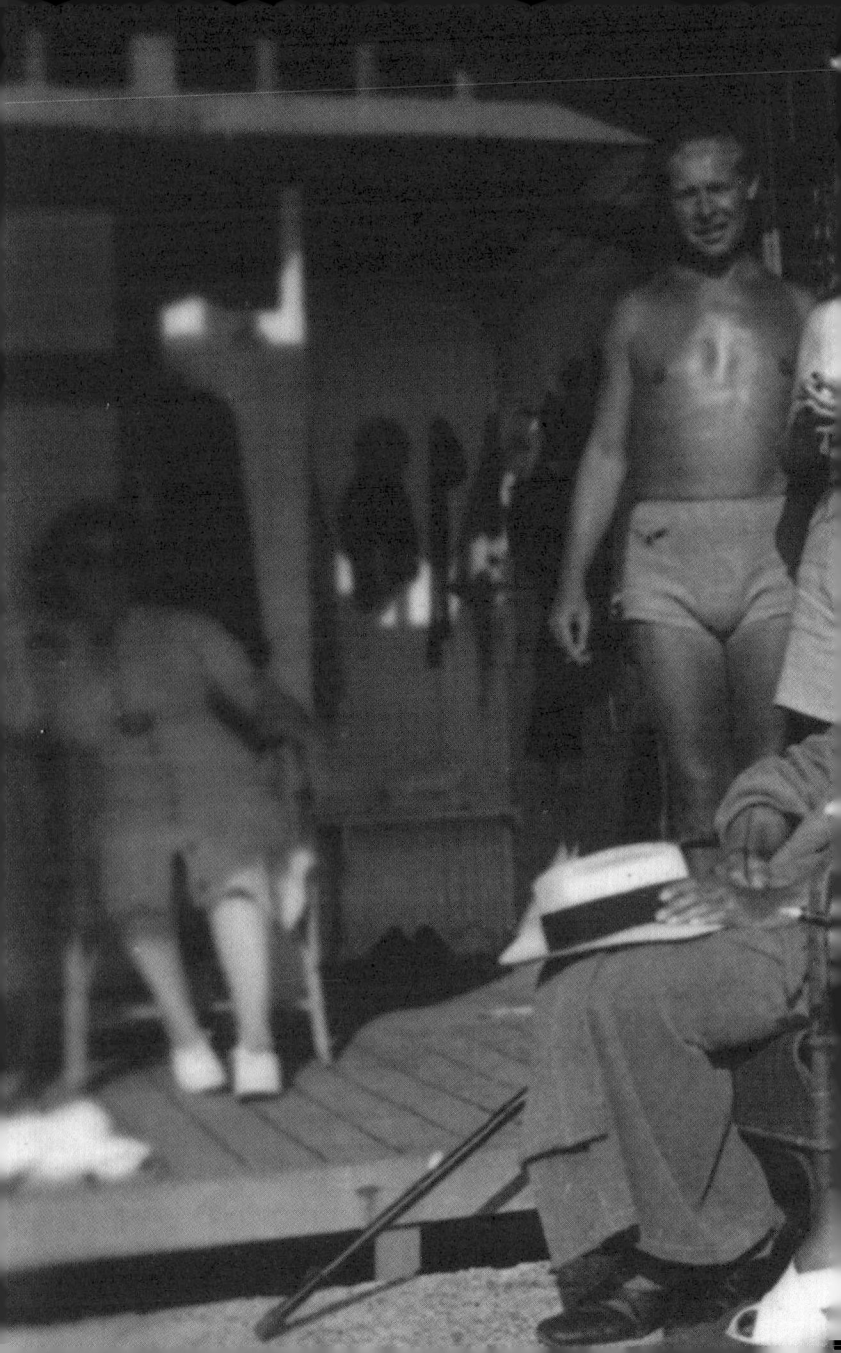

Für Marlene Dietrich war die scheinbar neutrale Schweiz wie für viele Emigranten während der NS-Zeit ein pied à terre im deutschsprachigen Raum Europas. Nach dem Kriegsende blieben viele Exilierte dort und siedelten sich, wie Max Colpet, in Künstlerorten wie Ascona an, dem »Weltkaff am Lago Maggiore«, über das er in seinen Memoiren schreibt: »Es gibt Leute, die Ascona hassen – und doch dort leben. Es ist eine Art Haßliebe. Sie bekommen plötzlich den sogenannten Inselkoller. Ihr Fehler ist es, daß sie nicht ab und zu einen Tapetenwechsel vornehmen, der Piazza den Rücken kehren, den Golfplatz meiden, ihr Motorboot im Stich lassen, um wieder mal in irgendeiner Großstadt – und damit meine ich nicht Locarno oder Lugano – umweltverschmutzte Luft zu atmen und ihren geistigen Horizont zu erweitern. Dort werden sie sich dann nach einiger Zeit bestimmt wieder nach diesem größenwahnsinnigen Kurort, diesem ehemaligen kleinen Fischerdorf am Lago Maggiore, zurücksehnen.« Für Marlene Dietrich scheint die Schweiz, neben ihrem Wohnsitz Paris, zunächst das einzige europäische Land gewesen zu sein, in das sie gerne reiste und in dem die Enkelkinder – auf ihre Kosten – das Internat besuchten. Dabei spielten steuerrechtliche Gründe ebenso eine Rolle wie medizinische: im Jungbrunnen der Klinik »La Prairie« hoffte sie, durch Frischzellenkuren ihr Altern aufzuhalten. In den 1960er Jahren trat sie mehrfach in der Schweiz auf: am 24.5.1960 in der Konzerthalle Zürich, an ihrem 51. Geburtstag, dem 27.12.1962 im »Palace St. Moritz« in Sankt Moritz und am 15.2.1964 im »Palace de Gstaad« in Gstaad – für sie eine willkommene Gelegenheit zum Besuch ihres »Jungbrunnens« und dem Treffen mit ihren Schweizer Freunden.

Vorige Seite:
Mit Max Colpet (rechts)
in Cap d'Antibes
1938

Ascona, Porto Ronco

MAX COLPET ■ **Casa Alessia · Ascona** ■ Der Autor, Lied-Texter und Übersetzer Max Colpet (geb. Max Kolpenitzky, 19. Juni 1905 Königsberg bis 2. Januar 1998 München) emigrierte 1933 von Berlin nach Paris, hier wohnte er im »Hotel Ansonia« – zusammen mit vielen anderen deutschen Emigranten, unter ihnen der Regisseur Billy Wilder, die Komponisten Friedrich Hollaender und Franz Wachsmann sowie der Schauspieler Peter Lorre. Im Sommer 1933 meldete sich dort Marlene Dietrich am Telefon und bat Colpet und Wachsmann, zu ihr in ein Hotel nach Versailles zu kommen. Max Colpet erinnerte sich später in seinen Memoiren: »Nie werde ich den Moment unserer Begegnung mit Marlene vergessen. Der Chauffeur riß den Wagenschlag auf. Wir stiegen aus und sahen uns verlegen um. Breite, imposante Stufen führten hinauf zum Eingang des Hotels. Davor eine Frau, die wie ein Engel aussah, der ›Blaue Engel‹, in einem phantastischen Chiffonkleid, in dessen Falten der Sommerwind spielte. Wie schade, daß ich keine Kamera bei mir hatte, um dieses unglaublich schöne Bild festzuhalten.« Marlene bat Colpet und Wachsmann um Hilfe bei der Einstudierung ihres Songs »Allein in einer großen Stadt«, das sie für eine Schallplatte aufnehmen wollte. Dies war, wie Colpet sich erinnert, eine »ungeahnte, unerwartete Chance für zwei arme arbeitslose Emigranten.« Aus der Begegnung erwuchs eine lebenslange Freundschaft und eine intensive Zusammenarbeit, über die Colpet schreibt:»Ich bin dem Schicksal immer wieder dankbar, daß ich das unerhörte Glück hatte, in Marlene Dietrich nicht nur eine große Künstlerin kennenzulernen, sondern eine einmalige Persönlichkeit und einen wundervollen, hilfsbereiten Menschen.« Marlene Dietrich unterstützte Colpet in jeder Hinsicht, sie engagierte sich direkt beim französischen Innenminister Serrault für ein Visum der Eltern Kolpenitzky, die noch in Deutschland lebten, sie bürgte 1939 zusammen mit Billy Wilder für seine geplante Übersiedlung in die USA, als er in Frankreich als »feindlicher Ausländer« interniert war, versorgte ihn mit Geld und Lebensmitteln und ließ ihn am Ende des Krieges in ihrem Apartment in Paris leben, während sie mit Jean Gabin im »Claridge« residierte. 1948 erhielt er endlich das Einreisevisum für die USA, und Billy Wilder lud ihn nach Hollywood ein. Hier traf er Marlene wieder, für die er in den folgenden Jahren zahlreiche Songs textete und übertrug, so unter anderem »Marie, Marie« von Gilbert Bécaud und »Sag mir, wo die Blumen sind« von Pete Seeger. Colpet kehrte 1958 von Hollywood nach Europa zurück und lebte als Texter und Drehbuchautor in München und Ascona. In den 1960er Jahren kümmerte er sich um Marlenes Engagements und mögliche Fernsehauftritte und schrieb die deutsche Fassung ihrer Memoiren »Nehmt nur mein Leben«: »Ich würde mich freuen, und sehr stolz darauf sein, in Deinen Memoiren namentlich erwaehnt zu werden, neben den vielen ›Grossen‹, die Du nennst, aber bitte nicht als kleiner Schreiberling ›to whom you gave the right of authorship [dem Du das Recht der Autorenschaft gabst]‹, dann lasse meinen Namen lieber ganz weg«, bittet er sie 1977. Dabei blieb es dann auch. Colpet sorgte für das Grab ihrer Mutter auf dem Schöneberger Friedhof ebenso wie für die monatlichen Überweisungen und die Geburtstagsgeschenke an ihre Schwester Elisabeth Will. Und er schickte ihr auf Wunsch aus Deutschland »Maggiwürze«, »Placentubex« und »Vademecum« zu. Daß er im Gegenzug – vergeblich – einen Gruß von ihr zu seinem 80. Geburtstag erwartet hatte, erboste Marlene gleichwohl: »Wenn Du keine anderen Sorgen hast, als auf ein Geburtstagsgrüßchen zu warten wie ein Kind, beneide ich Dich«, erwidert sie auf seine Klage. Sie warf ihm vor, nach Deutschland zurückgekehrt zu sein: »Du hast Deine ›Überzeugung‹ und Deine ›Seele‹ (siehe Faust) verkauft für ein gemütliches Leben – (unter Neo-NAZIS), das ist doch allerhand, da Du doch einer der wenigen warst, die über alles wußten, was den deutschen Juden geschah.« Max Colpet ließ sich jedoch auch von solchen Turbulenzen nicht in seiner Freundschaft erschüttern. In seinem letzten Brief an Marlene heißt es Weihnachten 1991: »Für mich besteht jedenfalls unsere langjährige Freundschaft weiter, Du kannst auf mich so wie bisher zählen, wenn Du etwas brauchst, sei es Rat oder Geld. Oder wieder nur ein kleines Telefongespräch, das Dich einige Wochen oder Monate gewisser Sorgen enthebt.«

HUG + CO ■ **Lindenhofstraße 16 · Basel** ■ Die Musikalienhandlung und Musik-Exportfirma »Hug & Co.« frequentierte die Familie Dietrich-Sieber bereits in den 1930er Jahren. Gegründet als Musikalienhandlung 1791 von H. G. Nägeli in Zürich und durch den Geschäftseintritt von J. Ch. Hug um einen Musikverlag erweitert, eröffnete die Firma 1885 unter dem Namen »Hug & Co« eine Filiale in Leipzig. Rudi Sieber bestellte dort im Auftrage seiner Frau Noten nach Paris: »Ich habe versucht, hier in Paris deutsche Noten zu finden – leider ohne Erfolg –, und es wurde mir gesagt, dass ich mich an Sie wenden solle. Es handelt sich um folgende Lieder: Frag nicht, warum ich gehe/Liebe war es nie/Was kann so schoen sein wie deine Liebe/Was weisst Du denn, was ahnst Du denn?/Ja, so bin ich (von meiner Frau Marlene Dietrich gesungen).« Von Leipzig ging daraufhin ein Päckchen nach Paris, das folgende Noten enthielt: Benatzky: Zu neuen Ufern/ Yes Sir! So bin ich/Jurmann: Was weisst denn Du. . ./Stolz: Das Lied ist aus. Auf der beigelegten Rechnung notierte Sieber »Benatzky zurück« und reduzierte den Rechnungsbetrag von 4,51 RM auf 3,16 RM. Das Gebäude der Leipziger Filiale wurde 1943 beim Bombenangriff völlig zerstört. Als Marlene Dietrich den Geschäftskontakt 1962 wieder aufnahm, residierte die Firma Hug & Co. in der Schweiz und hatte dort die Generalvertretung für »His

Master's Voice« und »Electrola« übernommen. Marlene Dietrich bestellte vier Exemplare der Schallplatte »Electrola 45 EG 9288« zum Preise von 4,75 Schweizer Franken in ihr Hotel, das »Palace« in St. Moritz. Vermutlich war es eine ihrer eigenen Schallplatten, die sie dort an Freunde und Verehrer verschenken wollte. Der Eintrag im Adreßbuch läßt vermuten, daß diese Bestellung nichts Einmaliges blieb.

DR. RUDOLF NISSEN ■ **Bürgerspital · Basel** ■ Der Chirurg Rudolf Nissen (15. September 1896 Nysa bis 1981 Basel) war von 1921 bis 1927 Assistent von Ferdinand Sauerbruch an der Universitätsklinik in München und von 1927 bis 1933 sein Assistent an der Charité in Berlin. Er emigrierte im Mai 1933 zunächst in die Schweiz: »Als wir – an einem Sonntag – die deutsche Grenze hinter uns ließen, hatte ich das Gefühl eines entscheidenden Schlußstriches. Die Genugtuung darüber, daß ich die widerlichen Hakenkreuzfahnen nicht mehr zu sehen brauchte, überwog alle Bedenken über die Unsicherheit der Zukunft«, schreibt er in seiner Autobiografie. Durch Vermittlung der »Notgemeinschaft der Deutschen Wissenschaftler« in Zürich erhielt Nissen zum 1.8.1933 eine Professur an der neu gegründeten Universität Istanbul. Der Beginn des Zweiten Weltkrieges überraschte ihn auf einer Vortragsreise in den USA und verhinderte seine Rückkehr in die Türkei. 1941 ließ er sich als Arzt in Manhattan nieder und arbeitete zugleich als Chirurg am Jewish Hospital in Brooklyn. Durch seine Arbeit hatte er nicht nur engen Kontakt zur deutschen Emigrantenszene, sondern auch zur amerikanischen Prominenz bis hin zu Eleanor Roosevelt. Nissen war bis 1952 als Chefarzt an verschiedenen Krankenhäusern in den USA tätig. Er kehrte 1952 nach Europa zurück und übernahm bis zu seiner Emeritierung 1967 eine Professor an der Universität Basel.

Über seine Beziehung zu Marlene Dietrich fanden sich kaum schriftliche Zeugnisse, lediglich ein Telegramm vom März 1966 aus Paris hat sich erhalten, in dem es um eine Terminabsprache mit dem Bürgerhospital geht. Nissen gehörte vermutlich sowohl zum Netz medizinischer Versorgung, das Marlene weltweit umgab, wie zum dichtgeknüpften Netzwerk des Exils.

LE ROSEY ■ **Rolle-Gstaad** ■ Im Internat »Le Rosey« in Gstaad hatte Marlene Dietrichs Tochter Maria Riva ihre Söhne Peter und Michael in den 1960er Jahren untergе-

Das Internat Le Rosey, Postkarte von Michael Riva an Marlene Dietrich bracht, das Schulgeld wurde aus den europäischen Tantiemen von Marlene Dietrich bezahlt. Das Internat wurde von Louis Johannot und Helen Schaub geleitet. Als Marlene Dietrich am 15.2.1964 ein Konzert im Gstaad gab, schrieb sie an den Direktor Johannot, lud ihn und das Kollegium des Internates ein und fügte hinzu: »J'ai écrit à Michael et Peter qu'ils peuvent demander deux amis chaqu'un. Je sais que la permission que les deux garçons viennent depend de leurs travaill à l'institut et j'espère qu'ils vont faire leur devoir [Ich habe Michael und Peter geschrieben, daß jeder zwei Freunde mitbringen darf. Ich weiß, daß die Erlaubnis mitzukommen von den Leistungen der beiden Jungen in der Schule abhängt, und ich hoffe, sie werden ihre Pflicht erfüllen].« Johannot antwortete, daß 27 Lehrer und Ehepartner beim Konzert in Gstaad anwesend sein werden: »We will cross our fingers in the hope that the both boys will be able to spend the weekend with you [Wir drücken die Daumen, daß die beiden Jungens das Wochenende mit Ihnen verbringen können].« Im »Cineclub« des Internats wurde am Nachmittag des Konzerts in Anwesenheit von Marlene Dietrich der Film »Der Blaue Engel« gezeigt.

NIESSEN HOME (siehe unter Nissen)

RENÉ HUBERT ■ **Finkenrain 7 · Zürich** ■ Der Kostümbildner René Hubert schuf 1941 die Kostüme für den Marlene-Dietrich-Film »Flame of New Orleans« [deutsche Fassung »Die Abenteuerin«] in der Regie von René Clair.

HANS COHN ■ **c./o. Dr. F. Wigel · Bahnhofsplatz 14 · Zürich** ■ Der Finanzmakler Hans Cohn war seit den 1920er Jahren mit der Tänzerin Warja verheiratet, die damals in Friedrich Hollaenders Kabarett »Tingel-Tangel« in Berlin auftrat und gelegentlich als Komparsin für die »Ufa« arbeitete. 1926 lernte Hans Cohn über Marlene Dietrich auch Rudi Sieber kennen und war mit ihm und seiner Lebensgefährtin Tamara Matul bis zum Tode eng befreundet – enger als mit Marlene. 1990 erinnert er sich in einem Brief an Maria Riva an diese Freundschaft: »Mit Rudi habe ich viele, sogar sehr viele Abende verbummelt. Es war ein sehr ›bescheidenes‹ Bummeln. Bei ›Mutter Maenz‹ in der Joachimsthaler Strasse, wo wir Blut- und Leberwurst assen und und dazu genuegend STEINHAEGER, der deutsche GIN oder Schnaps tranken, oder bei Bender in der Bleibtreustrasse etc., wo sich Gott und die Welt nach 10:00 oder 11:00 trafen.« Seine Kontakte zu Marlene Dietrich waren eher spärlich – und, so scheint es, zwiespältig. So berichtet er von einer Begegnung mit ihr und ihrem Verehrer Willi Forst: »Etwa im Jahr 1928 trafen wir uns im ›Palmen-haus‹, ein am Kurfuerstendamm gelegenes Restaurant. Gelegentlich dieses Zusammen-treffens sagte M. zu W. F. woertlich: ›Wir beide werden noch Weltstars werden.‹ Dieser Ein-stellung (chutzpe) hatte sie es auch zu verdanken, dass sie es wurde.« Hans Cohn ging 1931 aus beruflichen Gründen nach Den Haag und emigrierte später nach Hollywood. Hier traf er sich auch gelegentlich mit Marlene. Die Tagesplaner von Rudi Sieber zeugen dem-gegenüber von seiner engen Beziehung zu Hans und Warja Cohn, da wird festgehalten, wann »Hans C.« verreiste und wann er zurückkehrte, ob sie miteinander telefoniert hat-ten – und wie lange, und wann er dort zum Dinner eingeladen war: »Warja 1 dz XL ge-bracht – Rosen« notiert er etwa am 13.6.1964 und erläutert: »Ich 1/2 7 zu Hans u. War-ja dinner, bis 10.50 – 1/2 12 zu Hause«. Hans und Warja Cohn kümmerten sich auch um Tamara Matul und besuchten sie bis zu ihrem Tode in der Klinik in Camasillo. In Zürich hielt Hans Cohn sich vermutlich auf einer seiner vielen Europa-Reisen auf.

BAUR-AU-LAC-HOTEL ■ **Talstraße 1 · Zürich** ■ Das traditionsreiche Grand Hotel »Baur-au-Lac« wurde 1844 eröffnet und ist bis heute im Besitz der Gründerfamilie. Es liegt in einem Privatpark am Zürichsee im Herzen von Zürich und wirbt mit seinem »atemberaubenden Blick auf den See und die Alpen« im Internet.

CURT RIESS ■ **Scheuren auf der Forch · Kanton Zürich** ■ Der Journa-list und Schriftsteller Curt Riess (geb. 1902 in Würzburg) lernte Marlene Dietrich Ende der 1920er Jahre in den Berliner Filmstudios zusammen mit Willi Forst und Joe May kennen und traf sie in dieser Zeit gelegentlich in der Berliner »Eden-Bar«. Er emigrierte 1933 über Paris nach New York: »Ich bin ein deutscher Jude. Ich bin es, weil ich von deutschen Eltern abstamme, in Deutschland geboren bin, obwohl Hitler mich Ende des Jahres 1935 ausge-bürgert hat und obwohl ich heute Bürger des Landes meiner damaligen Zuflucht bin, nämlich Amerikaner, und in der Schweiz lebe«, schreibt er 1979. Kurz nach Kriegsende kehrte er als amerikanischer Kriegsberichterstatter nach Deutschland zurück. 1952 veröf-fentlichte er »The Berlin Story« [deutsche Ausgabe »Berlin, Berlin«], eine Chronik der Ber-liner Nachkriegsjahre. 1958 besuchte er Marlene Dietrich für ein Interview in Hollywood. 1960 traf er sie vor ihrer Deutschland-Tournée in Paris und befragte sie für eine Artikelse-rie, die zwischen April und Juni 1960 in der Illustrierten »Bunte« erschien. Darin beschreibt

Riess unter dem Titel »Marlene Dietrich – das schillernde Leben einer umstrittenen Frau« diese Begegnung: »Wie reizvoll sie ist!, dachte ich, als ich ihr in der Bar des Pariser Hotels ›Raphael‹ gegenübersaß. Sicher war sie ein wenig zurechtgemacht. Welche Frau ist das nicht? Aber selbst auf den halben Meter Entfernung konnte ich die Schminken, die Retuschen nicht erkennen. Da war nur ein schönes, ruhiges, ein wenig kühles Gesicht, das Gesicht einer Frau, die weiß, wie das Leben ist, die schon sehr vieles erlebt hat, Glück und Enttäuschungen, die vieles überlebt hat und bereit ist, noch vieles mehr zu überleben und zu überstehen.« Riess fragte sie nach ihren Gefühlen vor dieser Reise in die Vergangenheit und ihrem Verhältnis zu »den Deutschen«. Sie antwortete: »Die Deutschen! Wie ich diese Sammelbegriffe hasse! So etwas gibt es doch gar nicht, wie die Deutschen oder die Amerikaner oder die Franzosen! Es gibt überall gute und schlechte Menschen. Machen wir doch nicht den idiotischen Fehler, alle über einen Kamm zu scheren!«

Zum Dank für das Interview schickt Riess ihr am 10.4.1960 ein Telegramm: »CHÈRE MARLENE MILLE REMERCIEMENTS POUR LES HEURES CHARMANTES STOP JE SUIS EN TRAIN DE COMPOSER LA PEMIERE SERIE STOP J'EXPEDIERAIS LES MEDICAMENTS ET LA LISTE D'ADRESSES STOP VOTRE AMI CURT RIESS [Liebe Marlene, tausend Dank für die charmanten Stunden. Ich bin gerade dabei, die erste Serie zusammenzustellen. Ich schicke die Medikamente und die Adressenliste. Ihr Freund Curt Riess]« – auch er war wohl von seinem Wohnhaus in Forsch aus ein Lieferant von Pharmazeutika. Riess gehörte zum Freundeskreis von Hans Habe (siehe Eintrag) und Erich Maria Remarque (siehe Eintrag) und nahm als einer der wenigen 1970 an dessen Beerdigung teil: »Als wir uns das letzte Mal ausführlich sprachen, war es in Hollywood in Ihrem Bungalow in Beverly Hills. Erich Maria Remarque war gerade im Begriff, Paulette Goddard zu heiraten, und Sie waren ein wenig bedrückt und betroffen darüber. Nun ist er tot.« Riess und die Dietrich blieben in lockerem Brief- und Telefonkontakt, 1988 schickt er ihr seine Autobiografie mit den Worten zu: »Damit Sie wenigstens wissen, wen Sie durch Ihre Telefonate beglücken.« Sie notiert auf dem Brief: »Called him 1 pm 22.1.88 NO TIME OR IS IT SOMETHING ELSE? HE SAID HE WAS GETTING OLD [Rief ihn am 22.1.88 um 1 Uhr mittags an. Keine Zeit, oder ist es etwas anderes? Er sagte, er würde alt].«

DR. HEINZ HATZ ■ Engadinstraße 6 · Chur ■ Der Rechtsanwalt und Notar Dr. Heinz Hatz verwaltete die Gesellschaft »Navona Productions«, die eigens dazu gegründet worden war, um Marlene Dietrichs europäische Einnahmen steuergünstig in der Schweiz anzulegen. Die »Navona Productions« firmierte unter der Adresse des Anwaltsbüros, das Dr. Heinz Hatz zusammen mit Dr. Hans Killias in Chur betrieb. Einzige Anteilseigner waren zu je 50 Prozent Marlene Dietrich und Maria Riva. Hatz kümmerte sich um die Abrechnung mit den Plattenfirmen und die Einnahmen aus den Konzerten, die Norman Granz (siehe Eintrag) in ihrem Auftrag managte. Er führte auch die Vertragsverhandlungen zwischen der westdeutschen »Electrola« und der DDR-Plattenfirma »Amiga«, die beide 1965 eine Schallplatte von Marlene Dietrich mit Berliner Liedern herausbrachten. Marlene mischte sich direkt ein, weil »Electrola« ihrer Meinung nach nicht ordnungsgemäß abrechnete: »Ich habe genug davon und habe lieber direkt mit VEB zu verhandeln. Diese Leute sind anstaendig und rechnen ab. (. . .) Sobald Sie sicher sind, dass Elektrola Navona nicht fuer Vertragsbruch verklagen kann, erbitte ich Sie, sich mit der DEUTSCHEN SCHALLPLATTEN VEB Berlin Herrn Koeltzsch, Rechtsanwalt, Berlin-DDR zu wenden und alles direkt mit ihm zu verhandeln.« Es kam zu einem »Matrizenaustauschvertrag«, in dem beide Firmen sich gegenseitig die Verwertung der Aufnahmen in ihrem Territorium zugestanden. RA Költzsch kaufte für die DDR die Bänder der Platte »Wiedersehen mit Marlene«, im Juni gingen 5000,- DM in »Westgeld« auf dem Konto in der Schweiz ein. Hatz erhielt für seine Tätigkeit ein Honorar, und Marlene Dietrich teilte ihm im Juni 1969 mit: »Ich bitte Sie Ihr Honorar von der Summe, die existiert zu nehmen. Da, wie Sie ja sagen, keinerlei Umsatz der Navona besteht, ist ja wohl nicht viel Arbeit, jedoch bitte ich Sie, selbst zu handeln und das Honorar zu nehmen.« Ein Jahr später endet die Korrespondenz zwischen Hatz und Marlene Dietrich mit der Übergabe der »Navona«-Anteile an ihre Tochter Maria.

GLORIA GUINESS ■ **Epalinges Vaud 6 · Lausanne** ■ Eine persönliche Beziehung zu Marlene Dietrich ist nicht dokumentiert. Im Internet erzählt der Pariser Couturier Hubert de Givenchy von der Kühnheit der Gloria Guiness: »Sie änderte unsere Modelle ab. Einmal hatte sie einen Poncho gefunden. Sie sagte zu mir: ›Kopier mir das – du brauchst nur den Rückenteil nach vorne und den Vorderteil nach hinten setzen.‹ Und sie hatte recht. Andere wollten Kleider, die zu ihrem Schmuck paßten. Die mußten so gearbeitet sein, daß genau ein Zentimeter Abstand zwischen ihren Smaragden und dem Décolleté blieb. Sie inspirierten uns, das war eine Bereicherung.«

NOEL COWARD ■ Villa Les Avants · Glion sur Montreux ■ Den Dramatiker, Schriftsteller, Schauspieler und Komponisten Sir Noel Coward (16. Dezember 1899
in Teddington-on-Thames bis 26. März 1973 in Haiti) rief Marlene Dietrich 1935 spontan
an, um ihm zu seiner Rolle in »The Scoundrel« zu gratulieren: »Wir sprachen lange miteinander. Von diesem Moment an waren wir Freunde. Es war ein ganz natürlicher Vorgang.
Ich war genau das Gegenteil dessen, was er liebte: nicht außergewöhnlich begabt, nicht
geistreich. Ich liebte auch keine Parties, machte mir nichts aus seinem Bekanntenkreis,
schätzte seine Gewohnheiten nicht, liebte keine ›Publicity‹, sah die Welt nicht mit seinen
Augen. Und dennoch fühlten wir uns wie Zwillingsseelen«, schreibt sie in ihrer Autobiografie. Er telegraphierte nach Hollywood: »DEAR MARLENE WAS SO TOUCHED AND
CHARMED TO HEAR YOUR VOICE TONIGHT IT WAS SO SWEET OF YOU TO CALL ME (…) MY
LOVE TO YOU NOEL [Liebe Marlene, war so gerührt und bezaubert, heute Nacht Deine
Stimme zu hören. Es war so süß von Dir, mich anzurufen. (. . .) Alles Liebe für Dich, Noel].«
1938 trafen sie sich an der Rivièra wieder, wo Coward in den Kreis ihrer
Freunde und Verehrer aufgenommen wurde, nicht jedoch als Liebhaber, **Mit Noel Coward**
denn dieser Platz war durch Remarque besetzt. Die »Amitié amoureuse« **in London**
zwischen Coward und Marlene überstand den Krieg, bei ihren Aufent- **1950er Jahre**
halten in London diente er als Begleiter für Theaterbesuche und als Con-
ferencier ihres legendären Londoner Konzerts am 21.6.1954 im »Café de Paris« am Leice-
ster Square, bei dem er sie mit einer gereimten Huldigung auf der Bühne begrüßte. 1955
waren beide, zusammen mit zahlreichen prominenten Schauspielern, in dem Film
»Around the World in Eighty Days« zu sehen. Unmittelbar vor ihrer Deutschland-Tournée
traf sie ihn in London: »Sie war in einer düsteren Stimmung, denn alles war völlig durch-
einander und die deutsche Presse hatte sich gegen sie gerichtet«, notierte Coward in seinem Tagebuch. So schickte er ihr am 3.5.1960 ein Telegramm zum Berliner Auftritt in den
»Titania-Palast«: »DARLING DEAR I AM THINKING OF YOU WHETHER YOU LIKE IT OR NOT
DEAREST FONDEST LOVE AS ALWAYS NOEL [Meine Liebe, ich denke an Dich, ob Du es
magst oder nicht. Zärtliche, tief empfundene Liebe, wie immer, Noel]«. 1958 hatte Coward
zusammen mit seiner Frau Coley das Châlet in Les Avants bei Montreux entdeckt: »It is a
roomy but fairly hideous châlet in the mountains above Montreux and the views are sen-

sational. Scenially it is marvelous. It has four and a half acres of garden, filled with wild strawberries, lilacs, gooseberries, black currants and bourgeoning English flowers. It looks out over the lake and the mountains and the air is wonderful. It faces due south and gets the sun all day. Coley and I had an agitative discussion and finally I said I'd buy it [Es ist ein geräumiges, aber ziemlich häßliches Châlet in den Bergen oberhalb von Montreux, und die Ausblicke sind sensationell. Landschaftlich ist es fabelhaft. Es hat rund 17 000 qm Garten voller Erdbeeren, Flieder, Stachelbeeren, Schwarzer Johannisbeeren und sprießender Englischer Blumen. Man sieht über den See und die Berge, und die Luft ist wunderbar. Es liegt richtig nach Süden und bekommt den ganzen Tag Sonne. Coley und ich hatten darüber einen heftigen Streit und zuguterletzt sagte ich, ich werde es kaufen]«, notiert Coward am 13.6.1958 in sein Tagebuch. In den 1960er und 1970er Jahren traf Marlene Noel Coward, wenn sie sich zur Frischzellenkur in der Schweiz aufhielt. Wenige Wochen vor seinem Tod begleitete sie Noel Coward zur Premiere seiner autobiografischen Revue »Oh Coward« in der Regie von Roderick Cook in New York. Als im März 1984 ein Gedenkstein für ihn in London mit einer Feier in Westminster Abbey eingeweiht wurde, notierte Maria Riva auf dem Programm: »How he would have loved this – His favourite Queen mother + his country's tribute [Wie er das geliebt hätte – seine verehrte Königinmutter und die Anerkennung seines Landes]«.

IRWIN SHAW ■ **Chalet Mia · Klosters** ■ Der erfolgreiche US-amerikanische Schriftsteller, Dramatiker und Produzent Irwin Shaw (27. Februar 1913 New York bis 16. Mai 1984 Davos) schrieb unter anderem den Roman »The Young Lions«, der 1958 von Edward Dmytrik, einem der als »Hollywood 10« verfolgten Regisseure der McCarthy-Zeit, verfilmt wurde.

CLINIQUE LA PRAIRIE/NIEHANS/DR. WALTER MICHEL ■ **1815 Clarens · Montreux** ■ Die »Clinique La Prairie« war der Vorreiter einer in den 1950er Jahren modernen Behandlungsmethode mit Frischzellen. Bereits im Jahre 1931 hatte der Chirurg Paul Niehans mit der Therapie begonnen, älteren Menschen Frischzellen von Schafen zu injizieren, um damit den natürlichen Alterungsprozeß aufzuhalten. Im Prospekt der Klinik heißt es dazu: »Le Professeur Niehans à donné à la Clinique La Prairie une renommée mondiale. Il y a appliqué son travail bénéfique jusqu'en 1969. Grâce à ces traitements, d'innoumerables patients et celebrités du monde entier ont retrouvé une meilleure santé et la joye de vivre [Professor Niehans hat der Klinik weltweites Ansehen verliehen. Er übte seine segensreiche Arbeit hier bis 1969 aus. Dank seiner Behandlungen haben unzählige Patienten und Berühmtheiten aus aller Welt Gesundheit und Lebensfreude wiedergefunden].« Marlene Dietrich korrespondierte seit 1964 mit Dr. Walter Michel, dem Nachfolger von Niehans als Klinikchef, sowie mit der Ärztin Heidi Flubacher. Sie unterzog sich regelmäßig der Frischzellen-Therapie und bestellte Medikamente und Diätmittel bei den behandelnden Ärzten, wie zum Beispiel »Cyklokapron«, »Aromat Diétique« und »Butazolidin Alka« – aber auch »Williamine« – nicht eigentlich ein Medikament, sondern ein Schweizer Birnenschnaps, der von »La Prairie« nach Paris geliefert wurde. Die Beziehung zu Walter Michel ging, so erwecken die Briefe durchaus den Eindruck, über rein Fachliches hinaus: »Inoubliable Marlene [Unvergeßliche Marlene]«, adressiert er sie und schwärmt von ihr als dem »lumière de mes yeux [mein Augenstern]«. Auch zu seiner Kollegin Heidi Flubacher entwickelte Marlene Dietrich eine freundschaftliche Beziehung, als Dank für ihren Versandservice erhielt sie gelegentlich Nylonstrümpfe und Seife aus Paris: »Bien chère Madame Marlene, comment trouver les mots justes pour vous remercier de votre bonté et de votre grande gentillesse [Sehr liebe Frau Marlene, wie soll ich die richtigen Worte dafür finden, um Ihnen für Ihre Güte und große Liebenswürdigkeit zu danken]«, schrieb sie am 16.8.1970 nach Paris und fügte das Bekenntnis hinzu: »Votre ci gentille lettre ne me quittera plus jusqu'à la fin de mes jours: C'est une lettre unique d'une très, très grande personne [Ihr so liebenswürdiger Brief wird mich bis ans Ende meiner Tage begleiten. Es ist ein einmaliger Brief von einer sehr, sehr großen Persönlichkeit].« »Je vous embrasse [Ich umarme Sie]«, antwortete Marlene am 5.10.1970 und gab die nächste Bestellung von Medikamenten auf.

BEATE VON MOLO ◼ **Villa Heimat · St. Moritz** ◼ Die Regisseurin und Filmproduzentin Beate von Molo (geb. Moissi, 1911 in Berlin) war die Tochter des Wiener Schauspielers Alexander Moissi (1880–1935), der ab 1906 zu Max Reinhardts Berliner Theaterensemble gehört hatte und 1935 im Schweizer Exil in Lugano starb. Beate von Molo war verheiratet mit dem Filmproduzenten Hans von Molo und in den 1950er Jahren an verschiedenen Münchner Theatern tätig. 1954 war sie für die Dialogregie der Literaturverfilmung »La Paura« [deutsche Fassung »Angst«] von Roberto Rossellini (siehe Eintrag)

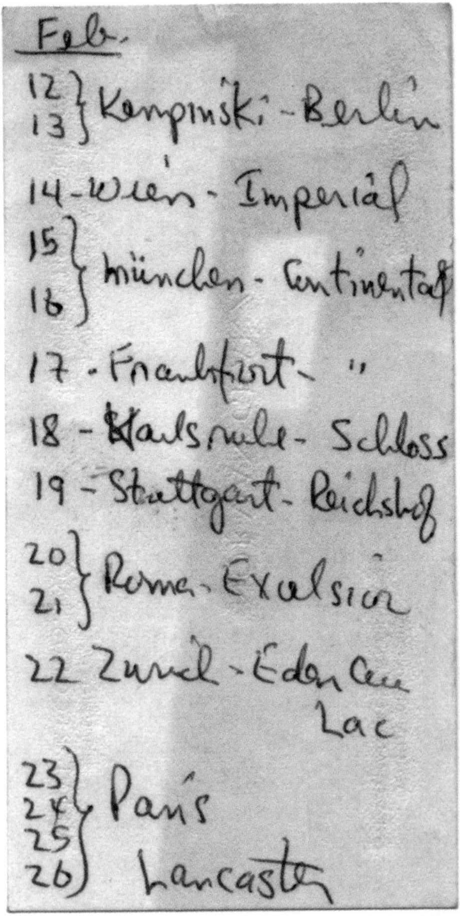

<u>Feb.</u>

12 }
13 } Kempinski – Berlin

14 – Wien – Imperial

15 }
16 } München – Continental

17 – Frankfurt – ,,

18 – Karlsruhe – Schloss

19 – Stuttgart – Reichshof

20 }
21 } Roma – Excelsior

22 Zürich – Eden au
                        Lac

23 }
24 } Paris
25 }
26 } Lancaster

nach einer Novelle Stefan Zweigs verantwortlich. 1960 bat Marlene Dietrich sie um eine Übersetzung des Liedtextes »Marie, Marie« ins Deutsche, und Beate von Molo telegrafierte ihr neben dem Text einen ironischen Rat für die Konzerte in Deutschland: »BRINGEN SIE NICHT ZU WENIG DEUTSCHE LIEDER DENN DEUTSCH IST DER DEUTSCHE MANN UND DEUTSCHLAND DEUTSCHLAND ÜBER ALLES IN DIESEM SINNE = IHRE BEATE«.

DAVID NIVEN ■ **Chalet St. André · Chateau d'Oex** ■ Den Schauspieler David Niven (geb. James David Graham, 1. März 1910 bis 29. Juli 1983 Chateau-d'Oex) kannte Marlene Dietrich seit den 1940er Jahren – in den privaten »home movies« ist er mit ihr zu sehen. Er spielte 1956 – in der Rolle des »Phileas Fogg« – zusammen mit Marlene Dietrich, Noel Coward und anderen in dem Film »Around the World in Eighty Days« von Michael Todd. In der Reihe ihrer Konzerte im »Café de Paris« in London moderierte er, ebenso wie Noel Coward und Alec Guiness, eine Abendvorstellung. Marlene Dietrich kümmerte sich um Präparate ihrer vielbeschworenen **Visitenkarte von** Frischzellen-Therapie für Niven, und gab medizinische Ratschläge, die **Norman Granz,** aber den Tod Nivens im Sommer 1983 nicht aufhielten. Sein Sohn David **Rückseite** Niven jr. bedankte sich am 1.10.1983 für Marlene Dietrichs Beileidsbrief: »My dear Marlene, thank you so much for your letter. Unfortunately my father didn't have cats but he did have a dog and a swedish wife [Meine liebe Marlene, herzlichen Dank für Deinen Brief. Unglücklicherweise hatte mein Vater keine Katzen, aber er hatte einen Hund und eine schwedische Frau]!«

NORMAN GRANZ ■ Der Musikagent und Musikmanager Norman Granz betreute die Europa-Tournée 1960 von Marlene Dietrich, er blieb in den folgenden Jahren immer wieder als Manager und Helfer gefragt, denn Marlene Dietrich schätzte ihn, wie sie mit einem Telegramm unmittelbar vor Beginn der Tournée im April 1960 beteuerte: »YOU KNOW THAT MY REASONS FOR NOT ACCEPTING THE OFFERS OF OTHER IMPRESARIOS WAS BECAUSE I FELT MORE CONFIDENT IN YOUR ABILITY AND KNOW HOW [Du weißt, daß ich die Angebote anderer Impresarios ablehne, weil ich Deinen Fähigkeiten und Deinem Können mehr vertraue].« Granz kümmerte sich auch um die westdeutsche Presse, zumindest bat ihn Marlene Dietrich darum: »MUST TELEPHONE TOGETHER GERMAN PRESS GETTING MORE OBNOXIOUS EVERY DAY ALL ARTICLE SOUND LIKE GOERING SPEECHES AGAINST ME

LOVE MARLENE [Wir müssen telefonieren, die deutsche Presse wird immer widerwärtiger, alle Artikel klingen wie Göring-Reden gegen mich, alles Liebe, Marlene].« Granz war auch fürs Schulteranlehnen zuständig, so telegrafierte sie ihm nach ihrem Bühnensturz beim Konzert in Wiesbaden 1960: »DISSAPPOINTED YOU NOT HERE PARTICULARLY AS NEED SHOULDER TO LEAN MY BROKEN ONE ONTO [Enttäuscht, daß Du nicht hier bist, besonders deshalb, weil ich eine Schulter brauche, an die ich meine gebrochene anlehnen kann].« Sie unterschreibt dieses Telegramm als »YOUR ONEARMED BANDIT AND FIANCÉ FRITZ [Dein Einarmiger Bandit und Verlobter Fritz].« Mit dem »onearmed bandit« kam es bei der Abrechnung der Deutschland-Tournée zum Krach. Obwohl die Einnahmen insgesamt dürftiger ausgefallen waren als erwartet, zahlten ihr Granz und der Frankfurter Konzertagent Fritz Rau (siehe Eintrag) die volle Vertragssumme aus, »to avoid any unpleasantness with someone whom I respected and liked [um alle Unannehmlichkeiten mit jemandem, den ich respektierte und mochte, zu vermeiden].« Mitte der 1960er Jahre firmierte Granz unter einer Adresse der »Salle Productions« in Beverly Hills und schloß in Vertretung von Marlene Dietrich Konzertverträge ab.

PROCTER & GAMBLE/HOME JUSSY ■ **20, Rue de Lausanne · Genf** ■ Der Direktor der Genfer Filiale des US-Konzerns »Procter & Gamble«, G. A. Wiltsee, vermietete Marlene Dietrich im Sommer 1962 sein Haus in Jussy, während er mit seiner Familie die Sommerferien in den USA verbrachte – dazu gehört die hier gleichfalls aufgeführte Adresse Kenroe Drive, Elmwood in Ohio, die Wiltsee für Notfälle in seinem Haus hinterließ. Extra für den Sommeraufenthalt der Familien Dietrich-Riva wurde das gesamte Grundstück auf Veranlassung Wiltsees und auf Kosten Dietrichs eingezäunt. Wiltsee gab Tips zum Einkauf von frischem Gemüse und Backwaren in Jussy und organisierte, daß die Familie nach ihrer Ankunft in Genf vom Bahnhof abgeholt und in sein Haus chauffiert wurde. Der Vermieter kümmerte sich auch um notwendige Kinderbetten für die Riva-Kinder: »Got one. Not too fancy but shall do [Hab eins gekriegt. Nicht sehr modisch, aber ausreichend]«, fügte er handschriftlich einem Brief an Marlene Dietrich hinzu.

VETTINER ■ **8, Rue de Rhone · Genf** ■ Herr Vettiner gehörte zu den Konzert-Managern in den 1960er Jahren. Dies bestätigt jedoch nur ein Schreiben Marouanis an ihn vom 18.11.1966. Persönliche Korrespondenz mit Marlene Dietrich fand sich dabei nicht.

HOTEL BEAU RIVAGE ◼ **13, Quai de Montblanc · Genf** ◼ Das Grand Hotel »Beau Rivage« wurde 1865 am Ufer des Genfer Sees von dem Hotelier Jean-Jacques Mayer erbaut, die Familie Mayer führt es heute in vierter Generation. Es ist das älteste Hotel von Genf, das sich noch immer in privaten Händen befindet. Die Gästeliste der heutigen Pressemappe nennt Kaiserin Elisabeth von Österreich und Bayerns König Ludwig II. neben dem Dalai Lama und Alain Delon – nicht aber Marlene Dietrich.

DR. H. DE WATTEVILLE ◼ **6, Rue Charles Bonnet · Genf** ◼ Der Professor für Gynäkologie H. de Watteville in Genf gehörte zum großen Kreis der Ärzte im Kosmos Marlene Dietrichs. Seit den 1960er Jahren versorgte er sie und ihre Tochter Maria mit Rezepten und Medikamenten. »Alle neuen Wundermittel, die ihm nur einfielen, größtenteils Vitamine, harmlose Hormone und Eiweißkonzentrate, und da diese Medikamente in Amerika nur schwer erhältlich waren, wurde ein Kurierdienst eingerichtet«, erinnert sich Maria Riva.

PHARMACIE PRINCIPALE ◼ **11, Rue du Marché · Genf** ◼ Die Genfer Apotheke gehörte seit den 1960er Jahren zum Pharmazie-Netzwerk Marlene Dietrichs. Der Arzt de Watteville (siehe Eintrag) schickte seine Rezepte für Marlene Dietrich oder für Maria Riva dorthin, die gewünschten Medikamente gingen per Post nach Paris. Hierfür war vermutlich der genannte Monsieur Doess zuständig.

ROSEY (siehe S. 73)

HOTEL PALACE/ROSSLI ◼ Im Hotel »Palace de Gstaad« trat Marlene Dietrich am 15.2.1964 in einem »Soirée éxtraordinaire« auf. Die Reihe dieser Konzertabende ging auf eine Idee von Maurice Chevalier zurück, er hatte den Auftritt von Marlene Dietrich in Gstaad initiiert. Das Konzert wurde von der Sektfirma »Mumm« gesponsort, die eigens für diesen Abend ein Etikett kreierte: »Les grandes marques de Champagner ont pour règle immunable de ne jamais changer quoi que ce soit à leur éticettage. Mais en l'honneur de votre soirée éxtraordinaire Mumm à tenu à déroser à ce conservatisme [Die großen Champagner-Marken haben ein unumstößliches Gesetz, niemals etwas an ihrem Etikett zu ändern, was auch immer geschieht. Aber zu Ehren Ihres außergewöhnlichen Abends hat sich Mumm von dieser Tradition verabschiedet].« Die Sonderausstattung der Abfüllung »Cordon rouge« trug zu Ehren Marlenes das Etikett »L'Ange bleue«.

CHARLES CHAPLIN ■ **Manoir de Bay · Vevey** ■ Den Filmschauspieler, Autor und Regisseur Sir Charles Chaplin (16. April 1889 London bis 25. Dezember 1977 Corsier-sur-Vevey) kannte Marlene Dietrich aus Hollywood, wo er von 1910 bis 1952 im Filmbusiness tätig war: »Wir wurden Freunde zwischen seinen diversen Scheidungen und verbrachten viele frühe Abende miteinander. Ich sage ›frühe Abende‹, weil wir beide am nächsten Morgen arbeiten mußten, er nach seinen eigenen Plänen, ich nach dem Drehplan von Paramount«, erinnert sie sich in ihrer Autobiografie. Bei ihrer kurzen Rückkehr nach Berlin im Winter 1931/1932 traf sie ihn im »Hotel Adlon«. Die Beziehung war nicht frei von Konflikten, Marlene Dietrich unterstellte ihm, von der Figur Hitlers, die er in seinem Film »The Great Dictator« karikiert hatte, in Wirklichkeit fasziniert gewesen zu sein. Und sie mokierte sich über seine Überheblichkeit: »Für einen arroganten Mann wie ihn war es wohl ziemlich schwer, mit einer eigensinnigen Deutschen zurechtzukommen. Aber mir gefiel seine Überheblichkeit«, heißt es in der Autobiografie weiter. Deutlichere Worte finden sich in einem undatierten Typoskript für die »Sunday Times«: »In real life he was not funny at all. Rather boring with all his tales of sexual glory. No use bringing him a great new book. He would turn the other way like an offended child. He loved his fame also in an almost childish way. Uneducated as he was, it made most contacts difficult if not impossible. His name will never be erased from history – just as he planned [Im wirklichen Leben war er überhaupt nicht komisch. Eher langweilig mit all seinen Erzählungen über sexuelle Triumphe. Sinnlos, ihm ein gutes neues Buch mitzubringen. Er würde sich wie ein beleidigtes Kind abwenden. Er liebte seinen Ruhm auf geradezu kindische Weise. Ungebildet, wie er war, waren die meisten Kontakte zu ihm schwierig, wenn nicht gar unmöglich. Sein Name wird niemals aus der Geschichte ausradiert werden – so wie er es beabsichtigt hat]!« Zum letzten Mal trafen sich Chaplin und Dietrich in den 1970er Jahren bei einer Wohltätigkeitsveranstaltung in der »Comédie Française« in Paris: »Er war, wie immer, der große Star, bezaubernd und menschlich zugleich, allen anderen überlegen, mich natürlich eingeschlossen.«

Mit Charlie Chaplin, 1970er Jahre

MAX COLPET (siehe S. 69)

LOTHAR OLIAS ■ **Via Lido · Ascona** ■ Lothar Olias war der Komponist der Weihnachtsliederplatte von Marlene Dietrich im Jahre 1966. In einem Brief an Marlene

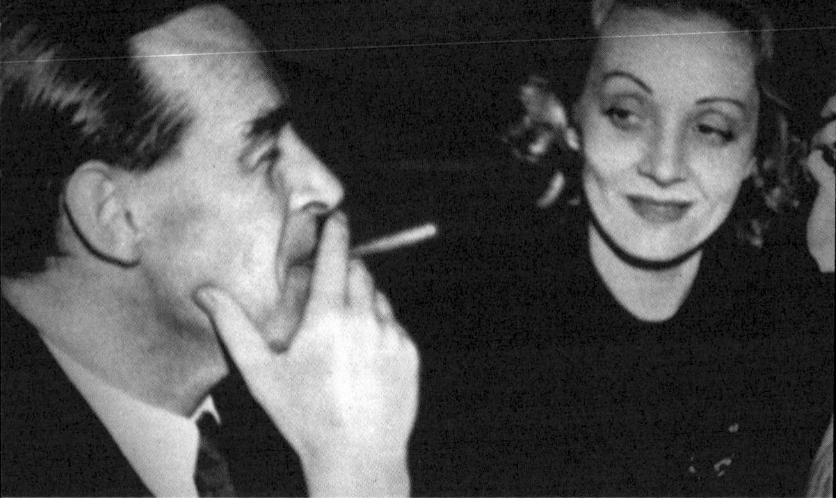

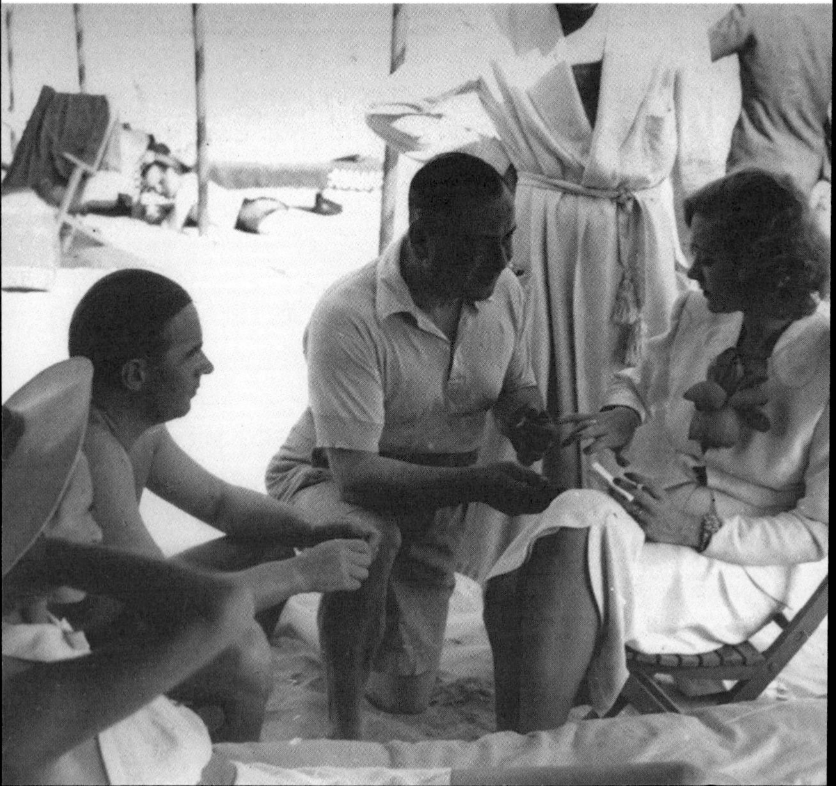

Dietrich berichtete er am 14.10.1966, daß die Aufnahmen zu dieser Schallplatte mit einem Hamburger Chor neu gemischt wurden und damit »Ihre Stimme in dieser Mischung viel besser zur Geltung kommt.« Olias hatte offensichtlich auch gute Beziehungen zum Springer-Verlag (siehe Eintrag) in Hamburg, der 1966 erneut Vorreiter einer Pressekampagne gegen Marlene Dietrich war. So erzählte er im gleichen Schreiben von einem Gespräch, das er mit Peter Boenisch geführt hatte: »Ich erklärte ihm, daß es Ihr Wunsch ist, in Deutschland keine politische, sondern eine künstlerische Persönlichkeit zu sein. Er war von meinen Ausführungen sehr angetan und hat mir fest versprochen, daß eine sofortige Wendung in den Zeitungsberichten – soweit sie die Springer-Presse betreffen – stattfinden wird. Wir haben diese Absprache mit Handschlag bekräftigt.« Offensichtlich auf Veranlassung Boenischs, der sich an seinen Handschlag gebunden fühlte, schrieb der Axel-Springer-Verlag zwei Wochen später, am 1.11.1966, an Marlene Dietrich: »Es ist gerade in den letzten Monaten viel über Sie in den westdeutschen Zeitungen und Zeitschriften geschrieben worden. Wie Sie sicher erfahren haben, wurden viele Ihrer angeblichen Äußerungen über Deutschland hier nicht mit Begeisterung aufgenommen. (. . .) Ich bin sicher, daß Sie – genau wie ich – dieses momentan gestörte Verhältnis zwischen Ihnen und Ihrem deutschen Publikum bedauern.« Im Namen des Verlagskonzerns bat daher der, wie er schreibt, »Dietrich-Fan« Wolfgang Frank um ein Exklusiv-Interview für die »BILD am SONNTAG«, das jedoch nicht zustande kam.

Mit Erich Maria Remarque 1948 in Hollywood

Mit Erich Maria Remarque 1937 am Lido

ERICH MARIA REMARQUE ■ Porto Ronco · Lago Maggiore · Locarno ■ Den Schriftsteller Erich Maria Remarque (geb. Erich Paul Kramer 22. Juni 1898 Osnabrück bis 25. September 1970 Locarno) lernte Marlene Dietrich 1937 in Venedig kennen. Er hatte mit seinem 1931 veröffentlichten Roman »Im Westen nichts Neues«, in dem er seine Fronterlebnisse als Freiwilliger im Ersten Weltkrieg verarbeitet hatte, einen Welterfolg erzielt und übersiedelte im selben Jahr von Berlin nach Ascona. 1933 wurde der Roman wegen »literarischen Verrats am Soldaten des Weltkrieges« von den Nationalsozialisten verbrannt. 1938 wurde er aus Deutschland ausgebürgert. In den Sommermonaten 1938 und 1939 gehörte Remarque zu den Gästen in Cap d'Antibes und verliebte sich in

Eine schwarze Kunst

gegen die andere ____

We cannot prevent the birds
of sorrow from flying over
our heads, – but we can
prevent them from building
nests in our hair — Kung fuse

Marlene Dietrich. Nicht zuletzt ihretwegen übersiedelte Remarque bei Kriegsbeginn im September 1939 in die USA. In seinem im gleichen Jahr begonnenen und 1946 veröffentlichten Emigrantenroman »Arc de Triomphe« schilderte er in den Figuren »Joan Madou« und »Ravic« diese gescheiterte Liebesbeziehung. »Ravic« blieb in seiner umfangreichen Korrespondenz mit Marlene bis zu seinem Tode eines seiner Pseudonyme.

Remarque erkannte rasch die Problematik seiner Liebe – so heißt es in seinem Tagebuch am 27. Oktober 1938: »Solltest du in Porto Ronco an einsamen Abenden zuviel Verlangen nach ihr haben, denke daran, daß es ein Glück ist, daß sie abreiste. So ging es nicht weiter, auch im besten Verstehen nicht (. . .) Mach aus dir, was du bist, allein! Nimm sie als Stachel, der dich treibt. So, wie jetzt ist das unwürdig u. albern. Werd ihr fremd, sei Du, wenn du sie wiedersiehst. (. . .) Du kannst nicht der Schlattenschrammes eines Filmstars sein.« Gleichwohl schrieb er ihr die schönsten aller Liebesbriefe, die sich in ihrem Nachlaß finden. »Buntes Fenster im Chartre meines Herzens«, heißt es etwa am 18.2.1939 auf einer Karte an »Puma«. Die – nur spärlich beantworteten – Briefe an Marlene scheinen zeitweise seine schriftstellerische Tätigkeit ersetzt zu haben. Marlene ihrerseits versorgte ihn lieber mit Selbstgekochtem und Arzneimitteln.

Erich Maria Remarque an Marlene Dietrich, 1940er Jahre

Remarque lebte nach dem Zweiten Weltkrieg abwechselnd in New York und Porto Ronco bei Ascona. 1952 heiratete er die Schauspielerin Paulette Goddard. Maria Riva berichtet, Remarque habe Marlene unmittelbar vorher einen Heiratsantrag gemacht: »Sollte sie ablehnen, würde er Paulette heiraten. Was er dann auch tat.«

1962 bat Marlene ihn um die Übersetzung ihres Textes für den Anti-Hitler-Film »Black Fox«: »Liebster. – ich bitte Dich um eine Übersetzung des Textes, den ich zu einem Film über Hitler gesprochen habe. Der Film ist gut, sonst würde ich Dich nicht bitten. Ich sehne mich nach Dir jede Sekunde bis in alle Ewigkeit. – Dein Puma. Ich spreche natürlich Deine Worte zu dem Fim, meine ich. Deine Worte spreche ich sowieso im Leben.« Eine deutsche Fassung des Films kam jedoch nicht zustande. Als Remarque 1970 starb, trauerte sie, wie Maria Riva berichtet, »als sei sie seine rechtmäßige Witwe. Und für die hielt sie sich auch.« Curt Riess (siehe Eintrag) erzählte Marlene am 1.10.1970 von der Beerdigung in Porto Ronco: »Wir anderen marschierten hinter dem Sarg her. Paulette mit Walter, dann

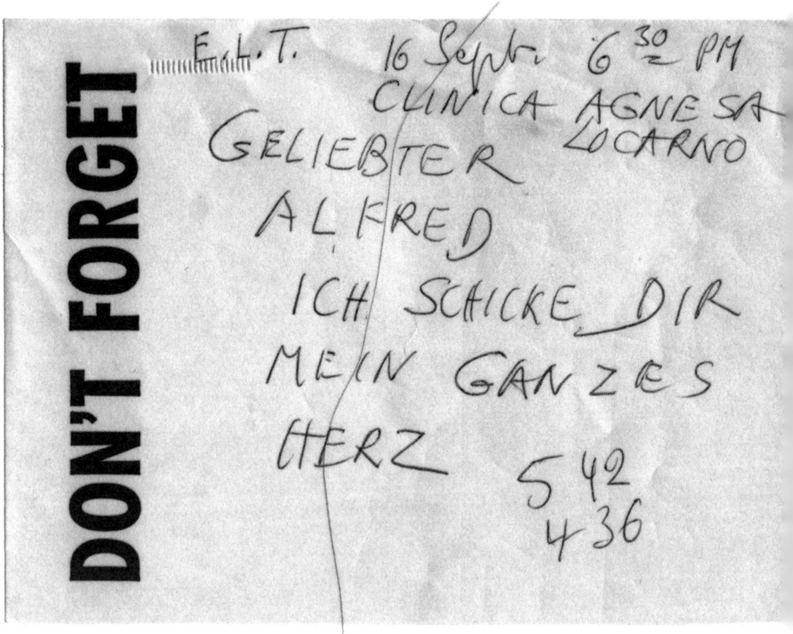

DON'T FORGET

E.ch. T. 16 Sept. 6³⁰ PM
CLINICA AGNE SA
LOCARNO

GELIEBTER
ALFRED
ICH SCHICKE DIR
MEIN GANZES
HERZ 5 42
4 36

Marianne Feilchenfeld und ihre Schwiegertochter, dann ich. Dann kamen einige Asconaer Vereine, mit denen Erich wohl nie etwas zu tun hatte, mit Fahnen etc. Von den Leuten, die in seinem Leben eine Rolle spielten, war, soweit ich sehen konnte, niemand da. Siodmak erschien, Hans Habe und seine Frau, ein paar Damen aus Ascona, mit denen er befreundet war, zum Beispiel die Humm, etc. Aber kein Verleger, kein Filmproduzent, nichts.«

HANS HABE ■ **Villa Nationella · Via Giovanni Serodine · Ascona** ■

Der Schriftsteller, Romancier, Film- und Hörspielautor und Publizist Hans Habe (geb. János Békessy, 12. Februar 1911 Budapest bis 30. September 1977 Ascona) gehörte zur Literaten- und Künstlerszene Asconas. Er wuchs in Wien auf, studierte in Heidelberg Germanistik und Jura und war von 1935 bis 1939 Völkerbundkorrespondent des »Prager Tageblatt« in Genf. 1937 veröffentlichte er seinen Emigranten-Roman »Drei über die Grenze«. Nach dem »Anschluß« Österreichs wurden seine Bücher dort verbrannt. Habe emigrierte 1939 nach Frankreich und meldete sich freiwillig zur französischen Armee, geriet in Gefangenschaft, konnte aber flüchten und gelangte mit einem »emergency visa« über Lissabon 1940 in die USA, von 1941 bis 1945 diente er als Major in der US-Streitmacht. 1944 arbeitete er in der Radiostation »Voice of the 12th American Army Group«, hier wird er vermutlich Marlene Dietrich begegnet sein. 1945 kehrte er an der Seite der US-Armee nach Deutschland zurück und beteiligte sich am Aufbau der Presse. Bekannt wurde Habe durch seinen teilweise autobiografischen Erfolgsroman »A Thousand Shall Fall« [1941, deutsche Fassung »Ob Tausend fallen« 1947]. Er lebte oft mehrere Monate in Hollywood und seit Mitte der 1950er Jahre in Ascona. Hans Habe verteidigte Marlene Dietrich 1960 öffentlich gegen die diffamierende Pressekampagne anläßlich ihres Deutschlandbesuchs. An die »Münchner Illustrierte« schieb er am 14.5.1960: »Sie haben den Vogel abgeschossen. Unter den Tausenden von Artikeln, die in den letzten Jahren über Marlene Dietrich geschrieben wurden, ist Ihr Aufsatz zweifellos der dümmste. Er ist auch der infamste.« Habe sah – wie Marlene – in ihrer Truppenbetreuung der US-Army einen Beitrag zur Befreiung Deutschlands. Daß Marlene Dietrich sich ihrerseits zu »verallgemeinernden Äußerungen« gegenüber Deutschland habe hinreißen lassen, sei verständlich: »In diesem Sinne wäre es – vor allem

Telegrammentwurf an Remarque vom 16. September 1970, fünf Tage vor seinem Tod

im Interesse der immer noch mit Mißtrauen betrachteten deutschen Demokratie – ratsam, zuerst Marlene Dietrich zu verzeihen, ehe man daran geht, ehemaligen SS-Führern Ministerposten einzuräumen.«

Habe gehörte zum Freundeskreis von Max Colpet, der ihm im Juni 1965 die erste Probepressung von Marlene Dietrichs Berlin-Platte vorspielte:»Habe sie hier einigen Freunden und Kollegen vorgespielt, u.a. dem bekannten Schriftsteller HANS HABE, der sich spontan bereit erklärte, darüber in ›Harper's Bazar‹ zu schreiben, wo er eine ständige Kolumne hat.« Colpet bat »Polydor« um Übersendung einer Platte an Habe:»Seine Adresse ist: Hans Habe, Ascona (Tessin).«

BRIAN AHERNE ■ 7, Chemin de Charmettes · Lausanne ■ Den Schauspieler Brian Aherne (geb.William Brian de Lacy Aherne, 2.Mai 1902 King's Norton bis 10. Februar 1986 Venice/Florida) lernte Marlene Dietrich 1933 in Hollywood kennen. Er war ihr Partner in »Song for Songs« unter der Regie von Rouben Mamoulian, wurde ihr Liebhaber und gehörte bald, wie Maria Riva sich erinnert, »zum Inventar. Die übrigen Groupies ergriffen die Flucht. Auch deshalb liebte ich ihn.« Für **Mit Brian Aherne** Maria Riva wurde er zum Vater-Ersatz, für Marlene war er eine Eroberung **1930er Jahre** unter vielen.Auch Aherne litt unter dieser Situation:»I do not want to become labelled as just her leading-man. I feel I should have more faith in myself [Ich will nicht nur als der Favorit unter den Männern an ihrer Seite abgestempelt werden. Ich glaube, ich sollte mehr Selbstvertrauen haben].« 1934 schenkte er ihr ein Nachthemd zu Weihnachten und fügte hinzu:»I do want to ask you one thing about the night dress. Perhaps you can guess what it is – well I will write it very small although it is a very big wish. Please don't wear it for anyone else – please [Ich möchte Dich wegen des Nachthemds um eines bitten.Vielleicht rätst Du ja schon, was es ist – also, ich schreibe es ganz klein, obwohl es ein ganz großer Wunsch ist.Bitte trage es für keinen Anderen – bitte]!« Er konnte sich gleichwohl ihrem Zauber nicht entziehen:»You asked what I did with our sunday. I sat myself in your chair, serenaded myself with your music, wined and dined myself with your Slibowitz, your ham, your cake, adorned myself with your necktie and your mufflers, redecorated my house with your flowers and your photographs, read and reread your telegram and under the protection of Christopher drove alone to the Derby for supper of

hard boiled eggs with non fattening dressing, talked about you to Clifton and drove home to dream of you all night through after sighing wishfully over a certain little brown bag. Hell, darling, is no description for it all [Du hast mich gefragt, was ich mit unserem Sonntag gemacht habe. Ich setzte mich in Deinen Sessel, brachte mir mit Deiner Musik ein Ständchen, trank und aß von Deinem Slibowitz, Deinem Schinken, Deinem Kuchen, verschönerte mich mit Deiner Krawatte und Deinem Schal, dekorierte mein Haus neu mit Deinen Blumen und Fotografien, las mehrmals Dein Telegramm und fuhr unter dem Schutz des Heiligen Christophorus alleine zur Rennbahn zum Abendessen, das aus hartgekochten Eiern und fettarmer Salatsauce bestand, sprach mit Clifton über Dich, fuhr nach Hause und träumte die ganze Nacht hindurch von Dir, nachdem ich sehnsüchtig über einer gewissen braunen Handtasche geseufzt hatte. Die Hölle, mein Liebling, ist nichts dagegen].«

Der Bruch kam 1936, als Marlene sich weigerte, ihn in Salzburg zu treffen. **Das Haus von** Aherne blieb jedoch ein Freund der Familie, und diese freundschaftliche **Erich Maria** Beziehung intensivierte sich in den 1960er Jahren, als Marlene Dietrich **Remarque in** sich häufig zu ihren Frischzellen-Kuren in der Schweiz aufhielt, wo Aherne **Porto Ronco** in Vevey ein Anwesen erworben hatte. In einem seiner Briefe vom Juni 1979 schwärmte er: »Your life has been a brilliant one for which I am very proud of you. I suppose there is hardly any woman in the world who has had the adulation and the love that you have had and you remain an idol to all (. . .). When you die, it will be headlines, but when I die I shall just slip out and be grateful that I have had the privilege of knowing the great ones like you [Dein Leben war brillant, und ich bin deshalb sehr stolz auf Dich. Ich glaube, es gibt kaum eine andere Frau auf der Welt, die so viele Schmeicheleien und so viel Liebe empfangen hat wie Du, und Du bleibst für uns alle ein Idol. (. . .) Wenn Du stirbst, wird es Schlagzeilen machen, wenn ich sterbe, verdrücke ich mich einfach und bin dankbar für das Privileg, solche Größen wie Dich gekannt zu haben].«

»Marlene Dietrich und Deutschland – eine Haßliebe«, so würden Boulevardzeitungen das Verhältnis der Dietrich zu ihrer Geburtsstadt und zum Land ihrer Herkunft überschreiben. Im April 1931 hatte sie Berlin verlassen und war, auf den Flügeln ihres Filmruhmes, nach Hollywood entschwebt. Erst nach Kriegsende sollte sie Berlin – »den Schutthaufen bei Potsdam« – für wenige Tage wiedersehen. Ihr Brief an Rudi Sieber vom 27. September 1945, per Hand geschrieben auf dem Briefpapier eines Charlottenburger Rechtsanwaltes, zählt zu den bewegendsten Dokumenten des Nachlasses: »Weißt du wie ich immer wußte: Dass eines Tages ich mir die Augen ausweinen würde, weil ich nicht russisch spreche? So stehe ich da und versuche all meine Bitten in meine Augen zu legen und fühle doch, daß die, durch den Film zu oft prostituiert, vielleicht nicht sagen können, wie mein Herz es meint. (…) Papilein, wie traurig die Welt ist. Unser Haus 54 [Kaiserallee, dort wohnte Marlene Dietrich von 1927 bis 1931 mit Rudi Sieber] steht noch und trotzdem Schüsse das Haus beschädigt haben sind rote Geranien auf unserem Balkon. Nr. 135 [Kaiserallee, dort wohnte Marlene Dietrichs Mutter] hat nur noch Mauern, ist ganz ausgebrannt, der Balkon hängt herunter und Mutti hat tagelang in den Trümmern gesucht und nur oben drauf in Schutt und Asche lag die Bronze-Maske von meinem Gesicht – unversehrt. Da hat sie dann lange gesessen und geweint. Ich nehme ihr alles zu Essen mit was ich sehe, habe schon, seit ich hier bin, nur Brot gegessen und sehe aus wie ein altes Suppenhuhn. Habe mich noch nicht getraut zu meiner Schule in der Nürnberger Straße zu gehen. Ich kann noch die schwere Tür fühlen, die ich mit dem Rücken aufschob, weil ich zu klein war, die Klinke zu fassen. Und ich besinne mich, wie traurig ich damals war und in mir dabei immer sang: ›Es ist bestimmt in Gottes Rat, daß man vom Liebsten, das man hat, muß scheiden.‹ Man ist ja sowieso traurig genug um seine Jugendzeit, wenn man alles wiedersieht – nur so es wiederzusehen, ist viel zu schlimm. Die Sprache klingt vertraut, wenn ich durch die Straßen gehe, und die Kinder spielen Himmel und Hölle auf dem zerbrochenen Pflaster…«

Marlene Dietrich war in Amerika zur engagierten Nazigegnerin geworden, die nicht nur durch ihre Hilfe für deutsche und österreichische Emigranten in den USA, sondern auch

Vorige Seite: Demonstration vor dem Berliner Titania-Palast, Mai 1960

Mit Willy Brandt bei der Eintragung ins Goldene Buch Berlins

durch ihren zehnmonatigen Einsatz an der Anti-Hitler-Front bewiesen hatte, wie sehr sie Deutschland liebte – und deshalb die Nazis haßte. Sie nahm dafür in Kauf, von vielen in Deutschland als »Vaterlandsverräterin« abgestempelt zu werden. Ihrem Auftritt 1960 in Berlin ging eine Pressekampagne voraus, die dieses Bild festigen sollte – und wohl kaum etwas hat Marlene Dietrich so sehr verletzt, wie dieser öffentlich vorgetragene – und kaum widersprochene Haß, der ihr ins Gesicht schlug. Und noch heute schlägt: Man erinnere sich an die beschämende Suche nach einer Straße, die in Berlin nach ihr benannt werden könnte. Oder man gehe in die nach ihr benannte »Marlene«-Bar im heutigen »Hotel Inter-Continental«, dem früheren »Hilton«, in dem sie 1960 wohnte, und befrage die Barkeeper nach ihren Erfahrungen mit Hotelgästen, die sich noch heute darüber beschweren, daß diese Bar nach einer »Vaterlandsverräterin« benannt sei. In ihrem Buch »ABC meines Lebens«, das 1963 in Berlin veröffentlicht wurde, schreibt Marlene Dietrich unter »B«: »Berlin. Eine Insel innerhalb Deutschlands, berühmt für den Berliner Humor: Ein scharfer, trockener, selbstverständlicher Witz, gemischt mit Galgenhumor und Selbstironie; ein oft tragischer Humor, der ohne jeden Respekt und ohne jedes Selbstmitleid ist. Der Berliner Dialekt gehört zu den unverblümtesten, bildhaftesten und frechsten der Welt.« Unter dem Buchstaben »H« findet sich folgender Eintrag: »Heimatstadt. Meine Heimatstadt ist Berlin. Ich bin Berlinerin und bleibe Berlinerin und ich bin dankbar, daß ich Berlinerin bin.«

Links und folgende Seiten: Fotografien von Arno Fischer Moskau, 21.5.1964

ARNO FISCHER ■ **Kaulsdorferstraße 112 · Berlin-Köpenick** ■ Seine »einzige Bildgeschichte überhaupt« nennt Arno Fischer (geb. 14. April 1927 in Berlin, lebt in Gransee) die Serie von fünf Fotografien, die er vor und hinter der Bühne, bei den Proben und im Konzert von Marlene Dietrich am 21.5.1964 in Moskau aufgenommen hat. »Ankommen – Probe – Auftritt – Verbeugen – Dankeschön, det is doch 'ne story«, sagt er heute dazu. Begonnen hatte Fischer als Bildhauer, er studierte von 1948 bis 1953 bei dem Bildhauer Heinrich Drake an der Kunsthochschule in Berlin-Weißensee und setzte das Studium 1953, da er in West-Berlin wohnte, an der HfBK bei Alexander Gonda fort. Ein Stipendium im Westen wurde ihm jedoch vom damaligen Kultursenator Tiburtius verweigert: wer »freiwillig« im Osten studiert hatte, sollte im Westen keine Privilegien genießen.

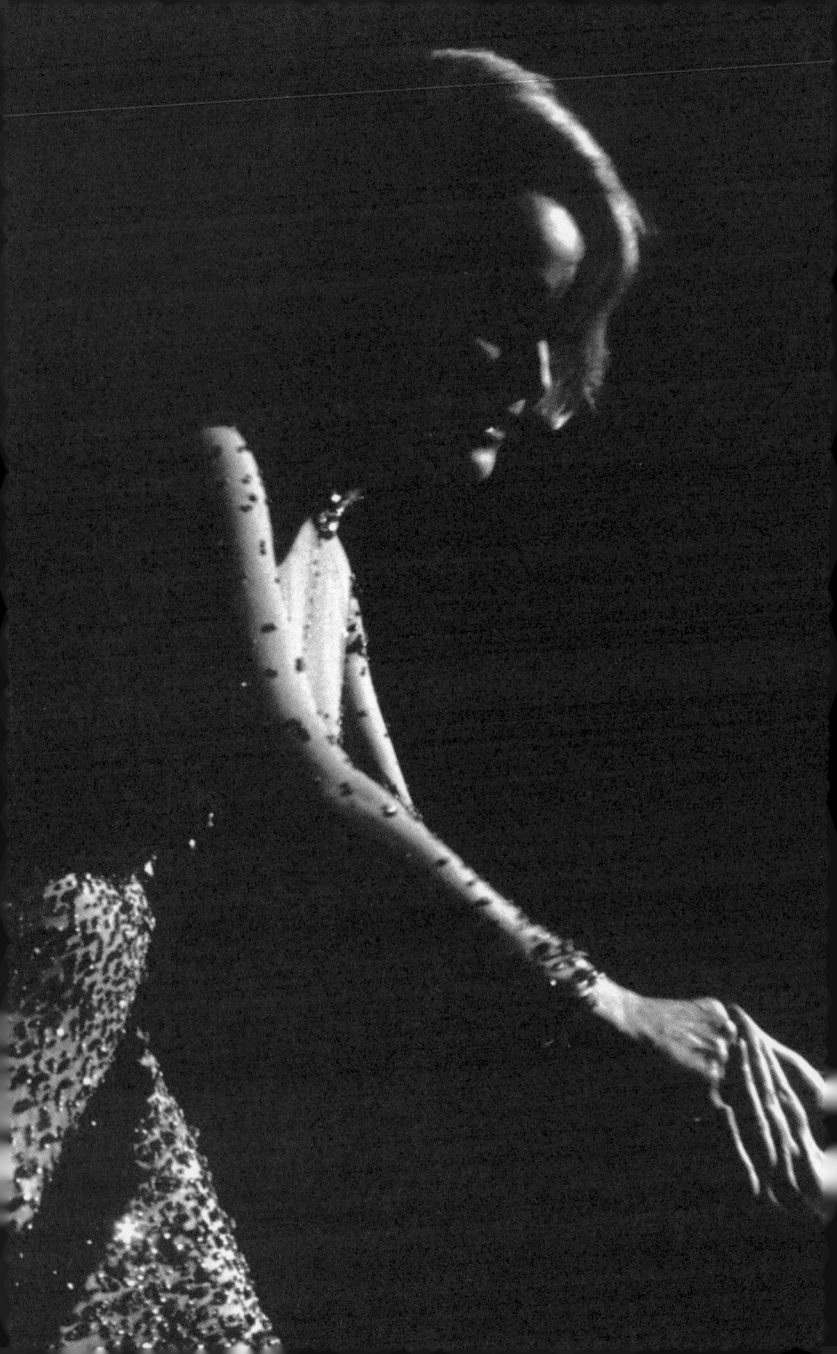

Fischer packte seine Sachen und übersiedelte nach Ost-Berlin – freiwillig und gegen den Trend der Zeit. 1956 erhielt er an der Weißenseer Kunsthochschule einen Lehrauftrag für Fotografie und folgte damit den Empfehlungen seines West-Berliner Lehrers Gonda, sich mit Objektiv und Fotopapier statt Gips und Stein sein Bild von der Welt zu machen.

Er blieb bei der Fotografie. 1964 gehörte Fischer zu den Starfotografen der DDR-Illustrierten »SIBYLLE«. Zu einer Reportage über die Moskauer Modeszene reiste er für das von Hilde Eisler geleitete »Magazin« nach Moskau. Plötzlich machte ein Gerücht im Hotel die Runde: Marlene Dietrich gibt ein Konzert in Moskau. Über ihre guten Beziehungen besorgte Hilde Eisler zwei Karten für den Abend. Arno Fischer packte seine Fotoapparate in die Tasche und machte sich auf die Suche nach Marlene. Er schummelte sich in die Generalprobe und in ihre Garderobe, er saß beim Konzert in der 10. Reihe – und fotografierte doch nicht alles, was er sah: »In ihrer Künstler-Garderobe sah sie plötzlich so alt aus, da wollte ich nicht fotografieren, das fand ich unwürdig«, erinnert er sich. Die Bilder wurden im »Magazin« veröffentlicht, und Hilde Eisler schickte ein Exemplar nach Paris. Die Antwort ließ nicht lange auf sich warten: »Koennen Sie mir helfen diese Bilder zu bekommen? (...) Das Bild der Haende finde ich wunderschoen und auch das wo ich mich verbeuge. Bitte helfen Sie mir. Kann man Negative erwerben?????? Vielen Dank nochmals, Ihre Marlene Dietrich.« Im Februar 1965 schreibt sie erneut aus Paris an Hilde Eisler in Ost-Berlin und bittet um Abzüge oder Negative der Fotos von Arno Fischer, die sie gerne für ein Plattencover verwenden will: »Bitte antworten Sie mir diesesmal.« Offensichtlich war die Post auf dem komplizierten Wege von Ost-Berlin nach Paris verloren gegangen – nichts Ungewöhnliches in Zeiten des Kalten Krieges. Hilde Eisler versprach, Arno Fischer nochmals um Abzüge für Marlene Dietrich zu bitten und fügte hinzu: »Ihre Fotos hängen aufgezogen in meinem Redaktionszimmer und sind das Entzücken all meiner Besucher.« Fünf Tage später kommt die Antwort aus Paris: »Das Photo mit den Haenden (mein Lieblingsphoto) ist so schoen, dass ich dachte es waere vielleicht das Beste ein zweites Negativ zu machen, damit man es fuer andere Veroeffentlichungen als nur Zeitungen gebrauchen kann. Viele Gruesse auch an Herrn Arno Fischer, Marlene Dietrich.« Am

Arno Fischer Marlene Dietrich in Moskau, 21.5.1964 Rückseite: »DIETRICH'S FAVORITE PHOTO, MOSCOW ON STAGE«

WU LSA

PARPICSTUD LSA

TWUA038 CTA080 VIA WUI CT UWB341 DP8911G975

UWX CO DPBN 063

BONN/TLX 63/60 27 1009 PAGE 1/50

FRAU MARLENE DIETRICH C/O PARAMOUNT STUDIOS

HOLLYWOOD/CARLIFORNIEN

SEHR VEREHRTE FRAU DIETRICH ZU IHREM GEBURTSTAG SENDET

IHNEN DER VORSTAND DER SOZIALDEMOKRATISCHEN PARTEI DEUTSCHLANDS

HERZLICHE GLUECKWUENSCHE . IHRE DARSTELLUNGSKUNST HAT DEM

DEUTSCHEN FILM WELTGELTUNGVERSCHAFFT . AUCH IHRE GEWISSENSENTSCH

EIDUNG GEGENUEBER DEM HITLERREGIME WISSN WIR ZU WUERDIGEN

. FUER DAS NEUE AHR WUENSCEN

V DP8911GOUT FRAU MARLENE DIETRICH PAGE 2/10

WIR IHNEN ALLES GUTE

        WILLY BANDT HERERT WEHNER HELMUT SCHMIDT

530A PST

.

PARPICSTUD LSA

4.4.1965 endlich schreibt Arno Fischer selbst an den Star in Paris: »Sehr verehrte Frau Dietrich, Frau Hilde Eisler teilte mir mit, daß Sie von einem Photo, das ich bei Ihrem Auftritt in Moskau machte, ein Duplikat=Negativ wünschten. Anbei übersende ich Ihnen nun dieses gewünschte Negativ und erkläre mich für den Fall einer Veröffentlichung des Photos mit Ihrem Vorschlag einverstanden. Hochachtungsvoll Arno Fischer«. Marlene Dietrich notierte dazu auf dem Brief-Original: »ENGSTEAD HAS IT«. Damit endete diese Ost-Westkorrespondenz, und Arno Fischer erhielt nie eine direkte Antwort. Das Rätsel, warum Marlene Dietrich so sehr am Negativ ihres »Lieblingsbildes« interessiert war, löst sich beim genauen Betrachten der in ihrem Nachlaß vorhandenen Abzüge: mit einem blauen Kugelschreiber hat sie dort ihr Bäuchlein korrigiert, das durch ihr hautenges Bühnenkostüm schimmerte. Außerdem wurde die Ansicht gespiegelt, in den neuen, zehnfach kopierten Abzügen sieht man sie schlank und rank nach links statt – wie im Original – nach rechts gebeugt. Auf einem dieser nun professionell retuschierten Fotos hat sie vermerkt: »DIETRICH'S FAVORITE PHOTO, MOSCOW ON STAGE [Dietrichs Lieblingsfoto, Moskau auf der Bühne]«.

Glückwunsch des SPD-Vorstands zum 70. Geburtstag

WILLY BRANDT ■ **Regierender Bürgermeister · Rathaus · John F. Kennedy-Platz · Berlin-Schöneberg** ■ Der Politiker Willy Brandt (18. Dezember 1913 Lübeck bis 8. Oktober 1992 Unkel) engagierte sich schon als 16jähriger in seiner Heimatstadt Lübeck für die SPD. Er emigrierte 1933 nach Norwegen und war von seiner Ausbürgerung 1938 bis 1947 norwegischer Staatsbürger. 1940 übersiedelte er nach Schweden und arbeitete in den Jahren seines Exils als Journalist für verschiedene skandinavische Zeitungen. Nach dem Krieg kehrte er nach Berlin zurück, war von 1949 bis 1957 Bundestagsabgeordneter und von 1957 bis 1966 Regierender Bürgermeister von West-Berlin. Willy Brandt und Marlene Dietrich verband die immer wiederholte öffentliche Polemik gegen ihre Emigration, die in Teilen der westdeutschen Bevölkerung zum »Landesverrat« erklärt wurde. »Die Dietrich hat Tausende von deutschen Soldatengräbern auf dem Gewissen. Sie hat nicht nur gegen die Nazis, sondern auch gegen das deutsche Volk gekämpft! Jetzt verlangt sie sogar Hilfe von Willy Brandt, dem einstigen Widerstandskämpfer. Sie ist eine asoziale Parasitin und sollte von uns die verdiente Strafe bekommen«, hieß es im Frühjahr 1960 in einer Aachener Zeitung. Willy Brandt nahm sie in Berlin demonstrativ unter seinen bürgermeisterlichen Schutz, am 4.5.1960 trug sie sich ins »Goldene Buch« der Stadt ein. Nach ihrem Konzert im «Titania-Palast« gab Willy Brandt das Signal zu *standing ovations*. 1962 bedankte er sich »mit besten Wünschen und freundlichen Empfehlungen« für die ihm übersandte Schallplatte und fügte hinzu: »Ich habe mich über dieses schöne Geschenk, in dem ich auch ein Zeichen Ihrer Verbundenheit zu Berlin sehen darf, sehr gefreut.«

1963 besuchte er sie in Paris und sprach mit ihr über eine Rückkehr in ihre Heimatstadt. Bis 1987 war Brandt Bundesvorsitzender der SPD. In dieser Funktion schickte er am 27.12.1971 telegraphische Geburtstagsglückwünsche nach Paris – die ihr wichtigsten Worte hat Marlene Dietrich darin rot unterstrichen: »SEHR VEREHRTE FRAU DIETRICH ZU IHREM GEBURTSTAG SENDET IHNEN DER VORSTAND DER SOZIALDEMOKRATISCHEN PAR-TEI DEUTSCHLANDS HERZLICHE GLUECKWUENSCHE (...) <u>IHRE DARSTELLUNGSKUNST</u> HAT <u>DEM DEUTSCHEN FILM WELTGELTUNG VERSCHAFFT</u> AUCH <u>IHRE GEWISSENENT-SCHEIDUNG GEGENUEBER DEM HITLERREGIME WISSN WIR ZU WUERDIGEN</u> FUER DAS NEUE [J]AHR WUENSCHEN WIR IHNEN ALLES GUTE WILLY B[R]ANDT HERBERT WEHNER HELMUT SCHMIDT«

Marlene revanchierte sich mit Glückwünschen am 20. September 1985 zur angekündig-ten Verleihung des »Albert-Einstein-Friedenspreises«: »TAUSEND GRATULATIONEN SIE HABEN ES VERDIENT MARLENE DIETRICH.«

GRETE FREUND ■ **Kurfürstendamm 61 · Berlin-Charlottenburg** ■

Die Wiener Schauspielerin Grete Freund (3. Juli 1895 Wien bis 28. Mai 1988 Wien) emi-grierte 1937 zusammen mit ihrem Ehemann Felix Basch in die USA und kehrte nach Kriegsende nach Europa zurück. In den 1960er Jahren kümmerte sie sich von Berlin aus um Marlene Dietrichs Engagements in Österreich. Ihr Sohn Peter Basch, einer der vielen Marlene-Fotografen dieser Jahre in Deutschland, berichtete Marlene Dietrich am 21. Sep-tember 1965: »I broached the subject of a visit by you to Salzburg und Vienna and Grete was most enthousiastic and immediately began to make the appropriate ouvertures. I know she will be happy if you call her in Berlin, her telephone number is 322454, and of course give her all my love [Ich sprach das Thema eines Gastspiels von Dir in Salzburg und Wien an, und Grete war sehr enthousiastisch und fing sofort mit den entsprechenden Vorbereitungen an. Ich weiß, sie würde sich freuen, wenn Du sie in Berlin anrufst, ihre Nummer ist 322454, und überbringe ihr auf jeden Fall all meine Liebe].« Für Marlene Dietrich galt Grete Freund-Basch neben ihrem Pariser Agenten E. Marouani als wichtige Vermittlerin; anläßlich eines Auftrittsangebotes von Rolf Kutschera am »Theater an der Wien« schrieb sie im Dezember 1966: »Ich bin sehr erstaunt ueber die Art der Verhandlungen die sich in Deutschland abspielen. Hoechst un-ethisch in America. Alle Verhandlungen wurden entweder durch mich persoenlich gefuehrt oder durch Grete Freund Basch, Kurfuerstendamm 61 Berlin.«

RECORDING RIAS ■ **Kufsteinerstraße 69 · Berlin-Schöneberg** ■ Der »Rundfunk im Amerikanischen Sektor« mit dem Kürzel »RIAS« wurde im Februar 1946 gegründet. 1960 wurden dort Umschnitte von Marlene Dietrichs Berliner Konzert gefertigt.

RÜDIGER PIESKER ■ **Beethovenstraße 22 · Berlin-Lankwitz** ■ Rüdiger Piesker war Tonmeister des Radiosenders »RIAS« in Berlin und für den oben genannten Umschnitt verantwortlich. Marlene Dietrich bedankt sich für seine Arbeit mit einem Telegramm vom 8.7.1960: »UMSCHNITT ANGEKOMMEN VIELEN DANK SOLLTE ICH DAS ORIGINALBAND HOLEN LASSEN WENN SICH PLOETZLICH GELEGENHEIT BIETET EINEM FREUND MITZUGEBEN DER NACH PARIS FLIEGT GRUESSE MARLENE«. Vier Tage später bat sie um »EXTRA KOPIE PLAYBACK MARIE MARIE LUFT EXPRESS NACH PARIS RAPHAEL HOTEL STOP AUSSERDEM EXTRA COPIE DER KOMPLETTEN SHOW SEPARAT SCHNELLSTENS UND RECHNUNG VIELEN DANK MARLENE«. Das hier genannte Chanson »Marie Marie« stammte ursprünglich von Gilbert Bécaud und war, wie er ihr sagte, eigentlich »... ein Lied für einen Mann«. 1960 nahm Marlene Dietrich es in ihr Repertoire auf und erinnert sich in ihrer Autobiografie: »Ich singe das Lied auf französisch, auf deutsch und auf englisch. Es ist eine meiner besten Nummern. Alles, was ich tue, ist, daß ich das Lied in der Sprache des Landes, in dem ich mich befinde, ankündige und kurz erzähle, daß es sich um einen Gefangenen handelt, der an sein Mädchen schreibt. Damit ist alles klar.«

Wie Werner Sudendorf berichtet, hatte Marlene Dietrich für die dann 1962 veröffentlichte Schallplatte »Wiedersehen mit Marlene. Marlene Dietrich in Deutschland« den berauschenden Beifall ihres Münchner Konzertes von 1960 – mit an die sechzig Schlußvorhängen ihr größter Triumph der Deutschland-Tournée – in die Tonaufnahmen einmischen lassen, um den Eindruck einer Live-Aufnahme zu vermitteln. Wenigstens die Schallplatte sollte die Schmach wieder gutmachen, die die Proteste gegen ihre Auftritte in der westdeutschen Presse und in der Öffentlichkeit ihr angetan hatten.

RUDI KRÜGER ■ **Im Gartenheim 5 · Berlin-Steglitz** ■ Auch Rudolf Krüger war an dem Schallplattenumschnitt am 1. und 2.7.1960 für Marlene Dietrich in Berlin beteiligt. Seiner Rechnung vom 29. September 1960 fügte er hinzu: »Wie bereits mündlich möchte ich Sie nochmals um ein Bild mit einer persönlichen Widmung bitten. Im Namen aller Kollegen bedanke ich mich nochmals für die erfreuliche Zusammenarbeit und verbleibe mit vorzüglicher Hochachtung, Ihr Rudolf Krüger.«

LOTHAR BLANVALET ■ **Am kleinen Wannsee · Berlin-Wannsee** ■ Der Berliner Verleger Lothar Blanvalet veröffentlichte 1963 Marlene Dietrichs »ABC meines Lebens«. Bereits im Vorfeld gab es seitens deutscher Buchhändler eine Boykottkampagne gegen die Publikation. Dazu schreibt Marlene Dietrich am 3.5.1963 an ihren Verleger: »Liebster Herr Blanvalet, also Ihr Telegramm machte mir erstens mal Freude, weil ich so ewig lange nichts von Ihnen hoerte. Zweitens mal machte es mich wiedermal aergerlich, dass unsere netten Nazis immer noch da sitzen und uns das Leben vergellen. Gott sei Dank weniger als frueher. Da die Buchhaendler ja das Buch nicht kennen, muss es doch wiedermal ein Boycott sein, so wie es bei meiner Tournée war. (…) Da ich das ja nun schon kenne macht es mir nichts aus, aber der Gedanke, dass Sie sich fuer das Buch eingesetzt haben und dass Sie nun im Stich gelassen werden von den Herren, die gegen mich <u>persoenlich</u> sind, nicht weil ich schlecht schreibe, sondern wegen bekannten anderen Gruenden, ist sehr traurig.« Und sie schließt mit den Worten: »Bitte sagen Sie mir alles, auch das Grausamste. Ich bin Schmerz gewohnt. Ihre Marlene«.

Lothar Blanvalet bat den prominenten Journalisten der »Frankfurter Allgemeinen Zeitung«, Dolf Sternberger, um Unterstützung und schickte ihm eines der ersten Presseexemplare zu. Er berichtete ihm vom Boykott und fügte hinzu: »Wir in Berlin stehen solchen rückständigen nationalistischen Animositäten sprachlos gegenüber, da ich finde, daß jeder, der mitgeholfen hat – ganz gleich in welcher Uniform – (außerdem jubelten die Bundesrepublikaner doch Kennedy zu!) dem Deutschen Reich den Garaus zu machen, aller Ehren wert ist. Ich stehe jedenfalls voll und ganz hinter dem Mensch, der Schriftstellerin und Künstlerin Marlene Dietrich und würde mich freuen, wenn Sie mir helfen könnten, durch Ihren Beitrag dem vernünftigen Argumenten zugänglichen Teil der Marlene-Feinde die Augen zu öffnen.«

Das Buch »ABC meines Lebens« wurde in viele Sprachen übersetzt, in Deutschland war es wegen der Verleumdungskampagne ein Flop. Die dazugehörige Korrespondenz schließt mit einer »Vernichtungserklärung« der »Altpapier-Erfassungs GmbH« in Berlin-Ruhleben, Wiesendamm 20: »... wurde uns Rohdruck für 6.336 Exemplare ›Marlene Dietrich. ABC meines Lebens‹ zur Vernichtung übergeben. Dieser Auftrag wird im Rahmen unserer Geschäftsbedingungen ausgeführt.«

HILDE KNEF ■ **Finkenstraße 11 · Berlin-Dahlem** ■ Nicht nur die Nähe ihrer Geburtstage verband Marlene Dietrich und Hildegard Knef (28. Dezember 1925 Ulm bis 1. Februar 2002 Berlin). Wie die Dietrich wuchs auch Hildegard Knef in Berlin auf und nahm dort fünfzehnjährig den ersten Schauspielunterricht. Im Krieg ließ sie sich zur Trickfilmzeichnerin der »Ufa« in Babelsberg ausbilden, hier bekam sie 1944/45 ihre erste Filmrolle. Von 1945 bis 1947 war sie bei Boleslav Barlog am »Schloßparktheater« engagiert. Ihrem ersten Nachkriegsfilm — »Die Mörder sind unter uns« in der Regie von Wolfgang Staudte — folgten Filmangebote in den USA und Frankreich. 1948 traf sie Marlene Dietrich in Hollywood. 1959 kehrte sie nach Deutschland zurück und begann neben ihrer Filmarbeit, wie Marlene Dietrich, eine zweite Karriere als Chanson-Sängerin.

Marlene Dietrich erinnert sich in ihrer Autobiografie an die erste Begegnung mit »Hildekind« 1948 in Hollywood: »Wie immer, wenn Europäer kamen, rief man mich an. Man glaubte, ich könnte den Neuankömmlingen das Leben erleichtern oder bequemer machen. Ich fand sie sehr selbstbewußt und hatte Spass an ihrem Berliner Humor (obwohl sie ja keine Berlinerin ist). Wir verstanden uns gleich, mindestens so gut wie Schwestern. Es war nicht leicht für sie, englisch zu sprechen. Sie hat das ja in ihrem Buch ›Der geschenkte Gaul‹ beschrieben. Ich half, soviel ich konnte; diese Aufgabe war mir ja nur zu vertraut. Sie war nicht allein: sie hatte nicht nur *Männer wie Motten um das Licht*, sondern war auch immer von Agenten und Anhängern umgeben. Angst hatte sie vor niemandem. Ich bewunderte das. Ich bewunderte noch manches andere an ihr. Nicht nur ihre Schönheit, denn schön waren wir ja alle. Sie hatte sehr viel Willenskraft — und außerdem war sie

klug, was man nicht von allen Schauspielerinnen sagen kann. Wir sahen uns, wann immer die Zeit dafür war.« Und weiter heißt es dort über die Freundin, für die sie »große Zärtlichkeit« empfand: »Wir sehen uns heute immer, wenn wir zufällig in der selben Stadt sind, und telefonieren hundertmal. Wir sagen uns die Wahrheit. Sie ist meine beste Freundin. Ich leide mit ihr, wenn sie Kummer hat und lache mit ihr, wenn uns der Berliner Humor überkommt. Die Zeit kann unserer Freundschaft nichts anhaben. Hildekind, sollst ruhig sein – und Gott schütze dich!«

Die Beziehung zwischen den Diven blieb jedoch nicht ungetrübt. So, als Hilde Knef 1980 Marlene Dietrich um ihre Vermittlung zu dem Pariser Modeschöpfer Yves Saint-Laurent bat: »Deine Idee, dass ein weltberühmter Mann nach Deutschland reisen solle, um Deine ›Bewegungen‹ zu studieren, ist <u>heller Größenwahn</u>. Seit wann denkst Du denn so?« Und Marlene Dietrich schließt diesen letzten im Nachlaß erhaltenen handschriftlichen Brief: »Auf jeden Fall finde Dich damit ab, dass ich Dir nicht mehr helfen kann. Ich habe es wirklich versucht – aber jetzt wird es <u>Irrsinn</u> und da kann ich mit dem besten Willen nicht mitmachen.«

Wiedersehen mit Hildegard Knef am Flughafen Tempelhof, Berlin im Mai 1960

Doch das Interesse aneinander blieb: Bis zu ihrem Tode hat Marlene Dietrich alle Zeitungsartikel über Hilde Knef ausgeschnitten und aufgehoben, derer sie habhaft werden konnte.

HOTEL HILTON ■ **Budapesterstraße 47 (heute: Nr. 2) · Berlin-Tiergarten** ■ Im Hotel »Hilton« in der Budapester Straße, dem heutigen »Hotel Inter-Continental«, wohnte Marlene Dietrich während ihres Berlin-Aufenthaltes 1960: »I decided to stay at the Hilton, it seemed to be safer grounds in view of the announced egg throwing Germans [Ich beschloß, ins Hilton zu gehen, es schien im Hinblick auf die angekündigten eierwerfenden Deutschen ein sichereres Terrain]«, erinnert sie sich später. Für »Mrs. Charme« wurde, wie die Berliner Presse berichtete, die Präsidentensuite reserviert. Eine Hotelrechnung vom 5.5.1960, die das »Hilton« ihr nach Paris übersandte, verzeichnet für Zimmer 907 unter der Rubrik »Etagenservice«: zwei Kalbssteaks zum Preise von 11,- DM, zwei Gemischte Salate zum Preise von 5,- DM, eine Schokolade und zwei Tee mit Zitrone, alles zusammen für 25,90 DM. Mit wem sie »entre nous« gespeist hat, bleibt das Geheimnis des damaligen Zimmerpersonals.

Im »Hilton« fand einen Tag vor dem legendären Auftritt im »Titania-Palast« ihre Berliner Pressekonferenz statt, über die es in der »Welt« hieß: »Die Befrager in dem Rudel von Zeitungsleuten, das ihr sofort anklebte, hätten gern ein paar weiche, berlinisch lokalpatriotische Äußerungen von ihr gedruckt. Sie hätten so gern mit klingender Schreibmaschine ein paar schulterklopfende Worte kolportiert. Marlene winkte ab. Die Träne im Knopfloch zeigte sie nicht. Dort trägt sie das Band der Ehrenlegion. Die Antworten, die sie gab, waren quick, kühl und erfrischend intelligent. Sie sei hier, um zu arbeiten. Basta. An Heimweh zu lutschen und an einer längst vergangenen Vergangenheit, weigerte sie sich.« Dies war, angesichts der dem Besuch vorausgehenden Pressekampagne gegen sie nur allzu verständlich. Dem Korrespondenten des »New York Herald Tribune«, Art Buchwald, hatte sie vor ihrer Berlin-Reise erklärt: »Ich gehe nach Deutschland, um dort auf der Bühne aufzutreten. Ich gehe nicht hin, um Gericht über mich halten zu lassen.«

Pressekonferenz im Hotel »Hilton«

An den berühmten Gast von 1960 erinnert im »Hotel Inter-Continental« heute die nach Marlene benannte Hotelbar: Auf einer Spezialkarte zum 100. Geburtstag servierte sie »Marlene Cocktails« mit den Namen »Diva«, »Spirit of Marlene Dietrich« sowie »Rote Lola«. Besonders zu empfehlen ist der Mix von Williamsbirne, Preisselbeersirup, Weißwein und Champagner zum Cocktail »Marlene«.

WERNER PLACK ■ Lyckallee 12 · Berlin-Charlottenburg · Büro: Europa-Center · Berlin-Schöneberg ■ Der Journalist Werner Plack (geb. 20. April 1907) hatte in den 1920er Jahren selbst in Berlin auf der Bühne gestanden. 1932 ging er in die USA und war als Journalist unter anderen für Billy Wilder und Erich Pommer tätig. Nach dem Krieg kehrte er nach Berlin zurück. Während Marlene Dietrichs Deutschland-Tournée heftete er sich – von Marlene bei einem Essen bei »Hardtke« mit dem Beinamen »Instant Werner« versehen – als selbsternannter Pressesprecher an ihre Fersen, um dann im nachhinein dafür eine Bezahlung einzufordern. Marlene Dietrich stellte jedoch klar: »Your interest in me personally I knew and it seemed to me that the time you spent on this interest you could well afford [Ich kannte Ihr persönliches Interesse an mir, und es schien mir, als ob Sie sich die Zeit, die Sie für dieses Interesse opferten, ganz gut leisten könnten].« Werner Plack versorgte Marlene Dietrich mit deutschen Presse-Ausschnitten und setzte sich auch nach der Tournée für ihre Rehabilitierung in Deutschland ein – wenn es sein mußte, auch handfest. Dazu Marlene in einem Brief vom 24.6.1963: »Lieber Werner Plack, ich habe mit diesem Brief eine Zeitlang gewartet, damit ich Ihnen die Freude lassen konnte an Ihrer Pruegelei. Nun muss ich Ihnen aber sagen, dass ich darueber sehr bestuerzt war. Ich hasse diese Art oeffentlicher Streitigkeiten. Ich hasse dies Art ›Publicity‹. Ich verlange von allen Menschen, die wirklich zu meiner ›Umgebung‹ gehoeren sich nie in irgendwelche oeffentliche Scene einzumischen und natuerlich nie sie hervorzurufen. Alle die zu mir gehoeren wissen das und entfernen sich wenn es so aussieht, als wenn Streit um mich in der Luft liegt. Natuerlich, da Sie nicht zu meiner sogenannten ›Umgebung‹ gehoeren, koennen Sie sich solange pruegeln wie Sie wollen und um wen Sie wollen. Ich schreibe Ihnen nur, da Sie zu glauben scheinen, dass mich Ihre Verteidigung gefreut hat.«

Werner Plack blieb jedoch trotz dieser Ermahnung auch weiterhin ein unerschrockener Verteidiger Marlenes. »Werner G. Plack Instant Public Relations International«, wie sein Briefkopf es in den 1970er Jahren stolz verkündet, kümmerte sich auch um die kleinen Dinge des Lebens von Marlene: »Nach Erhalt Ihres Briefes vom 5. November 1977 habe ich nicht aufgehört zu forschen, wo man große bunte Jumbo Büroklammern noch bekommen kann, die Ihnen so gut gefallen haben.« Wenige Tage später meldete er: »Ich habe die grossen bunten Büroklammern gefunden . . . . in einem kleinen unscheinbaren Schreibwarengeschäft Güntzel Ecke Uhlandstraße.«

SERGEI MATUL ■ **Uhlandstraße 161 · Konstanzerstraße 8 · Berlin-Wilmersdorf** ■ Als Bruder von Tamara Matul, der langjährigen Geliebten von Marlenes Ehemann Rudolf Sieber, gehörte Sergej Matul (geb. 30. November 1907) quasi zur Familie, oder wie Marlene es ausdrückte, zur »Umgebung«. Zusammen mit seiner Frau Hella hoffte er 1939 auf Marlenes Unterstützung für ein Visum in die USA: »Wir sitzen noch immer ohne da. 2 x ist Serge schon in die Karlstraße gefahren, dort sagt man, er bekomme es bald. Wir müssen also nun warten.« Die Familie überlebte in Deutschland und wartete noch in den 1960er Jahren auf ein Visum für Amerika, das nun aus Gesundheitsgründen abgelehnt wurde. Am 17. November 1961 schreibt Sergej an seine Schwester Tamara: »Am Montag war ich wieder auf dem Konsulat vorgeladen (wahrscheinlich weil

Marlene gekabelt hat), der Arzt vom Konsulat hat mir gesagt, dass nach amerikanischen Gesichtspunkten ich noch nicht ok. bin.« Es blieb trotz Marlene Dietrichs Intervention bei der Ablehnung. So kam sein Beileidsbrief an Rudi Sieber zum Tode von Tamara Matul aus Berlin: »Nun bin ich der letzte vom Geschlecht Matul.« Und er fügt über die Beziehung zu seiner verstorbenen Schwester hinzu: »Ich habe so lange nicht geschrieben, weil ich die ›Trauma‹, in der Tami die letzte Zeit gelebt hat, nicht stören wollte. Vielleicht war es ein Fehler…«

JON FLEMING ■ Vermutlich handelt es sich hier um einen Verwandten von Sir Alexander Fleming (6. August 1881 Lochfield bis 11. März 1955 London), über den es im »ABC meines Lebens« von Marlene Dietrich 1963 heißt: »Fleming, Sir Alexander *(Erfinder des Penicillins)*. Meine Bewunderung und Verehrung für ihn ist unbeschreiblich. Selbst wenn ich über alle meine Erfahrungen während der Kriegsjahre berichten würde, könnte ich nicht die gottähnliche Erscheinung beschreiben, die Sir Alexander für mich wurde und blieb.« In ihrer Autobiografie schreibt sie über Alexander Fleming: »Es war 1949. Ich machte den Film ›Stage Fright‹ (Die rote Lola) mit Hitchcock in London, und meine besten Freunde, Mischa Spoliansky und seine Frau, boten mir an, ein Treffen mit Fleming zu vermitteln. Ich war gar nicht so besonders daran interessiert; ich wollte ihn nur einmal sehen — und sei es aus der Ferne. Aber sie sagten, sie wüßten genau, wie das zu arrangieren wären.« Es kam zu dem verabredeten Abendessen im Hause Spoliansky, der Gast des Abends erwies sich jedoch als schweigsam. »Dann griff er plötzlich in seine Westentasche. Wir unterbrachen für einen Moment die Unterhaltung. Er zog etwas Kleines aus seiner Tasche, reichte es mir und sagte: ›Das habe ich Ihnen mitgebracht.‹ Ich nahm es aus seiner Hand. Es war rund und anscheinend aus Glas. Er sagte: ›Es ist das einzige Geschenk für Sie, das ich mir denken könnte. Es ist die erste Penicillin-Züchtung.‹ Wir waren alle gerührt, und der Abend endete mit Küssen, Umarmungen und dem Versprechen, ständig in Verbindung zu bleiben.«

Die Verbindung blieb, so belegt es die erhaltene Korrespondenz, tatsächlich über mehrere Jahre bestehen. Allerdings erzählen die Briefe die Geschichte ihrer Begegnung etwas anders, beginnend mit einer Einladung Flemings vom 22. November 1950: »Would it interest you some day to visit our laboratories. We play with bacteria and you might find something to amuse you [Würde es Sie interessieren, irgendwann unser Labor zu besuchen?

Wir spielen mit Bakterien, und Sie finden vielleicht etwas, das Sie amüsieren könnte].« Erst Jahre später kam es zu dem spektakulären Geschenk – mit einem Begleitschreiben Flemings vom 12. Juli 1954: »I had determined to send you one of the little speciements of the mould which I originally found to make peniciline. You may have noticed in the papers that last week I gave one to the Duke of Edinburgh. The one I enclose is, I think, nicer and I send it with my very best wishes. Yours sincerely Alexander Fleming [Ich hatte mir vorgenommen, Ihnen ein Stückchen von dem Schimmel zu schenken, aus dem ich ursprünglich mein Penicillin erzeugte. Sie haben vielleicht in den Zeitungen gelesen, daß ich eines davon letzte Woche dem Duke of Edinburgh gegeben habe. Das Stück, das ich Ihnen nun heute sende, ist, wie ich finde, hübscher, und ich sende es Ihnen mit allen guten Wünschen. Ihr ergebener Alexander Fleming].«

ROLF LUBINSKI ■ Offenbacherstraße 9 · Berlin-Wilmersdorf ■ Der Chauffeur Rolf Lubinski fuhr die Familie Dietrich-Sieber bereits Ende der 1920er Jahre in Berlin. Hans Cohn (siehe Eintrag) erinnert sich 1990 in einem Brief an Maria Riva: »Rudi fuhr einen Graham-Page-Wagen mit (!!!) Chauffeur. Ich glaube, sein Name war Lubinski oder so ähnlich – eine Berliner Type.« Als Marlene Dietrich Berlin 1931 verließ, kümmerte sich Rudolf Sieber um eine neue Arbeitsstelle für ihn und schrieb an die Personalabteilung von »Heinrich Franck Soehne«: ». . . teile ich Ihnen mit, dass Herr Rolf Lubinski ein ausserordentlich sicherer Fahrer und sehr guter Wagenpfleger ist. (. . .) Während der Zeit seiner Anstellung bei mir war er fleissig und pünktlich und hat meinen Wagen fabelhaft in Ordnung gehalten.« Als Rudolf Sieber nach Paris übersiedelte, versuchte er, dort für Lubinski eine Arbeitserlaubnis zu bekommen – vergeblich, wie die Briefwechsel mit seinem früheren Chauffeur belegen. So schrieb Lubinski im Dezember 1933 nach Paris: »Lieber Herr Sieber, wenigstens habe ich die Hoffnung, doch noch eventuell nach Paris zu kommen.« Statt Arbeit erhielt er Geschenke aus dem Fundus von Marlene und berichtete nach Paris, daß seine Tochter Edith »garnicht einschlafen konnte vor Freude, da sie nun ein Kostüm und Kleid hat, mit dem Püppchen von der Heidede spielt sie jeden Tag.« Lubinski versorgte Sieber mit deutschen Zeitungen, er kümmerte sich um den Verkauf des »Buick« und erhielt von Rudi Sieber den Auftrag, Ausschau nach einem geeigneten Neuwagen zu halten: »Für meine Frau halte ich immer noch den grossen Horch für den geeignetsten

Wagen – schreiben Sie mir ueber die Berliner Autoausstellung, was Sie dort gesehen und welche Vorschlaege Sie fuer den neuen Wagen meiner Frau zu machen haben.« Als die Familie Dietrich-Sieber für 1937 einen Urlaub in Österreich plante, war Lubinski – der »ausgezeichnete Reisefahrer« – als Chauffeur vorgesehen, mittlerweile hatte er jedoch eine feste Anstellung in Deutschland gefunden und lehnte ab. So stand er 1936 nicht mehr auf der Liste für eine »garnierte Weihnachtsgans« zum Preise von RM 16.75, die Rudolf Sieber bis dato bei »Kempinski« in Berlin in Auftrag gegeben hatte. Stattdessen bestellte Rudi dort nun »zwei grosse echte Ruegenwalder Teewuerste im Gesamtgewicht von ungefaehr 3 Kilo, jedenfalls aber nicht mehr, an die Adresse meiner Frau.«

Als Marlene Dietrich 1960 zu ihrem ersten – und einzigen – Konzert nach Berlin zurückkehrte, chauffierte Rolf Lubinski sie durch Berlin.

FRIEDRICH LUFT ■ **Maienstraße 4 · Berlin-Schöneberg** ■ Der Theater- und Filmkritiker, Essayist und Schriftsteller Friedrich Luft (24. August 1911 Berlin bis 24. Dezember 1990 Berlin) war Feuilleton-Redakteur der »Neuen Zeitung« und 1955 Theaterkritiker der »Welt« in Berlin. Bekannt wurde er vom Gründungstage des Radiosenders »RIAS« Berlin 1946 an als »Stimme der Kritik«. In der gleichnamigen Sendung informierte er über dreißig Jahre lang jeden Sonntag seine Hörerinnen und Hörer über die wichtigsten Theaterereignisse in beiden Teilen Berlins. Rasch wurde er zu einer stadtbekannten Institution: »Erst wenn Luft seinen Theatersessel erreicht hatte, war ein Premiere wirklich eine Premiere«, hieß es über ihn. Wie bei Alfred Kerr und Herbert Ihering in den 1920er Jahren entschied nach 1945 Friedrich Lufts Meinung über Erfolg oder Niederlage einer Inszenierung.

Im März 1960 wandte sich Friedrich Luft mit der Bitte um ein Fernsehinterview an Marlene Dietrich: »Ich bin – um mich kurz vorzustellen – der Theaterkritiker für die Zeitung DIE WELT, ich habe ein wöchentliches Programm über Theater und Film im Sender RIAS Berlin und ich stelle alle vier Wochen für das gesamte deutsche Fernsehen ein (möglichst) attraktives Programm zusammen, das etwas Glanz und Gloria und Attraktion für Berlin ausstrahlen soll, von dem tragischerweise sonst in der Öffentlichkeit nur in politisch bedrängtem und traurigem oder negativ sensationellem Sinne die Rede ist.« Auch wenn er seinen Brief mit »dem Ausdruck blanker Verehrung« schloß, setzte Marlene nur hand-

schriftlich hinzu: »LEIDER ERLAUBEN MEIN KONTRACT KEINE FERNSEH AUFTRETEN DIET-RICH«. 1964, anläßlich ihres Konzertes in Dänemark, startete Friedrich Luft einen zweiten Versuch für seine Sendung »Das Profil«: »Wie <u>ich</u> mich, wie sich der SFB darüber freuen würde, brauche ich nicht zu betonen. Wir würden Kopf stehen vor Jubel.« Und er macht ihr ein Angebot: ». . . daß wir mit einer solchen persönlichen Präsentation der Marlene Dietrich und ihrem Bild in Deutschland helfen könnten, idiotische Widerstände, verbockte Mißverständnisse glattweg auszuräumen.« Doch auch diesmal lehnt Marlene Dietrich ab. »Ich hasse Interviews«, schreibt sie ihm im August 1964. Und sie sagt auch, warum: ». . . da die nicht-enden-wollenden Angriffe und bewussten Falschmeldungen der westdeutschen Presse mir nicht das Beduerfnis geben, Dinge klarzustellen.« Die erniedrigende Erfahrung der Kampagne gegen ihr Auftreten in Deutschland und die Angriffe gegen sie im Zusammenhang mit der Premiere des Films »Judgement at Nuremberg« im Dezember 1961 in Berlin hatten für Marlene Dietrich einen bitteren Beigeschmack: »Ich muss Ihnen auch sagen, dass – trotzdem ich es gewohnt bin seit dem Hitler-Regime in der Presse angegriffen zu werden – die dauernden Angriffe der WEST-Deutschen Presse (deren Ton wie die Nazi-Presse klingt) jetzt noch fast 20 **Friedrich Luft** Jahre nach Hitler, mir den Geschmack verderben wuerde fuer alle Erklae- **im RIAS,** rungen und Gespraeche. Ich muss nun glauben dass da Hopfen und Malz **um 1950** verloren sind. . .«

KARIN WEDEKE ■ **Markgraf-Albrecht-Straße 9 · Berlin-Halensee** ■
Die Romanistin Karin Wedeke (1. Juli 1934 bis 9. April 1994 Berlin) war bei »Internationes« im Bonner Bundespresseamt tätig. Während der Deutschland-Tournée von Marlene Dietrich im Jahre 1960 betreute sie die anfallende Korrespondenz und sortierte sie vor – denn negative Briefe wollte Marlene gar nicht erst zu sehen bekommen. Karin Wedeke war es, die einen Anruf des französischen Präsidenten de Gaulle im Hotel »Hilton« entgegennahm, der Marlene Dietrich aufforderte, Deutschland angesichts der öffentlichen Anfeindungen sofort zu verlassen und nach Paris zurückzukehren. Wie sie ihren Freunden berichtete, schlüpfte Karin Wedeke – während Marlene zur Generalprobe eilte – im Hotelzimmer des »Hilton« in das Bühnenkostüm der abwesenden Diva und verwandelte sich für wenige Minuten in einen Star.

MARLENE DIETRICH.

Arr: Bert Grund

FINISH

DAS IST BERLIN

DIE STADT BER-LIN HAT MANCHER SCHON

SUN-GEN DER LÄNGST LIEGT TIEF UNTERM GRÜNEN GRASS FÜR UNS

DAS BLOSS NOCH ERINNE-RUN GEN ALS OB UNS MUTTERN WAS AUS HÄRCHE

LAS DER EINE LIEBT SIE ANDRE WIEDER LÄSTERN MANCHES VE

GING DAS EINMAL GEMACHT DOCH MANCHES IST NOCH HEUTE SO WIE STAUB

GESTERN DAS IST BERLIN WIES WEINT UND WIE ES LACHT BERLIN BE

DU BIST EIN HEISSES PFLASTER WER DICH NICK KENNT VERBRÜHT SICH

FUSS WO DIE MO - RAL WOHNT HAUST GLEICH AUCH DAS LASTER UND DER

RISS BLÜHT NEBEN SÜSSEM SCHMUS BERLIN BERLIN HIER LEBT DER MO

FÄHRLICH UND RUTSCHT ER AUS DANN DREHT SICH UM DOCH HAU KEINER ER

HIN DANN IST DER BEIFALL EHRLICH BERLIN BERLIN DU BIST
PUB

A.F.N./GEORGE HADAK/GÜNTHER LOOF ■ Saargemünderstraße 28 · Berlin-Zehlendorf ■ Der Rundfunksender »American Forces Network« (A.F.N.) ging am 4. August 1945 mit einem täglich 19stündigen Hörfunkprogramm in Berlin auf Sendung. Als erster westlicher Sender – neben dem zunächst noch sowjetisch kontrollierten Sender im Haus des Rundfunks in der Masurenallee – gewann der »A.F.N.« über die amerikanischen Militärangehörigen hinaus eine breite Hörerschaft unter der Berliner Bevölkerung. Mit dem Abzug der Alliierten Streitkräfte aus Berlin 1994 wurde der Sendebetrieb des A.F.N. eingestellt. Günter Loof gehörte, wie Marlene Dietrichs Eintrag zeigt, auch zu den »PERSONS ON TOUR 1960«, die sie während ihrer Europa-Tournée 1960 begleiteten.

WILLI KOLLO ■ Höhmannstraße 6 · Berlin-Grunewald ■ Notenblatt Der Komponist und Autor Willi Kollo (28. April 1904 Königsberg bis 4. **von Willi Kollo** Februar 1988 Berlin) begann als Operettentexter und Mitarbeiter seines Vaters, des Komponisten Walter Kollo (1878–1940); er verfaßte und komponierte Kabarett-Revuen, ab 1930 auch Drehbücher und Filmmusik. Nach dem Kriege übersiedelte er nach Hamburg, 1955 kehrte er nach Berlin zurück und leitete den »Willi-Kollo-Verlag« für Musikalien, der mit dem Spruch warb: »Was immer auch der Nachwuchs treibt/ob Rock er, Chacha, Mambo schreibt:/Kollo bleibt!« Marlene Dietrich hatte bei ihrer Deutschland-Tournée mehrere Chansons von Walter und Willi Kollo im Repertoire. Für ihre Ost-Berliner Schallplatte »Marlene Dietrich singt Alt-Berliner Lieder« nahm sie drei Titel von Walter Kollo auf: »Unter den Linden«, »Das war in Schöneberg . . .« und »Nach meine Beene ist Berlin verrückt«. Willi Kollo war auf der Schallplatte mit einem Chanson vertreten, zu dem er auch den Text verfaßt hatte: »Lieber Leierkastenmann«. Von Willi Kollo stammten auch Text und Melodie des Berlin-Liedes »Das ist Berlin, wie's weint und wie es lacht«, das Marlene Dietrich in ihr Repertoire aufnahm. Dort heißt es: »Berlin, Berlin, du bist ein heißes Pflaster/Wer dich nicht kennt, verbrüht sich leicht den Fuß./Wo die Moral wohnt, haust auch gleich das Laster,/Und der Verriß blüht neben süßem Schmus.«

ALFRED BRAUN ■ Preussenallee 36 · Berlin-Charlottenburg ■ Der Schauspieler, Regisseur und Radio-Pionier Alfred Braun (3. Mai 1888 Berlin bis 3. Januar 1978 Berlin) begann seine Karriere 1905, wie wenige Jahre später auch Marlene Dietrich, als Schauspielschüler der Max Reinhardt-Schule am »Deutschen Theater« in Berlin. Von 1907 bis 1923 war er als Schauspieler und Regisseur am »Schiller-Theater« und an weiteren Berliner Bühnen tätig. Im März 1918 notiert Marlene Dietrich in ihrem unveröffentlichten Tagebuch: »Ich liebe Alfred Braun. Er ist Schauspieler am Schillertheater. Ich sah ihn früher schon einmal in Alt-Heidelberg. Dann war ich mit Hilde u. dem Kränzchen in ›Hopfenraths Erben‹, es ist eine Posse, in der Alfred Braun eine Hauptrolle spielt. Er singt entzückend. Der Text vieler Lieder war von ihm, finds süß: ›Die süßen kleinen Mädels..‹ Er sang mit geschlossenen Augen. Nachher warteten wir. Ich war ganz entsetzt, daß man sich so täuschen kann. Er ist von nahem viel schöner als auf der Bühne. Er ging natürlich mit zwei Damen, die aber nachher in eine Bahn stiegen. Da ging ich zu ihm und bat ihn um eine Unterschrift. Er schrieb gleich mit Blei und fragte, ob ich im Theater gewesen sei und was das Schönste gewesen sei. (. . .) Ich hätte am liebsten gesagt: ›Die süßen kleinen Mädels . . .‹ aber ich schwieg wohlweislich. Dann saßen wir endlich in der Untergrundbahn. Er saß auf dem Feuerkästchen. Am Wittenbergplatz stiegen wir aus. Ich stand draußen am Fenster und sagte mir, er muß noch einmal hersehen. Und als der Zug fuhr, wandte er den Kopf u. sah mich an ———.« Wenige Tage später notierte sie: »Wir sahen ihn zum zweitenmal als ›Karl-Heinz‹. Hinterher gab er mir immerzu die Hand und grüßte, als wir vorbeigingen. Ich hatte ihm nämlich vorher eine rote Nelke gegeben und ihn gebeten, sie als ›Student‹ anzustecken. Und er hatte sie im Knopfloch. O, ich bin selig.« Dies geschah, wie sie weiter schreibt, acht Tage vor ihrer Einsegnung, Marlene Dietrich war sechzehn Jahre alt und sie gestand ihrem Tagebuch: »Ich werde immer an ihn denken.« Es blieb vermutlich bei dieser Schwärmerei, und Alfred Braun wurde darin rasch durch Henny Porten ersetzt.

1923 wurde Alfred Braun Reporter, Autor und Rundfunksprecher und leitete von 1930 bis zu seiner Entlassung 1933 die Literaturredaktion der Funk-Stunde-AG Berlin. Als Sozialdemokrat wurde er 1933 im KZ Oranienburg-Sachsenhausen, später in einem Gefängnis in Berlin inhaftiert, seine Freilassung verdankte er einem Vertrag mit dem Schauspielhaus Zürich, wo er von 1934 bis 1937 als Schauspieler tätig war. Carl Ebert, der gleichfalls in Berlin entlassene Opernintendant, holte ihn 1937 als Schauspiellehrer in die Türkei. 1939 kehrte Braun nach Berlin zurück und war als Reporter des Großdeutschen Rundfunks und

Kriegsberichterstatter vom Polen-Feldzug der deutschen Wehrmacht tätig. 1941 assistierte er Veit Harlan bei dessen antisemitischem Film »Jud Süss« sowie später bei den Kriegsfilmen »Kolberg« und »Opfergang«. Nach dem Krieg arbeitete er zunächst bei verschiedenen westdeutschen Radiosendern und wurde 1954 trotz heftiger Kontroversen zum Intendanten des »Sender Freies Berlin« berufen. Dieser Funktion verdankte er vermutlich die Aufnahme in Marlene Dietrichs Berliner Adreßbuch. Doch Briefe oder Fotografien, die eine Begegnung belegten oder über eine freundschaftliche oder geschäftliche Beziehung erzählen würden, fanden sich nicht.

WILLY RENGER ■ **Holsteinstraße 44 · Leipzig, DDR** ■ Der Leipziger Willy Renger besorgte 1964 deutsche Liedtexte und Noten für Marlene Dietrichs Berlin-Platte, die 1965 im VEB »AMIGA« in der DDR produziert wurde. Er reagierte damit auf Meldungen verschiedener DDR-Zeitungen, die über Dietrichs Wunsch berichteten, eine Platte mit Berlin-Liedern aufzunehmen. In ihrem Namen bedankte sich Max Colpet am 12.9.1964 bei Renger: »Frau Dietrich bittet mich, Ihnen tausendmal fuer die Muehe zu danken, die Sie sich gemacht haben, um die alten deutschen Texte zu finden, die Sie die Freundlichkeit hatten, ihr zu schicken. Frau Dietrich waere Ihnen zu grossem Dank verpflichtet, wenn Sie ihr den Titel des Buches mitteilen koennten, dem Sie diese Texte entnommen haben und ihr angeben koennten, wo man dieses Buch erwerben kann. Frau Dietrich sucht nicht nur Berliner Lieder und wuerde darum gerne das ganze Buch sehen, bevor sie eine Auswahl trifft. Bitte adressieren Sie Ihre Antwort fuer Frau Dietrich an mich, da sie im Moment auf Reisen ist. Mit bestem Dank im voraus und vorzueglicher Hochachtung, Ihr Max Colpet.« Die Schallplatte »Marlene Dietrich singt Alt-Berliner Lieder« kam im Juni 1965 heraus. Tatsächlich handelte es sich um die Übernahme der west-deutschen Schallplatte »Berlin-Berlin« aus dem gleichen Jahr, auch wenn die DDR-Presse es anders darstellen sollte.

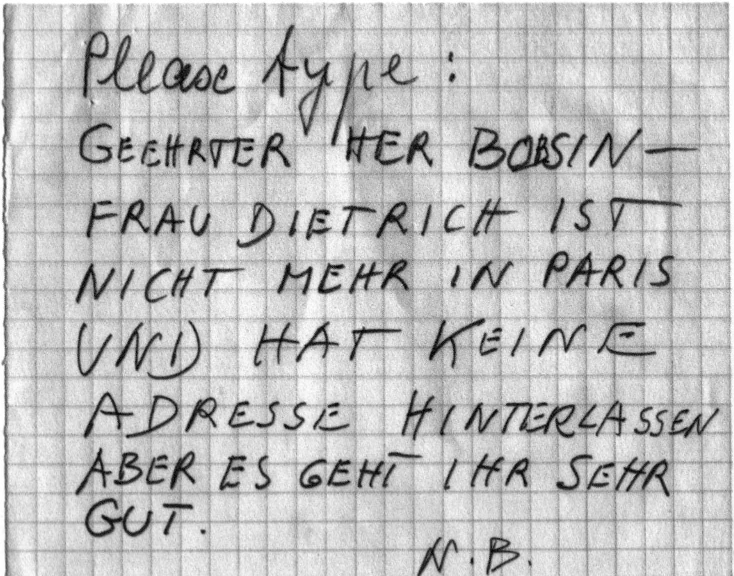

Please type:
GEEHRTER HER BOBSIN —
FRAU DIETRICH IST
NICHT MEHR IN PARIS
UND HAT KEINE
ADRESSE HINTERLASSEN
ABER ES GEHT IHR SEHR
GUT.
                    N. B.

Unter dem Buchstaben »D« schreibt Marlene Dietrich im »ABC meines Lebens« bitter: »Deutschland. Die Tränen, die ich um Deutschland geweint habe, sind getrocknet.«

Die folgenden Einträge beziehen sich im wesentlichen auf Stationen der Konzert-Tournée Marlene Dietrichs im Mai 1960. Innerhalb eines Monats gab sie Konzerte in 16 Städten. Nach Berlin gastierte sie am 7.5. in der Hamburger Staatsoper, am 16.5. im Düsseldorfer Schauspielhaus, am 19.5. im »Ufa-Palast« in Köln, am 20.5. im Kurhaus in Bad Kissingen, am 21.5. im »Theater am Aegi« in Hannover, am 22.5. in der »Rhein-Main-Halle« in Wiesbaden, am 23.5. im Kursaal in Baden-Baden, am 25.5. in der Liederhalle in Stuttgart und am 27.5. im »Deutschen Theater« in München. Dazwischen lagen weitere Gastspiele außerhalb Deutschlands, und zwar am 9. und 10.5. in Kopenhagen, am 11.5. in Oslo, am 12.5. in Göteborg, am 13. und 14.5. in Stockholm und am 24.5. in der Konzerthalle Zürich. Fast unvorstellbar ist es, daß zu jedem dieser Konzerte Proben stattfanden, Pressekonferenzen absolviert wurden und eine nicht unerhebliche Zahl von Marlene-Koffern von einem Ort zum anderen transportiert werden mußten. Trotzdem fand Marlene Dietrich zwischendurch noch die Zeit, sich mit einigen ihrer deutschen Verwandten und ihren Freunden in den verschiedenen Städten zu treffen. Bei diesem anstrengenden Tournée-Marathon wurde sie von den am Schluß genannten »PERSONS ON TOUR 1960« begleitet.

Vorige Seite: Bei einer Probe im Hamburger Schauspielhaus im Mai 1960

Briefentwurf an Jörg Bobsin, 1970er Jahre

JÖRG BOBSIN ■ **Memelerstraße 46 · München** ■ Der Journalist Jörg Bobsin interviewte Marlene Dietrich bei ihrem Aufenthalt in Glasgow 1966 – angeblich im Auftrag der »Edition Esplanade«, die im November 1966 die Schallplatte mit Weihnachtsliedern, gesungen von Marlene Dietrich, herausgab. Harald Frahm, der Produzent der Platte »Glocken läuten/Still war die Nacht«, verwahrte sich jedoch gegen Marlene Dietrichs Unterstellung, Bobsin nach Glasgow gesandt zu haben: »Mir war weder bekannt, wo das Interview erscheinen sollte, noch habe ich Herrn Bobsin jemals gesehen oder gesprochen. Ich danke Ihnen, daß Sie das Interview für unsere gemeinsame Weihnachtsplatte gaben und bedaure sehr das in der ›Constanze‹ erschienene Resultat.« Marlene Dietrich hatte sich über die gedruckte Fassung des Gesprächs geärgert, Bobsin entschuldigte sich daraufhin am 3.1.1967: »Ich bin mir – und das ist meine ehrliche Meinung – nicht der Schuld bewußt, aus unserem Gespräch ein politisches Interview gemacht zu haben. Ich selbst bin so wenig an Politik interessiert, daß ich von allein nie darauf kommen würde.« Jeder Satz, der in wörtlicher Rede wiedergegeben sei, lasse sich durch das Tonband überprüfen. »Wenn Sie, liebe gnädige Frau, natürlich meinen, ich sei bereits damit politisch geworden, daß ich schrieb, Sie seien stolz und glücklich, Deutsche zu sein usw. usw., so kann ich mich nur mit meinem festen Glauben entschuldigen, daß das für mich keine Politik ist, sondern Heimatgefühle, die wohl jeder haben wird, sei er nun Deutscher, Italiener oder Russe.« Marlene Dietrich antwortete am 7.1.1967: »Ich dachte, Sie waren ein ernsthafter Journalist. Ich haette Ihnen gerne geholfen, meine wirkliche Meinung zu Papier zu bringen, wenn Sie mir gesagt haetten dass Sie das Geld der ›Constanze‹ brauchen. Aber einfach einen Artikel, halb erfunden, halb basiert auf das Radio Interview zu schreiben ohne meine Erlaubnis ist nicht Ihrer wuerdig. Schade um Sie. ›Hell is paved with good intentions [Die Hölle ist mit guten Absichten gepflastert]‹, gilt ueberall und auch fuer mich. Ihr ›GUT GEMEINTES‹ will ich nicht. Ich will, wenn Sie mein ›Freund‹ wie Sie sagen, sein wollen, dass man nichts hinter meinem Ruecken tut.« Bobsin nahm Ende der 1970er Jahre vergeblich wieder Kontakt mit ihr auf und bat in Paris um einen »kleinen Plausch«. Marlene Dietrich notierte handschriftlich zu seinem Brief eine Antwort: »Geehrter Herr Bobsin, Frau Dietrich ist nicht mehr in Paris und hat keine neue Adresse hinterlassen. Aber es geht ihr sehr gut.«

JAHRESZEITEN HOTEL ■ **Maximilianstraße 17 · 80539 München** ■

Das »Hotel Vier Jahreszeiten« wurde von dem Architekten Rudolf Gottgetreu entworfen und 1858 unter der Leitung des ungarischen Gastronomen August Schimon eröffnet. 1944 wurde es teilweise zerstört, ab Mai 1945 diente es als Quartier der Alliierten. Nach der Rekonstruktion 1947 als »Exporthotel« durch Alfred Walterspiel wiedereröffnet, erhielt es in München den Spitznamen »Haus der Dollar-Gäste«.

Die »Süddeutsche Zeitung« schrieb im August 1958: »Die 200 Zimmer, darunter 14 luxuriöse Salons, ließen sich auch von einem Innenarchitekten nur schwer datieren. Die kostbare Ausstattung – in einem Salon tickt eine goldene Uhr, die allein mehr als tausend Mark wert ist – ist nach dem Grundsatz zusammengestellt: ›Wenn ein Mensch nicht zu Hause ist, muß er ins Hotel. Das wirkliche Geheimnis der Hotellerie besteht darin, ihm etwas zu bieten, was wie sein Zuhause ist – oder noch besser.‹ Das Münchener Hotelverzeichnis gab den Preis für das billigste Hotelzimmer mit 14 Mark an, aber es ließ den Spielraum nach oben offen. Georg Walterspiel, der zusammen mit seinem Bruder Klaus die Familientradition noch eine Zeitlang fortsetzte, machte kein Geheimnis daraus: ›Unser teuerstes Doppelzimmer mit Bad kostet 82 Mark. Es ist das teuerste Hotelzimmer in Deutschland!‹« Dies galt vermutlich auch noch 1960, als Marlene Dietrich dort während ihres Münchner Gastspiels wohnte. Im gleichen Jahr wurde das »Hotel Vier Jahreszeiten« an die Kempinski AG verkauft.

HUBERT VON MEYERINCK ■ Paul-Heyse-Straße 19 · München ■

Der Theater- und Filmschauspieler Hubert von Meyerinck (23. August 1896 Potsdam bis 13. Mai 1971 Hamburg) bewunderte Marlene Dietrich bereits 1923 in einem ihrer Stummfilme: »Als ich Dich, Marlene, das erstemal sah – in einem Film von Joe May ›Tragödie der Liebe‹ mit Jannings und Erika Gläßner –, trugst Du ein Sportkostüm. Einen ganz kurzen Rock, der damals Mode war, und eine kleine knappgeschnittene Jacke. Einen tief ins Gesicht gestülpten Hut und im Auge einen Monokel. Du spieltest eine winzig kleine Rolle: eine leichtfertige Dame.« 1928 stand Meyerinck in der »Komödie« zusammen mit ihr auf der Bühne – in der Revue »Es liegt in der Luft«. Und er schreibt über sie: »Es war eigentlich nichts, was Du spieltest oder machtest. Aber gerade dieses Nichts hat Dich später berühmt gemacht. Aus diesem Nichts hast Du Deinen Stil geschaffen.« Und weiter heißt es dort schwärmerisch – und treffend: »Mit einem Blick, mit einem hingehauchten Wort sagtest Du mehr als eine Vollblutkommödiantin mit einer großen Szene.«

Er hielt ihr auch während der Zeit des Nationalsozialismus verehrungsvoll die Treue. Aus einem Brief vom April 1936: »Liebste Marlene! Hingerissen von dir in deinem neuesten bezaubernden Film [»Desire« mit Gary Cooper] <u>muß</u> ich dir ein paar innigste Grüsse senden. Trotz aller Jahre und aller Entfernung, die uns trennen, bist du mir so <u>nah</u> und so wert geblieben wie früher, als wir noch die ›Kleptomanen‹ sangen.« Er bekennt: »Oft träume ich von dir und immer mit einer grossen und tiefen Liebe!« Und am Schluß des Briefes heißt es: »Ich grüsse dich, geliebte Marlene, deine Schönheit und deine Kunst! Immer dein Hupsi!«

Bei ihrem Deutschlandbesuch unmittelbar nach Kriegsende im September 1945 sahen sie sich wieder. Meyerinck spielt im Hebbel-Theater den »Mackie Messer« in Brechts »Dreigro-

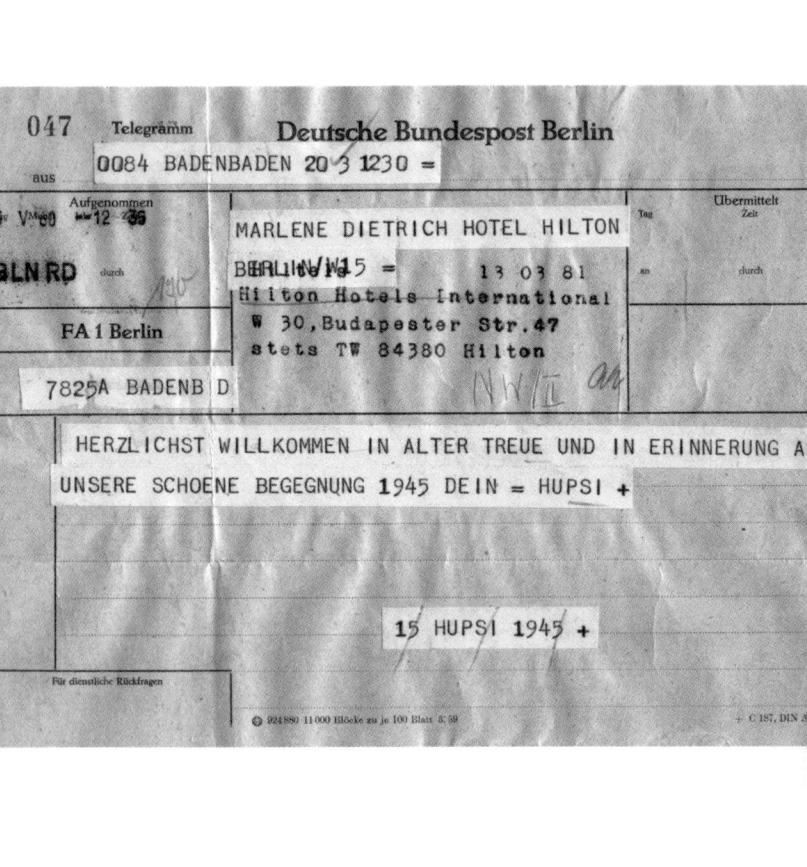

047   Telegramm   **Deutsche Bundespost Berlin**

aus   0084 BADENBADEN 20 3 1230 =

Aufgenommen   Tag   Übermittelt
VM 60 12 2 35   Zeit

MARLENE DIETRICH HOTEL HILTON

BLN RD durch   BERLIN W 15 =   13 03 81   an   durch
                 Hilton Hotels International

FA 1 Berlin   W 30,Budapester Str.47
                stets TW 84380 Hilton

7825A BADENB D   NW/II

HERZLICHST WILLKOMMEN IN ALTER TREUE UND IN ERINNERUNG A

UNSERE SCHOENE BEGEGNUNG 1945 DEIN = HUPSI +

15 HUPSI 1945 +

Für dienstliche Rückfragen

924880 11000 Blöcke zu je 100 Blatt 3:59   + C 187, DIN A

schenoper«. Marlene Dietrich schlich unerkannt ins Publikum und ließ ihm über seine Garderobiere in der Pause einen Zettel zukommen: »Hupsi, bitte komm in die Wohnung meiner Mutter – ich bin hier –, aber sag es niemandem. Deine Marlene.« Den zweiten Teil seiner Vorstellung konnte sie nicht ansehen – sie selbst stand in ihrer Revue für amerikanische Soldaten auf der Bühne des »Titania-Palasts« in Steglitz. Noch in derselben Nacht schwang Meyerinck sich auf sein Fahrrad und klingelte in der Fregestraße. In der Wohnungstüre stand Marlene – ordensgeschmückt in ihrer amerikanischen Uniform. Am 27.9.1945 berichtet sie aus Berlin an Rudolf Sieber: »Sah Hupsi gestern und Resi, die ich bei den Amerikanern als Housekeeper einstellen werde. Heinrich George (großer Nazi), schippt bei den Russen Kohlen! Die Dreigroschenoper mit Kate Kühl und Hupsi spielt. Da ich 2 shows pro Tag habe, kann ich nicht hingehen.« Doch sie gibt Meyerinck eine Liste mit den Namen von Kollegen, die sie gerne wiedersehen würde. Wenige Tage später kommt es zu dem *rendez-vous sentimental* in der Wohnung von Marlenes Mutter in Friedenau. Wie vielfach überliefert, gehörten zu der Runde, die sich an diesem Abend von Marlene mit amerikanischen Zigaretten, Kaffee-Ersatz und Whisky bewirtet sah, neben »Hupsi« der Schauspieler Heinz Rühmann, mit dem sie 1928 in der »Komödie« unter der Regie von Heinz Hilpert in Shaws »Eltern und Kinder« aufgetreten war, Alexa von Porembsky, die mit ihr als Showgirl gearbeitet hatte, die Schauspieler Walter Franck und Hilde Körber, die mit dem

Telegramm von Hubert von Meyerinck zum Auftritt in Berlin 1960

Regisseur mehrerer NS-Propagandafilme, Veit Harlan, verheiratet war. Doch die Gräben, die sich zwischen der Emigrantin und denjenigen auftat, die als Schauspieler in Nazi-Deutschland Erfolge gefeiert hatten, ließen sich auch mit amerikanischem Whisky nicht überwinden, und Marlenes Erinnerung an Kollegen, die im Nationalsozialismus verfolgt und ermordet worden waren, ließen das Gespräch verstummen.

Doch Hubert von Meyerinck sollte dieses Treffen nicht vergessen. Bei ihrer Ankunft 1960 in Berlin findet Marlene Dietrich im Hotel ein Telegramm vor: »HERZLICHST WILLKOMMEN IN ALTER TREUE UND IN ERINNERUNG AN UNSERE SCHOENE BEGEGNUNG 1945 DEIN HUPSI«. »Hupsi« und Marlene trafen sich kurz darauf, und er trug sich in ihr Tournée-Gästebuch ein mit den Worten: »Wenn man dich wiedersieht – Marlene – ist unsere lange Zeit der Freundschaft (1928?) wie ein Tag. Ich danke dir: Hupsi.«

THEO NISCHWITZ/KATHY SPOLIANSKY ■ Wilhelm-Leuneser-Strasse 12 · München ■ Der Kameramann Theodor Nischwitz (27. April 1913 Berlin bis 14. Juli 1994 München) arbeitete ab 1931 als Experte für Spezialeffekte bei den »Ufa«-Studios in Babelsberg. Während des Zweiten Weltkrieges war er als Kriegsberichterstatter tätig und wurde gelegentlich für die Mitarbeit an Kriegsfilmen (»Stukas«, »Besatzung Dora«) sowie für den Film »Münchhausen« beurlaubt. Nach dem Krieg arbeitete Nischwitz in der Trickfilmabteilung der »Bavaria« in München.

Theo Nischwitz war mit Katharina Spoliansky verheiratet, einer Tochter des Kabarettisten und Komponisten Mischa Spoliansky. Mischa Spoliansky (1898–1985) hatte 1928 zusammen mit Marcellus Schiffer die Revue »Es liegt in der Luft« geschrieben, in der Marlene Dietrich zusammen mit Hubert von Meyerinck große Erfolge feierte. Spoliansky blieb bis zuletzt ihr Freund – von kleinen Mißverständnissen abgesehen, so, als Marlene Dietrich ihm vorwarf, sich nach ihrem Unfall in London 1974 nicht um sie gekümmert zu haben. »Spoli« wehrte ab: »We have in the past accepted and forgiven on the grounds of a near lifelong friendship (...) until your latest lapse which our sensivity could stand no longer [Wir haben Dir in der Vergangenheit wegen unserer fast lebenslangen Freundschaft alles vergeben (...) bis auf Deinen letzten Fehler, den wir nach unserem Empfinden nicht mehr ertragen konnten].« Doch die Diva und der Komponist scheinen sich auch danach wieder vertragen zu haben, der letzte im Nachlaß von Marlene Dietrich erhaltene Briefwechsel datiert von 1980 – fünf Jahre vor Spolianskys Tod.

WOLFGANG BÖRNER (siehe S. 141)

HILDE KNEF (siehe Eintrag unter Berlin) ■ Birkenhof · Kempenhausen/ Starnberg

BEATE VON MOLO (siehe Eintrag unter Schweiz) ■ Wiedenmeyerstraße 11 · München

HERBERT LIST ■ Ainmillerstraße 26 · München 13 ■ Der Fotograf Herbert List (7. Oktober 1903 Hamburg bis 4. April 1974 Hamburg) hatte Aufnahmen während Marlene Dietrichs Münchner Konzert 1960 gemacht, die er ihr am 2.6.1960 – »obgleich ich nicht sicher bin, ob sie Ihre in mich gesetzten Erwartungen erfüllen« – nach Paris zuschickte. Und er geriet ins Schwärmen über die »Sehr verehrte liebe Marlene«: »Das allzu kurze Kennenlernen war für mich ein großes Erlebnis. Wenn man seit seiner Jugend von einem Menschen ein Idol, ein Image in sich trägt, ohne ihn persönlich zu kennen, scheut man sich naturgemäß, ihm später in Natura zu begegnen, um das Bild nicht zu zerstören. Aber bei dem Zusammentreffen mit Ihnen traf das Seltene, Unerwartete ein: Das Bild wurde nicht zerstört sondern erhöht. Mit vielen guten Wünschen und herzlichen Grüssen, Ihr Herbert List.« Die Bilder zeigen Marlene Dietrich mit ihrem berühmten verhangenen Blick im Bühnenkostüm auf ihren legendären Schwanenmantel gelehnt in der Garderobe, bei ihrem Auftritt am Mikrophon und *backstage* beim Blick durch den Vorhang, der von zwei Bühnenarbeitern aufgehalten wird. In seinem 1977 veröffentlichten Bildband »Herbert List. Portraits. Kunst und Geist um die Jahrhundertmitte« findet sich Marlene Dietrichs Portrait von 1960 zwischen Fritz Kortner und Melina Mercouri in eine Reihe von Künstlern, die mit Pablo Picasso beginnt und über Jean Cocteau und Oskar Kokoschka bis zu Helene Weigel führt. Auch einer ihrer früheren Geliebten, der Schriftsteller Erich Maria Remarque, ist darunter – nach der Trennung von Tisch und Bett nun auch im Buch viele Seiten von ihr getrennt.

SÜDDEUTSCHE ZEITUNG ■ Über die Kontakte von Marlene Dietrich zur »Süddeutschen Zeitung« in München existieren nur zwei Briefe: Am 8.7.1965 schrieb Ursula von Kardorff an Max Colpet und bat ihn um die Vermittlung eines Gespräches mit Dietrich. Sie plante eine Kolumne »Berlin und Dietrich« und bat um die Auflistung der nächsten Tournée-Termine, »damit wir auch einmal auf die Leistungen rein physisch eingehen können, die ja immerhin erstaunlich sind.« Marlene Dietrich übersandte die Termine und fügte hinzu: »Das ist alles. Ich singe hier Lieder von der Berlin-Platte und habe grossen Erfolg damit. Bin nicht erstaunt, denn ich liebe diese Lieder – und meistens, wenn ich etwas liebe (wie die ›Blumen‹) lieben es die Leute auch. Viele Grüße und Dank, Dietrich.«

BERNHARD WICKI ■ **Weissgerberstraße 2 · München** ■ Den Schauspieler, Regisseur und Produzent Bernhard Wicki (28. Oktober 1919 St. Pölten bis 5. Januar 2000 München) kannte Marlene Dietrich vermutlich über Max Colpet. Eine Korrespondenz ist nicht überliefert. Wicki studierte an der Schauspielschule in Berlin und dem Max-Reinhardt-Seminar in Wien und debütierte dort 1940. Nach erfolgreichen Theaterengagements profilierte er sich mit dem Film »Die Brücke« 1959 auch als Filmregisseur.

MAX COLPET (siehe Eintrag unter Schweiz) ■ **Mittenwalderstraße 41 ·
München**

GEORG BUSCHOR ■ Georg Buschor war der Autor des Liedes »Trommelmann«,
das auf der Platte »Die neue Marlene« von »Electrola« veröffentlicht wurde. Die Plattenfirma wandte sich deshalb am 10.8.1964 an Marlene Dietrich: »Bezüglich der dritten
Strophe vom ›Trommelmann‹ haben wir uns mit dem Autor, Herrn Buschor, sehr einge-
hend unterhalten. Der Gedanke der englischen Originalversion ist ja textlich insofern her-
ausgearbeitet: ›und er spielte … Dann kamen die Englein vor … Das Christkind lachte
froh, spielt nur weiter so … ‹ Es ist fraglich, ob man in so wenigen Worten die Geschichte noch konzentrierter bringen kann. Vielleicht finden wir bis zum Aufnahmetermin eine
geniale Lösung, ich bin aber der Meinung, daß der ›Trommelmann‹ auch in seiner jetzi-
gen Form bestens gelöst ist.«

CHAPPELL U. CO ■ **Sendlinger Torplatz 10 · München** ■ Der Chef der
Londoner Vertretung von »Chappell & Co«, E. C. Holmes, verwies 1954 auf gemeinsame
Freunde mit Marlene Dietrich in London: »Personally I shall look forward very much to the
pleasure of meeting you, and incidentally two of my very close friends are Mischa and Eddy Spoliansky who I knew you always see when you are in London [Ich persönlich freue
mich schon sehr auf das Vergnügen, Sie zu treffen, und zufälligerweise sind Mischa und
Eddy Spoliansky zwei meiner sehr guten Freunde, die Sie ja auch immer treffen, wenn Sie
in London sind].«

Die Firma »Chappel & Co.« hatte die Rechte an dem Lied »If I ruled the World«, das auf der
Schallplatte »Die neue Marlene« von 1964 enthalten ist. Am 6.12.1963 schreibt Richard
Demler (siehe Eintrag) im Auftrag von »Electrola« an Marlene Dietrich: »Da die deutsche
Chappell-Vertretung daran sehr interessiert ist und auch sehr gut mit uns arbeitet, bin ich
eigentlich recht hoffnungsvoll, daß wir da keine ernsthaften Schwierigkeiten bekommen.«

BERT GRUND ■ **Geiselgasteigstraße 20 · München** ■ Der Dirigent und
Komponist Bert Grund hatte für die Dietrich-Platte »Marlene singt Berlin-Berlin« einige
Arrangements geschrieben. Marlene Dietrich war davon so angetan, daß sie darauf bestand, daß sein Name auf dem Plattencover, das bereits gedruckt war, genannt werden
müsse. Die sog. »Tasche« wurde daraufhin im Januar 1965 aus dem Verkehr gezogen und

eine neue hergestellt. Doch damit nicht genug, schrieb Marlene Dietrich am 23.6.1965 an ihren Hamburger Anwalt Fritz Manasse (siehe Eintrag): »Was mich sehr erstaunt ist, dass auf dem Etiquett der Name des Dirigenten-Arrangeurs, Herrn Bert Grund, NICHT GE-DRUCKT ist. Wie Sie wissen, habe ich mich ueberhaupt nicht in den Entwurf des Etiquetts eingemischt. Ich habe nur einen Entwurf zur Tasche gesandt und auf dieser Tasche danke ich Herrn Bert Grund persoenlich (nachdem ich seine persoenliche Erlaubnis fuer den Text einholte). Dass aber sein Name auf dem Etiquett nicht genannt ist, bestuerzt mich (. . .) Haette ich nicht Herrn Bert Grund gedankt (ausserdem haben die noch nicht mal meinen Schreibmaschinen-geschriebenen Brief schoen gedruckt) waere wohl sein Name ueberhaupt nicht genannt worden?« Auch ihr New Yorker Anwalt Phillip Braunstein war mit der Grund-Frage befaßt: »I have looked at the liner notes on ›Berlin-Berlin‹ and I noticed you say, ›Mein tiefer Dank hiermit an BERT GRUND, der die Orchestration schrieb.‹ I must assume that Bert Grund is Burt Bacharach and if that is not so, if Bert Grund is another person, will you please advice me if Burt Bacharach had anything to do with this album [Ich habe die Korrekturen zu ›Berlin-Berlin‹ angesehen und festgestellt, daß es heißt, ›Mein tiefer Dank hiermit an BERT GRUND, der die Orchestration schrieb.‹ Ich vermute, daß mit Bert Grund Burt Bacharach gemeint ist, und wenn das nicht so ist, und Bert Grund eine andere Person ist, lassen Sie mich bitte wissen, ob Burt Bacharach irgend etwas mit diesem Plattenalbum zu tun hatte].« Marlene Dietrich notiert handschriftlich am Rand: »ARE YOU SITTING DOWN [Sitzt Du]?« und antwortet wenige Tage später: »DEAR PHIL BRAUNSTEIN, AGAIN YOU TREAT ME LIKE AN IDIOT. DO YOU BELIEVE THAT THE NAME CREDITED WITH THE ARRANGEMENTS OF THE SONGS on the jacket I just sent you again for the sole reason to make sure in the contract with Capitol that everything would be copied exactly on their jacket, could be the wrong name???????????? (. . .) HOW IS IT POSSIBLE THAT YOU ACCUSE ME OF ALLOWING AN ALBUM ON THE MARKET WHICH SUBSTITUTES BERT GRUND FOR BURT BACHARACH (. . .) And if that is not answer enough for it: ›GRUND‹ cannot be compounded with ›BACHARACH‹ NOT EVEN BY AN IDIOT WHICH I AM NOT. You quote the text on the album cover: ›MY DEEPEST THANKS GO TO BERT GRUND.‹ AS YOU CAN SEE THIS ›LETTER‹ IS WRITTEN ON A TYPEWRITER (BY ME) AND SIGNED BY ME. AND YOU ASK ME NO WORSE, YOU SAY: I MUST ASSUME: IT IS BACHARACH. WHY IN HEAVENS NAME MUST

YOU ASSUME [Lieber Phil Braunstein, wieder behandeln Sie mich wie einen Idioten. Glauben Sie wirklich, daß der Name, dem auf der Plattenhülle, die ich Ihnen gerade aus dem einzigen Grunde zugesandt habe, um sicher zu gehen, daß im Vertrag mit Capitol alles exakt so auf ihre Plattenhülle kopiert wird, für die Arrangements der Lieder gedankt wird, der falsche Name sein könnte? – Wie ist es möglich, daß Sie mich bezichtigen, eine Platte auf den Markt zu bringen, die Bert Grund mit Burt Bacharach verwechselt? – Und wenn das als Antwort noch nicht ausreicht: ›Grund‹ kann nicht ›Bacharach‹ ersetzen, nicht einmal für einen Idioten, wie ich es nicht bin. Sie zitieren den Text auf der Plattenhülle: ›Mein größter Dank geht an Bert Grund.‹ Wie Sie sehen können, ist dieser Brief auf einer Schreibmaschine getippt (von mir) und von mir unterschrieben. Und Sie fragen mich nichts Schlimmeres als: ›Ich muß vermuten: Das ist Bacharach. Warum um Himmels Willen, müssen Sie das vermuten]?????«

Bert Grund konnte von all dem nichts wissen, er bedankte sich am 7.3.1965 höflich bei der »Liebsten Marlene« für die Erwähnung seines Namens: »Ihre Einstellung zu meiner Arbeit hat mich fast beschämt, denn ich glaube nur, meinen Job, so gut wie es mir möglich war, getan zu haben.« Marlene Dietrich antwortete mit der Anrede »Liebster« und bat ihn: »Bitte schreiben Sie mir sobald Sie die Platte gehoert haben und bitte im detail, welche Lieder moeglich sind und welche schlecht.«

Noch einmal taucht der Name Bert Grunds in den Akten auf: In den Verhandlungen mit der »Kammer für Außenhandel der DDR«, die für die Produktion der Schallplatte mit Berliner Liedern verantwortlich war, verhandelte der zuständige Jost Prescher mit Marlene Dietrich auch über ein Gastspiel 1965 in der DDR. Für den Fall des Falles – der dann nicht eintrat – bestand Marlene Dietrich auf Bert Grund als Dirigenten ihres Konzertes.

DR. REINHOLD KREILE ■ **Wittelsbacherstraße 20 · München** ■ Der Rechtsanwalt Reinhold Kreile kümmerte sich um die deutschen Fernsehrechte von Marlene Dietrich. Sie beauftragte ihn mit der Abrechnung ihrer Tantiemen für eine Übertragung der UNICEF-Gala 1964 im Zweiten Deutschen Fernsehen. Ihr Auftritt war in den Programmzeitungen zwar angekündigt, in der Sendung jedoch herausgeschnitten worden, da der Sender zu hohe Extra-Kosten fürchtete. Marlene Dietrich schreibt am 10.8.1964 an Kreile: »Lieber Herr Doktor, ich sende Ihnen einen Vertrag und Zeitungsausschnitte mit der Frage, ob ich verklagen soll, kann, oder was ich unternehmen kann, damit mein Name (wie Sie sehen) nicht <u>bewusst</u> gebraucht wird um Seher anzulocken. Zu <u>zeigen</u> trauen sie mich nicht, da ja kontraktmässig sie nochmals meine halbe Gage zahlen müssten.« Trotz Kreiles Intervention lehnte das ZDF jegliche Ansprüche ab und versprach lediglich, ihren Namen bei künftigen Ausstrahlungen nicht zu nennen. Marlene Dietrich war damit jedoch nicht zufrieden: »Wenn ich Sie als Rechtsanwalt damit belaestige, ist es doch <u>nur </u>weil ich annahm, dass man Ihnen <u>nicht</u> solche Luegen auftischen kann, wie man versucht mir aufzutischen. Es ist ein ganz klarer Fall von Schwindel und ich habe nicht vor mir das gefallen zu lassen.« Als sein Auftrag für Marlene Dietrich 1969 abgeschlossen war, landete ein blauer Aktendeckel mit der Aufschrift: »Dietrich, Marlene KREILE« in der Avenue Montaigne in Paris.

GERGWEIS NIED. BAYERN ■ Hinter diesem Eintrag verbirgt sich die Adresse des Landhauses ihres Münchener Anwalts Wolfgang Börner (siehe unten) in Niederbayern. Im Dezember 1964 hatte er ihr telegrafiert. »BIN SELBST BIS 4. IN MEINEM LANDHAUS GERGWEISS 333 ANWESEND.«

WOLFGANG BÖRNER ■ **Brudermühlstraße 25 · München** ■ Der Rechtsanwalt Wolfgang Börner kümmerte sich um die Abrechnung der Tantiemen für die Schallplatten »Marlene singt Berlin-Berlin« sowie die Einzelplatte »Sag mir wo die Blumen sind« – nicht immer zur Zufriedenheit Marlene Dietrichs. »Was ich wissen wollte war: Wo ist der erste Pfennig, der mir zukommt von der Blumen Platte aus allen allen Laendern ausser West Deutschland«, fragte sie am 8.7.1964. Gefreut hatte sie jedoch die durch Börner erreichte GEMA-Abrechnung als Textdichterin für das Lied »Hush, little Baby«. Sie schickte die Mitteilung mit dem handschriftlichen Zusatz vermutlich an Rudi Sieber weiter: »MEIN ERSTES GELD ALS TEXTDICHTERIN AN DICH KÜSSE LIEBE«. Ein Teil der deutschen Einnahmen wurden direkt von Börner an Elisabeth Will, Marlenes öffentlich verleugnete Schwester in Bergen-Belsen, weitergeleitet, getarnt als Rückzahlung: »... bat ich Sie den Betrag der GEMA DM 105,86 an eine Frau Will in Bergen weiterzuleiten, da ich dieser Dame ungefaehr diese Summe schuldete.« Das Anwaltsbüro Börner wurde in den 1970er Jahren von der Tochter, Ursula Dellinger-Börner, übernommen. Sie betreute und kontrollierte noch bis Ende der 1970er Jahre die Abrechnungen mit der Schallplattenfirma »Electrola«.

ELISABETH WILL ■ **Kreuzweg 15 · Bergen-Belsen** ■ Elisabeth Will (geb. Dietrich, 5. Februar 1900 Berlin bis 8. Mai 1973 Bergen-Belsen) war die ältere Schwester von Marlene Dietrich. Sie hatte 1926, so Maria Riva, »einen ›ungehobelten Kerl‹ geheiratet, wie die Familie ihn immer nannte, und einen Sohn geboren, den niemand auch nur erwähnte. Ihr Leben sollte einen ganz anderen Verlauf nehmen . . .« Elisabeth Will, genannt Liesel, blieb während der NS-Zeit in Deutschland, 1937 traf sich die Familie – Josefine von Losch, Elisabeth und ihr Sohn Hans-Georg Will sowie die Familie Dietrich-Sieber samt »Umgebung« – zum gemeinsamen Sommerurlaub in Österreich. Die erhaltenen 8-mm-Filme zeugen von fröhlichen Wanderungen in Dirndlkleid und Sepplhose. Maria Riva erinnert sich: »Liesel wirkte noch immer wie ein entflogener Kanarienvogel, der jemandem auf der Schulter flattert und hofft, dort Schutz zu finden, bis er wieder in seinen Käfig zurückfindet. Ich lernte auch ihren Sohn kennen. Er sah aus **Elisabeth und** wie aus einer Wagner-Oper und trug braune Hemden. Vom ersten Moment **Hans-Georg Will,** an konnten wir uns nicht leiden.« Streitereien in der Familie über die Hal- **Österreich 1931** tung zu Nazideutschland blieben nicht aus.

Erst 1945 sollte Marlene Dietrich ihre Mutter und ihre Schwester wiedersehen. In Panik, ihre Schwester sei KZ-Häftling, reiste sie im Sommer 1945 nach Bergen-Belsen und erfuhr dort die Wahrheit: Elisabeth Will hatte während der Nazizeit zusammen mit ihrem Mann in Bergen-Belsen, in unmittelbarer Nähe des Konzentrationslagers, ein Kino geführt, das auch von den KZ-Wachmannschaften frequentiert wurde. Von diesem Moment an verleugnete Marlene Dietrich ihre Schwester öffentlich, hielt jedoch den Kontakt zu ihr bis zu ihrem Tode aufrecht. Gleich 1945 veranlaßte sie den amerikanischen Hauptmann Horwell, nach ihrem Neffen Hans-Georg zu suchen: »Der Junge ist da!!!« – schreibt Elisabeth am 20.5.1945 – »Morgen will ich mit ihm zu Hauptmann Horwell und sehen, wie er beschäftigt werden kann.« Marlene Dietrich schrieb selbst an Horwell und bat um Unterstützung für ihre Schwester, da sie unter die Entnazifizierungsmaßnahmen der Alliierten fiel: »Sie haben uns, wie Du weißt, die Wohnung genommen, das Fallingbostler Kino beschlagnahmt. Jetzt nahmen sie die Konserven, die wir hatten, und einen großen Teil unserer Vorräte«, schreibt Elisabeth am 9.9.1945. Marlene Dietrich besuchte ihre Schwester im Herbst, im Januar 1946 kam Maria Riva für ein paar Tage zu Besuch nach Bergen-Belsen, wo die Familie Will das Kino weiter betrieb. Marlene schickte zunächst *Care*-Pakete an die Familie, später Kleidung und Geld. Liesel bedankte sich dafür mit stereotyper Herzlichkeit bei »Pussycat«.

1963 wurde die Presse auf die verleugnete Dietrich-Schwester aufmerksam. Tagelang wurde ihre Wohnung von Reportern umlagert: »Nun zum Reporter. Es muß eine ganz schlimme Skandalzeitung sein. Er hat ganz Bergen ausgefragt. Seit Sonntag ist er hier. Donnerstag war er noch hier«, berichtet Liesel ihrer Schwester. Marlene Dietrich verleugnete sie erneut. Dazu Elisabeth Will: »Von ganzem Herzen danke ich Dir, daß Du mich nicht erwähnst. Ich finde es sehr vornehm und fein von Dir, daß Du es nicht tust.« »Lena« – wie Marlene Dietrich ihre Briefe an die Schwester weiterhin unterzeichnete, ließ auch einen Teil ihrer Einnahmen in Deutschland, so die Tantiemen ihrer deutschen Schallplatten, an Elisabeth Will überweisen, ohne deren Identität preiszugeben.

Die politischen Differenzen blieben jedoch bestehen, Maria Riva berichtet von einem Familientreffen 1965 im Londoner »Hotel Dorchester«: »Während meine Mutter die erlesenen Speisen auftrug (. . .), ließ sich ihre Schwester zu unserem wachsenden Befremden über die moralische Integrität des Deutschen Reiches aus. Sicher hätte es schlechte Nazis gegeben, jedoch sei unbestreitbar, daß Deutschland während der Naziherrschaft seinen verlorenen Ruhm wiedererlangt habe.«

»LAST LETTER« notierte Marlene Dietrich an den Rand des Briefes vom 7.5.1973, in dem Elisabeth in kaum noch leserlicher Schrift mitteilte: »Ich hoffe, daß heute das Gewünschte an Dich abgeht« – auch sie versorgte ihre Schwester mit den so begehrten bunten Büroklammern aus Deutschland. Am Tage der Beerdigung seiner Mutter schreibt Hans-Georg Will an Marlene Dietrich: »Was für eine Familie, die durch Umstände, Triebe und Ereignisse von außen zerrissen wurde. (. . .) Du hast alles getan, Du warst eine gute Schwester. Du hast Deiner Schwester die Freiheit gegeben, die sie so liebte.«

VICTORIA VON NATHUSIUS ■ **Oststraße 20 · Oedt bei Krefeld** ■ Die »Viktörchen« genannte Victoria von Nathusius (geb. Varnhagen, 19. August 1914 Stargard) war die Tochter von »Tante Vally« (siehe Eintrag) aus der Familie von Losch in Dessau, eine Cousine von Marlene Dietrich – und eine Verehrerin: »Früher hatte ich einen großen Stoß Deiner Filmbilder, die uns Tante Josefine eigentlich jedes Jahr an Omas Geburtstag mit nach Dessau brachte«, bekennt sie Marlene im Dezember 1948. Sie war mit Heinrich Hermann Engelhardt von Nathusius verheiratet und während des Krieges in Aschhausen bei Bieringen evakuiert. Auf dem Vormarsch mit den amerikanischen Truppen suchte Marlene Dietrich sie dort: »The news that you have been here is a great joy for me and I tell you that I try to get any news from Berlin [Die Nachricht, daß Du hier gewesen bist, ist eine große Freude für mich, und ich sage Dir, daß ich versuchen werde, irgendwelche Neuigkeiten aus Berlin zu bekommen]«, schreibt »Viktörchen« am 13.6.1945. In den ersten Nachkriegsjahren versorgte Marlene Dietrich auch die Familie von Tante Vally und ihre Cousinen und Cousins mit *Care*-Paketen. »Viktörchen« berichtete darüber am 29.12.1948: »Du wirst es Dir ja denken können, welche Freude Deine Pakete jedesmal auslösen, und doch kannst Du es Dir in dem Maße gar nicht vorstellen, wie es so ist, wenn die Großen und die Kleinen die Herrlichkeiten auspacken und wie sich dann diese Freude weiter verteilt an meine Geschwister.« Marlene Dietrich traf sich mit der Cousine während ihrer Deutschland-Tournée 1960 und blieb mit ihr in lockerem Briefkontakt. In einem Brief an Marlene Dietrich aus den 1980er Jahren heißt es: »Liebste Leni! Du zitierst Alfred Polgar: ›Die Fremde ist nicht Heimat geworden, aber die Heimat Fremde‹ — merkwürdig, je älter ich werde, um so mehr erscheint mir die Medicusstraße in Dessau als Heimat — es wird Dir mit der Kaiserallee in Berlin ähnlich gehen. Der Mensch wird eben doch nicht als Weltbürger geboren.«

TANTE VALLY SIEGFRIED ■ **Mecklenburger Straße 4 · Aahlen** ■ Valeska Siegfried (geb. von Losch, verwitwete Varnhagen, 1887 bis 25. Januar 1968) gehörte wie »Viktörchen« zur Familie von Marlene Dietrichs Stiefvater Eduard von Losch. Maria Riva erinnert an die Begegnungen in Marlenes Kindheit: »Tante Vally war eine Schönheit! Sie hatte eine gute Partie gemacht und konnte es sich leisten, ihrem feinnervigen Geschmack für Luxus freien Lauf zu lassen.« Sie galt in der Familie als »ein Wunder an Tüchtigkeit und verführerischem esprit« — und wurde mit all ihrer modischen Ausstrahlung vermutlich zum Vorbild der heranwachsenden Nichte Lena, wie Marlene Dietrich in der Familie genannt wurde. Sie war es auch, die Lena das erste Tagebuch verehrte. Marlene Dietrich vertraute diesem »Rotchen« genannten Buch im Februar 1916 an: »Tante Vally ist hier; es ist wundervoll. Eben habe ich auf ihr Bett einen Tannenzweig mit roten Papierrosen hingelegt und dazu ein Gedicht gemacht: ›Hätt' ich schöne Rosen, /Pflückt' ich sie für Dich, /Doch zu Winterszeiten/Hab' ich diese nicht. /Sieh die Blumen an/und denk an mich. /Ich liebe Dich.‹«

»Tante Vally« blieb während des Krieges in Dessau. Im Juni 1945 schrieb sie an Marlene Dietrich: »Wie lieb von Dir, daß Du uns nicht vergessen hast. Hab Dank für <u>ALLES</u> – hoffentlich bekomme ich Dich noch einmal zu sehen, denn meine Liebe zu Dir ist noch die Gleiche.« In einem »Feldpostbrief«, der als Anschrift nur »Frau Marlene Dietrich« nennt, bat sie ihre Nichte am 22.6.1945, sich um den Sohn Franz Siegfried im Kriegsgefangenenlager in Ochsenfurth zu kümmern und fragte, »ob wohl durch Deinen Einspruch etwas zu seiner baldigen Entlassung geschehen könnte.« Valeska Siegfried übersiedelte von Dessau nach Aahlen in Westfalen. Auf der Todesanzeige vom 25.1.1968 notierte Marlene Dietrich »TANTE VALLY«.

HANS-GEORG WILL ■ **Schumannstraße 68 · Düsseldorf** ■ Wie seine Eltern stieg Hans-Georg Will, der Neffe von Marlene Dietrich und Sohn ihrer Schwester Elisabeth, in das Kino- und Filmgeschäft ein. Öffentlich sollte er sich erstmals im Jahre 2000 für den Dokumentarfilm »Marlene Dietrich – Her Own Song« von Marlene Dietrichs Enkel David Riva über die Familiengeschichte äußern. Privat korrespondierte er jedoch gelegentlich mit »Tante Lena« – als Kind schrieb er ihr Briefe in »Sütterlin-Schrift«, die von Erich Maria Remarque in seinen Briefen an Marlene köstlich karikiert wurden. Nach dem Krieg bat Elisabeth ihre Schwester, ihm ein Visum für die USA zu besorgen: »Ich hoffe, daß er bald durch Deine Liebe und Güte Amerika betritt und dann weiss, was er werden will, (…) daß er arbeitsam ist und das Gute weiterträgt und nicht das Böse.«

1960 lud »Tante Lena« ihn zu ihrem Berliner Konzert ein, seine Mutter schreibt an Marlene: »Ich habe immer dem Jungen erzählt, daß Du die schönste Frau bist, die es gibt. Er wird trotzdem <u>ganz große Stilaugen</u> machen, wenn er <u>Dich sieht</u> in Wirklichkeit und beim Auftreten.« Im September 1965 schwärmt Hans-Georg über die Resonanz ihrer Schallplatten in Deutschland: »Ich traf viele Twens und Teenager, die begeistert von Dir sprachen. (…) Ich bin Dir für Deine Liebe und Aufopferung so dankbar. Mit einer Umarmung bin ich Dein ergebener Hans-Georg.« Nach dem Tode der Mutter ist die Korrespondenz mit Marlene Dietrich bis 1991 unterbrochen. Zu ihrem 90. Geburtstag schickt er »Tante Lena« ein Telegramm nach Paris: »VIELE GRUESSE AUS DUESSELDORF DEIN HANS-GEORG WILL.« Marlene Dietrich notiert handschriftlich am Rande: »DOESN'T THAT NAME RING A BELL [Klingelt es nicht bei diesem Namen]?«

HELMUT ZACHARIAS ◼ Mit dem »Zaubergeiger« Helmut Zacharias (12. Januar 1920 Berlin bis 2002 Lago Maggiore) hatte Marlene Dietrich vermutlich nur im Zusammenhang mit einer UNICEF-Schallplatte 1971 zu tun: Beide waren auf dieser Platte zusammen mit Gilbert Bécaud, Udo Jürgens und anderen Showgrößen zu hören. Zacharias galt früh als Wunderkind, erhielt bereits als Vierjähriger Geigenunterricht, trat mit sechs Jahren in einem Berliner Cabaret auf und unternahm als Elfjähriger mit dem G-Dur-Konzert von Mozart beim Berliner Rundfunk einen kurzen Ausflug ins klassische Fach, bevor er sich dem unter den Nationalsozialisten verbotenen Swing widmete. Zacharias überwinterte in Nazideutschland und startete seine Karriere nach 1945 als Schlagermusiker.

TIME-LIFE/BARON BERKHEIM ◼ **Düsseldorf** ◼ Baron Berkheim hinterließ in der Korrespondenz mit Marlene Dietrich keine Spuren, anders das US-Magazin »TIME-LIFE«, das sich im April 1960 mit der Bitte um eine Exklusiv-Story über den Berlin-Besuch an Marlene Dietrich wandte: »We should like to do a lively story which would show your reactions to Berlin as well as Berlin's reactions to you [Wir würden gerne eine lebendige Geschichte bringen, die Ihre Reaktionen auf Berlin ebenso zeigt wie die Reaktionen Berlins Ihnen gegenüber].« Inwieweit sie die gewünschten Fotos – »other than the public ones [andere als die bekannten]« – tatsächlich bekamen, verzeichnet die Korrespondenz nicht.

STRELOW PHOTO ◼ **Königsallee 58 · Düsseldorf** ◼ Liselotte Strelow begleitete Marlene Dietrichs Aufenthalt 1960 in Düsseldorf und schickte ihr Fotos von den Proben, dem Konzert sowie Portraitaufnahmen zu, die von Marlene unverzüglich mit Retuscheanweisungen versehen wurden.

DR. KURT WESSING ◼ **Taubenstraße 3 · privat: Graf Beckestraße 7 · Düsseldorf** ◼ Der Rechtsanwalt Dr. Kurt Wessing gehörte zu den unzähligen Juristen, die sich um Marlene Dietrichs Belange kümmerten. In diesem Falle handelte es sich um den Rechtsstreit über die Gage und die Fernsehrechte der UNICEF-Gala, die am 6.10.1962 in der Düsseldorfer Kongreßhalle stattfand. Als krönender Abschluß der Gala mit internationalen Stars sang Marlene Dietrich dort ihr »Blumenlied« und erhielt für den Auftritt

und die Genehmigung zur einmaligen Fernsehausstrahlung 50 000,- DM plus Spesen. Rechtsanwalt Wessing hatte die fast siebenstündigen Vertragsverhandlungen bis unmittelbar vor Konzertbeginn geführt, erst dann unterzeichnete Marlene und forderte die sofortige Auszahlung des vereinbarten Honorars. Die Veranstalter baten Marlene Dietrich um ein Dankeschön an den örtlichen Bankchef, der damit »das Bankübliche weit überschritten« hatte: »Wenn Sie ihm nur schreiben: ›Lieber Herr Unger, ich danke Ihnen sehr für Ihre Unterstützung, Ihre Marlene Dietrich‹, dann hängt er sich das für den Rest seines Lebens übers Bett und ist glücklich.«

Die Diva sah sich die Aufzeichnung nach dem Konzert im Ü-Wagen an und kommentierte erbost: »Ihr habt mich ja ganz reizend von unten aufgenommen, ich bin ja völlig bucklig« – dies war möglicherweise der tiefere Grund für den vordergründig um Geld geführten Rechtsstreit. Zu guter Letzt schaltete Marlene Dietrich ihren Agenten Eddie Marouani persönlich ein, als es darum ging, Wessings nach der Gebührenordnung erstellte Rechnung infrage zu stellen: »On ne peut pas se laisser faire mais **Liselotte Strelow,** aussi on ne peut pas se faire un enemi [Man kann sich nicht alles gefallen **Marlene Dietrich** lassen, aber man darf sich auch keine Feinde machen]« schreibt sie am **in Düsseldorf,** 23.3.1965 an Marouani, der den Wunsch an seinen deutschen Kollegen **Mai 1960** Wessing weiterleitet: »I suggest your fees to be reduced and I think 1500 Marks will be accepted by Mrs. Dietrich [Ich schlage vor, daß Ihr Honorar gekürzt wird, und ich denke, 1500 DM würden von Frau Dietrich akzeptiert].« Offensichtlich gab sich Wessing damit zufrieden, denn hier endet die Korrespondenz.

IRMGARD BAUER/HUGO STINNES BANK ■ **Wilhelmstraße 7 · Mühlheim/Ruhr** ■ Gemeint ist vermutlich Ingrid Bauer, die im Auftrage der Hugo-Stinnes-Bank 1962 die UNICEF-Gala »Musik der Welt« (siehe Eintrag Wessing) in Düsseldorf betreute und für die rasche Auszahlung des Honorars vor Konzertbeginn sorgte. Am 12.10.1962 dankte sie Marlene Dietrich für die Zusammenarbeit: »Im übrigen hat es mir viel Spass gemacht – trotz aller Aufregungen – diese Tage endlich mal nicht zwischen wandelnden Bankbilanzen, sondern unter Menschen zu verbringen. Wann immer Sie meiner Hilfe bedürfen, ich tue es von Herzen gern. Ihre Ingrid Bauer«.

SECRETARY HILDE KNEF (siehe Eintrag unter Berlin)

NEUBERGER U. PICK ■ **Hüttenstraße 37 · Düsseldorf** ■ Auch die Kanzlei von Dr. Josef Neuberger und Dr. Rudolf Pick gehörte zu den Rechtsanwälten von Marlene Dietrich. Sie führten in ihrem Auftrag den zweiten Rechtsstreit mit den beiden Veranstaltern der UNICEF-Gala 1962 in Düsseldorf. Dabei ging es um die Fernsehrechte und Honorare bei einer wiederholten Ausstrahlung. Neuberger & Pick verklagten die beiden Veranstalter, die »Radio Film Compagnie« Saarbrücken und die »Neue Fernseh Kunst (NFK)« Düsseldorf auf Zahlung von 50 000,- DM Schadensersatz wegen »vorsätzlicher Verletzung der Vertragsverpflichtungen«, da sie die Fernsehaufzeichnung gegen den Einspruch von Marlene Dietrich nach Australien verkauft hatten. Die »Duesseldorfer Verbrecher« – wie Marlene Dietrich am 2.5.1966 schrieb, sollten persönlich für ihre Forderung aufkommen: »GILL (...) IST REICH UND HAT BESTIMMT KINOS UND UNTERNEHMEN WO MAN BESCHLAGNAHMEN KANN.« Die beklagte Firma NFK konterte: »Wenn Ihre Mandantin meint, sie könne aus der UNICEF-Sendung Kapital schlagen, so sehen wir mit Interesse einer solchen Klage entgegen.« Die juristischen Auseinandersetzungen zogen sich hin, bis die Firma NFK 1967 wegen Vermögenslosigkeit im Handelsregister gelöscht wurde. Daß der Prozeß dann zu ihren Gunsten ausging, kommentierte Marlene Dietrich gegenüber Rechtsanwalt Manasse (siehe Eintrag) in Hamburg: »Dass ich gewonnen habe und doch kein Geld bekomme ist ja wieder einmal typisch.«

HOTEL EUROPÄISCHER HOF ■ **Kaiserallee 2 · Baden-Baden** ■ Das »Hotel Europäischer Hof« im Herzen von Baden-Baden, direkt gegenüber der berühmten Spielbank und dem Kurpark mit Kurhaus gelegen, beherbergte Marlene Dietrich während ihres Aufenthaltes 1963. Das Grand Hotel wurde 1840 eröffnet und ging später in den Besitz des fränkischen Kaufmannes Steigenberger über, der von hier aus seine renommierte Hotelkette startete. Im Hotel-Prospekt heißt es heute: »Auf vorbildliche Art und Weise hat sich der Europäische Hof die noble Eleganz eines Grand Hotels bewahrt und verwöhnt mit klassischen Serviceleistungen der Extraklasse. Die exklusiven Zimmer und Suiten zeigen sich mit einer gelungenen Symbiose aus nostalgischem Charme und luxuriösem Komfort des 21. Jahrhunderts. Von einem Großteil genießt man den wunderschönen Blick auf den berühmten Kurpark an der Oos.«

HAUPTKOMMISSAR GRÜPP ■ Ob auch in Baden-Baden ein Koffer verloren ging oder andere Mißhelligkeiten vorfielen, die den Einsatz von Hauptkommissar Grüpp erforderten, ließ sich leider im Nachlaß Marlene Dietrichs nicht ermitteln.

SÜDWESTFUNK/HELGA TIEDEMANN ■ Die Redakteurin Helga Tiedemann vom Südwestfunk Baden-Baden war im Juni 1963 für die Aufzeichnung und Ausstrahlung des Deutschen Schlagerfestes in Baden-Baden zuständig. Im Vorfeld hatte es schwierige Verhandlungen um Marlene Dietrichs Teilnahme und die Höhe ihres Honorars gegeben (siehe Eintrag Ariola, Köln). Helga Tiedemann telegrafierte wenige Tage vor dem Festival nach Paris: »SEHR VEREHRTE GNAEDIGE FRAU MUSSTEN AUFGRUND ARIOLA-MITTEILUNG IHRE ZUSAGE SCHLAGERFESTSPIELE ALS ENDGUELTIG ANSEHEN ANKUENDIGUNG IN GESAMTER WERBUNG PROGRAMMHEFT ETC ERFOLGT. ABSAGE WUERDE FÜR SIE WIE FUER UNS IN DER DEUTSCHEN OEFFENTLICHKEIT ZU MISSVERSTAENDNISSEN FUEHREN. DIE MEINUNGSVERSCHIEDENHEITEN UEBER DIE HOEHE DES HONORARS SOLLTEN AUS DIESEM GRUNDE KEINE ROLLE MEHR SPIELEN.« Marlene Dietrich sagte daraufhin zu und gestattete eine einmalige Life-Ausstrahlung ihres Auftritts durch den Südwestfunk Baden-Baden. Am 22.6.1963 schienen alle Konflikte beigelegt, und Helga Tiedemann dankte nach Paris für das Marlene-Autogramm im Programmheft »auf dem – mit Recht von Ihnen monierten – Foto«, und sie fügte hinzu: »Auf jeden Fall fanden wir alle Sie auf der Bühne und am Bildschirm im Vergleich dazu wunderschön. Nochmals herzlichen Dank und alles Liebe, Ihre Helga Tiedemann.«

US AFE HOSPITAL/COL. SERENATTI ■ »Ich saß rittlings auf einem Stuhl, wie immer, wenn ich das Lied ›One for my Baby‹ sang. Nur das Licht eines einzelnen Scheinwerfers fiel auf mein Gesicht«, erzählt Marlene Dietrich in ihrer Autobiografie über ihr Gastspiel in Wiesbaden. Und sie fährt fort: »Während ich den letzten Vers des Liedes sang, ging ich in die Kulissen ab; der Scheinwerferstrahl folgte mir. Da ich mit den Dimensionen der Bühne nicht vertraut war, verließ ich die Bühne wie gewohnt, ging aber zu weit links und stürzte über die Rampe«. Sie kehrte tapfer auf die Bühne zurück, erst im Hotel kam ihr der Verdacht, daß es sich nicht nur um eine Prellung gehandelt haben könnte. Maria Riva empfahl ihr das »Air Force Hospital« in Wiesbaden. »Burt Bacharach und ich gingen gehorsam, nach einer schlaflosen Nacht, zu diesem Hospital. Die Diagnose war ein gebrochener ›humerus‹, worüber ich natürlich lachen mußte«, schreibt sie weiter. Besonders in Erinnerung blieb ihr der behandelnde Arzt – »gutaussehend wie alle Flieger« – der den Bruch als eine typische »Fallschirmjägerverletzung« deklarierte, was Marlene Dietrich an ihre Zeit in der Airborne-Division im Zweiten Weltkrieg zurückversetzte. Heldenhaft ver-

zichtete sie auf einen Gipsverband und band sich – wie seinerzeit die Fallschirmspringer – den Arm lediglich am Körper fest, um ihre Tournée fortsetzen zu können.

CHRISTIAN DIETRICH ■ **Badener Straße 41 · Gaggenau/Baden** ■
Der Diplomingenieur Christian Dietrich (1909–1983) war ein Verwandter väterlicherseits, sein Vater Max Dietrich war der Onkel von Marlene Dietrich. Während ihres Deutschland-Aufenthalts traf sie Christian Dietrichs Sohn Jan Dietrich in Baden-Baden.

GRAPHISCHE WERKSTÄTTEN/W.R. RUDOLPH ■ **Schäferstraße 16 ·**
Offenbach ■ Die »Graphischen Werkstätten« in Offenbach waren für die Herstellung von Programmheften für die Bühnenshows von Marlene Dietrich in den 1960er Jahren verantwortlich – nicht nur für Deutschland, sondern auch für die USA: »JUST GOT PHONE CALL FROM OFFENBACH SHIPPING CHARGE NINEHUNDRED DOLLARS CAN YOU SEND CHEQUE IMMEDIATELY TO OFFENBACH PLEASE CABLE ANSWER THIS WAY PROGRAM LEAVING TOMORROW MORNING [Ich bekam gerade einen Anruf aus Offenbach, die Versandkosten betragen 900 Dollar, können Sie sofort einen Scheck nach Offenbach schicken, bitte telegrafieren Sie mir, auf diese Weise könnte das Programmheft morgen früh abgeschickt werden]«, telegraphierte Nadia Lacoste am 2.9.1960 an Marlene Dietrich und vermeldete noch am selben Tag: »PROGRAMS LEFT TODAY FOR SAN FRANCISCO [Die Programme sind heute nach San Francisco geschickt worden].«

Inez van't Hoft, Marlene Dietrich in Amsterdam nach dem Sturz von der Bühne in Wiesbaden, Mai 1960

ELECTROLA ■ **Maarweg 149 · Köln-Braunsfeld** ■ Die Beziehungen zwischen Marlene Dietrich und der Schallplattenfirma »Electrola« datieren bereits aus der Zeit vor 1933. So produzierte sie am 13.3.1931 im »Electrola«-Studio in der Bernburger Straße in Berlin eine Schallplatte mit dem Song »Leben ohne Liebe kannst Du nicht« von Mischa Spoliansky. Zu dieser Zeit residierte die Firma in Nowawes bei Potsdam. Noch bis Kriegsbeginn 1938 rechnete Rudi Sieber jährlich mit dem dortigen Verwaltungsbüro die Honorare für Marlene Dietrich ab, der verzeichnete Rückgang der Einnahmen von 1932 = 2436,45 RM auf 1938 = 35,64 RM war den Zeitumständen geschuldet: Schallplatten der »Vaterlandsverräterin« waren in Nazideutschland offensichtlich nicht mehr gefragt. Nach 1945 verlegte »Electrola« den Firmensitz nach Köln. Statt Herrn Brandau war nun Herr Strobl für die Verkaufserlöse zuständig. Mit ihm korrespondierte Marlene Dietrich aus der Avenue Montaigne, wenn es darum ging, Platteneinnahmen an ihre Schwester Elisabeth Will weiterzuleiten oder Geschenke für sie zu besorgen: »Lieber Herr Strobl«, schreibt sie zum Beispiel am 30.8.1970, »ich habe eine grosse Bitte an Sie. Ich moechte das schoenste Grammophon, was es bei Electrola gibt, kaufen und eine wunderbare Auswahl von klassischen Platten dazu, natuerlich alle Karajan-Platten (. . .) Der Apparat ist für Deutschland bestimmt. Die Adresse: Elisabeth Will, Kreuzweg 15, Bergen-Belsen.« Neben einem Querschnitt durch Karajan-Konzerte wählte Strobl auch Unterhaltsames aus, darunter »Humor des Herzens – Erich Ponto liest Wilhelm Busch« sowie »Erich Kästner – Herz auf Taille«. Als Gegenleistung revanchierte sich Marlene Dietrich mit Autogramm-Fotos: »Einer unserer beiden Geschäftsführer«, schreibt Wilma Schiefer von »Electrola« 1970 nach Paris, »ist ein langjähriger Marlene-Dietrich-Verehrer und begeistert von Ihrem phantastischen Foto mit Autogramm, das inzwischen gerahmt und zum Blickpunkt meines Sekretariats wurde.« Die Bitte um ein weiteres Foto mit Signatur wurde rasch erfüllt, denn Marlene Dietrich notierte am Briefrand: »DONE«.

ELECTROLA-TON/OTTO DEMLER ■ **Schafenstraße 10 · Köln** ■ Otto Demler arbeitete als Tontechniker in den Aufnahmestudios von »Electrola« in Köln.

BRIGITTE CORRENS ■ **Dürenstraße 6 · Lindenthal** ■ Brigitte Correns war, wie ihre Schwester Viktoria von Nathusius (siehe Eintrag) eine Cousine Marlene Dietrichs aus der Familie von Losch in Dessau. Gemeinsame Kindheitserlebnisse spielten daher in der Korrespondenz und den Telefonaten nach dem Krieg immer wieder eine große Rolle. So erinnerte sie Marlene an das Jahr 1917 in Dessau, »wo Deine Mutter mit Liesel und Dir nach dem Tod von Edu von Losch gezogen war. Ich erinnere mich an eine Episode, wo ein Gaskessel explodierte und Vikt. und ich von meiner Mutter zu euch in die Albrechtstraße geschickt wurden, da wir so nahe an der Gasanstalt wohnten, näher als ihr, man befürchtete eine nochmalige Explosion, wir hatten sogar, da es Mittagessenszeit war, die Halslätzchen um, falls wir loslaufen mußten.« Sie berichtet ihr auch von der »gemeinsamen Jugendzeit in Swinemünde« und Marlene Dietrich kommentiert am Rande eines dieser Briefe: »I HELPED TO BRING HER UP BRIGITTE – SHE WAS 6 I WAS 12 YEARS OLD OR ABOUT THAT [Ich half, sie großzuziehen, Brigitte war sechs und ich war zwölf oder so etwa in dem Alter].« 1987 übersandte Brigitte ihr einen Brief, den »Leni« und »Lise« 70

Jahre zuvor an Brigittes Onkel Varnhagen in Harzburg geschrieben hatten: »Lieber Herr Varnhagen, da Sie nun leider mit in den Krieg müssen, senden wir Ihnen unsere herzlichen Abschiedsgrüße. Hoffentlich kehren Sie bald gesund zurück. Möge der Krieg nicht zu lange dauern. Wir werden immer an Sie denken, Ihre Leni und Lise Dietrich.« Brigitte Correns erinnerte sie auch an die Besuche in Berlin, »als Du noch nicht verheiratet warst. Dann, als Du verheiratet warst, in Deiner Wohnung mit Rudi, wo ich in Deinen Schränken nach abgelegten Sachen für mich wühlen durfte. Mein Vater Siegfried war entsetzt, daß ich Dich davon befreite. ›So etwas tut man nicht.‹«

Nach dem Zweiten Weltkrieg erhielt auch Brigitte Pakete aus den USA und schrieb 1959 an Marlene in Paris: »Wie gern würde ich mich auf die Bahn setzen, um Dich endlich mal wieder nach so vielen Jahren zu sehen, um Dir persönlich zu sagen, wie wir immer noch dankbarst Deiner gedenken.« Gelegenheit dazu gab es dann ein Jahr später: Bei Marlene Dietrichs Deutschland-Tournée trafen sich die Cousinen zusammen mit »Viktörchen« in Düsseldorf, und Brigitte blieb zu »nächtlichen Schwatzereien« mit Marlene im Hotel – eine Begegnung, die offensichtlich im Krach endete, der für 27 Jahre die Korrespondenz mit Marlene unterbrach: »Meine liebe Leni! Du kannst doch nicht einfach so einen Aufruhr in unserer Familie verursachen und dann einfach abdampfen auf Nimmerwiedersehen. Ich kann mir zwar denken, daß Dir der Aufenthalt in Deutschland sehr zuwider gewesen ist und durch all die unerfreulichen Vorkommnisse recht verleidet wurde. Es war doch aber unser Wiedersehen so nett, oder täusche ich mich, daß Du auch uns gerne sahest?«

ARIOLA/NOBACH ■ **Unter Kirschen · Köln-Bickendorf** ■ Die Firma »Ariola-Sonopress GmbH« produzierte Schallplatten von Marlene Dietrich, so ihre Single »Kleine, treue Nachtigall/Warum tut Liebe weh?« von 1963. Nils Nobach war der zuständige Korrespondenzpartner, der sich auch für ihre Teilnahme mit diesem Song an den Schlagerfestspielen im Juni 1963 in Baden-Baden (siehe Eintrag Südwestfunk) kümmerte. Marlene Dietrich pokerte um das Honorar, das auf ihren Druck hin verdoppelt wurde, jedoch nicht ihre Forderung von 25 000,- DM erreichte. Ihr Manager Eddie Marouani sagte daraufhin zunächst die Teilnahme ab. Nils Nobach war enttäuscht: ». . . ich muß fast annehmen, daß es Ihnen nicht allzu ernst gemeint ist mit einer künstlerischen Heimkehr in das Land Ihrer Muttersprache«, schreibt er am 10.6.1963 und fügt hinzu, es sei »deut-

scherseits zur Genüge der gute Wille bekundet worden, den man im allgemeinen bei Ihnen vermißt. Aber das Kind ist nun mal in den Brunnen gefallen, dann soll es auch den Weg aller Wasserleichen nehmen.« Da die Programmhefte jedoch bereits gedruckt waren, erhöhte der Südwestfunk kurzfristig auf das geforderte Honorar, und die Dietrich nahm daraufhin doch am Schlagerfestival teil. Nils Nobach konnte seine Verletztheit gleichwohl nicht verhehlen: »Als Gentleman gestatten Sie mir zu übersehen, daß die große Dietrich in einem Brief an den Südwestfunk nun dem kleinen Nobach den Schwarzen Peter zuspielen will. Juristisch sind Sie im Recht, aber es gibt so etwas wie ein ›droit morale‹ [moralisches Recht].«

DEMLER (siehe S. 154)

DIE WELT ■ **Kaiser-Wilhelm-Straße 1 · Hamburg** ■ Die Tageszeitung »Die Welt« gehörte zum Zeitungsimperium Axel Caesar Springers (siehe Eintrag) in Hamburg.

ESPLANADE/HARALD FRAHM ■ **Rathenaustraße 25 · Hamburg** ■ Harald Frahm arbeitete in Hamburg für den Bühnen- und Musikverlag »Edition Esplanade«, der im November 1966 die Schallplatte »Glocken läuten/Still war die Nacht« herausgab, auf der Marlene Dietrich Weihnachtslieder sang. Harald Frahm war der Produzent der Platte und kümmerte sich auch um die *public relations* – nicht ohne mit Marlene Dietrich in Konflikt zu geraten, als es um den Journalisten Jörg Bobsin (siehe Eintrag) ging, der im Dezember 1966 einen Artikel in der Frauenzeitschrift »Constanze« veröffentlichte. Marlene Dietrich schrieb deswegen umgehend an Harald Frahm: »Herr Bobsin hat den Magazin-Artikel unautorisiert geschrieben und verkauft und so etwas mag ich nicht. Die Weihnachtsplatte fuer die dieses Interview von Ihnen arrangiert war ist noch nicht einmal erwaehnt. Ich hoffe nur, Sie haben ihm die Reise nicht bezahlt. Leider ist er auch in der Klasse der Reporter, denen man nicht trauen kann. Viele Gruesse, Marlene Dietrich«.

Aus dem Familienalbum: Marlene und Elisabeth Dietrich, Heti Kittlitz, Viktoria und Brigitte Varnhagen

DR. ZUGSCHWERD ■ **Chirurgische Universitätsklinik · Hamburg-Eppendorf** ■ Dr. Zugschwerdt konsultierte Marlene Dietrich während ihres Hamburger Aufenthalts 1960 wegen ihrer gebrochenen Schulter.

AXEL SPRINGER/SPRINGER-AUSLANDSDIENST ■ **Kaiser Wilhelm-straße 6 · Hamburg** ■ Der Verleger Axel Caesar Springer (2. Mai 1912 Hamburg-Altona bis 22. September 1985 West-Berlin) wuchs in einer Hamburger Verlegerfamilie auf und war von 1934 bis 1941 stellvertretender Chefredakteur der Zeitung »Altonaer Nachrichten«. Nach dem Krieg gründete er 1947 die »Axel Springer GmbH«, die ab 1948 das »Hamburger Abendblatt« herausgab. 1952 folgte das nach englischem Vorbild konzipierte Boulevard-Blatt »Bild«-Zeitung. In den folgenden Jahrzehnten baute er sein legendäres Zeitungs-Imperium auf. Mit dem Verleger Axel Caesar Springer verband Marlene Dietrich eine lange Freundschaft – ungetrübt von den Verleumdungen, die insbesondere die im Springer-Verlag erscheinenden Boulevard-Zeitungen während ihrer Deutschland-Tournée 1960 verbreitet hatten. Als Springers Sohn, der Fotograf Axel Springer, sich zur Jahreswende 1980 das Leben nahm, telegrafierte Marlene Dietrich aus Paris nach Berlin, wo die Familie Springer inzwischen lebte: »MEINE GEDANKEN SIND BEI IHNEN MARLENE«. Axel Caesar Springer dankte der »lieben Marlene« postwendend. Vermutlich im gleichen Jahr gratulierte er ihr zum Geburtstag: »LIEBE MARLENE AM VORABEND IHRES GEBURTSTAGES GLUECK- UND SEGENSWUENSCHE AUS BERLIN STOP IHR AXEL SPRINGER«.

KURT COLLIEN ■ **Eppendorfer Baum 25 · Hamburg** ■ Die Korrespondenz mit Kurt Collien aus Hamburg beschränkt sich auf vier Blatt aus den Jahren 1960 bis 1964. Collien, der das Hamburger Operettenhaus leitete, war demnach in Vertragsverhandlungen für Konzertengagements verwickelt – jedoch ohne Erfolg: »DA ICH VERTRAG DEUTSCHLAND MIT GRANZ HABE SIND DIREKTE VERHANDLUNGEN MIT IHNEN LEIDER UNMOEGLICH«, telegrafiert Marlene Dietrich ihm am 10.4.1960, »BEDAURE SITUATION SEHR.« Auch die von ihm geplante Italientourneé kam 1964 nicht zustande, »… DA ES UNMOEGLICH IST MITTE AUGUST NACH ITALIEN ZU KOMMEN STOP.« Sein hoffnungsfroher Zusatz »VIELLEICHT SPAETER EINMAL« sollte sich ebenso wenig erfüllen wie die Pläne, Marlene Dietrich zu einer Show mit Peter Frankenfeld in seinem Hause zu engagieren.

SIEGFRIED EHRENBERG ■ **Operettenhaus Hamburg · privat: Goebenstraße 22 · Hamburg** ■ Siegfried Ehrenberg war einer von Marlene Dietrichs Lieblingsbeleuchtern. Seitdem sie von Sternberg die Magie des Lichtes zu verstehen gelernt hatte, verband sie mit den Beleuchtern ihrer Bühnenshows eine besonders enge freundschaftliche Beziehung. So auch zu »Siggi«, der hauptberuflich am Hamburger Operettenhaus beschäftigt war und diese besondere Beziehung Marlenes dankbar erwiderte: »Liebe, von ganzem Herzen verehrte Frau Marlene«, schreibt er ihr im Sommer 1960 von den Ruhrfestspielen. Und er fügt den übersandten Beleuchtungsplänen hinzu: »Im übrigen habe ich ganz ungeheure Sehnsucht nach Ihnen und fühle mich darum recht unglücklich und verlassen.« Und er erinnerte sie an die »zwar arbeitsreiche – aber doch wunderschöne Zeit mit Ihnen«. Siegfried Ehrenberg begleitete Marlene Dietrich während der Deutschland-Tournée 1960 – und wäre gerne auch darüber hinaus für sie tätig gewesen, wie er am 13.7.1960 telegrafiert: »ANBIETE MICH ALS CHAUFFEUR, PILOT ODER LEIBWAECHTER BEI EINEM DOLLAR TAGESGAGE UND VERPFLEGUNG STOP KOENNEN SIE MICH BRAUCHEN?« Als Bühnentechniker, der am Theater aufgewachsen war, und dort seine Erfahrungen mit »Stars« gemacht hatte, war er ihr besonders dankbar für die gute Arbeitsatmosphäre bei der Tournée: »Nie habe ich einen getroffen, der in aller und jeder Beziehung so großartig war wie Sie, verehrte Frau Dietrich. Ich bin der Meinung, daß Sie ein Recht darauf haben, zu erfahren, daß die, die mit Ihnen arbeiten, das auch spüren und mit großer Bewunderung und Dankbarkeit empfinden.« Und er gesteht ihr am 23.8.1960: »Dabei will ich nicht verhehlen, daß die ›Spitze‹ einer gewissen Presse in Deutschland auch bei mir ein Vorurteil erzeugt hatte, dessen ich mich bereits nach wenigen Stunden Zusammenarbeit mit Ihnen sehr geschämt habe.« 1964 engagierte Marlene Dietrich ihn als Beleuchter ihres Auftritts in Cannes und deutete – »unter uns, ich will nicht zu fruehe Reklame haben« – einen gemeinsamen Auftritt in Ost-Berlin an: »Wuerde es Sie interessieren Ostberlin den Friedrichstadtpalast, das alte große Schauspielhaus von Reinhardt zu beleuchten? Wissen Sie dass ich auf dieser Buehne angefangen habe?« Und sie verband damit die Hoffnung, »das wird so aehnlich wie der Jubel in Russland werden, vielleicht sogar noch mehr, da ich doch aus Berlin stamme – und dieser Teil von Berlin nicht von der Presse gegen mich aufgehetzt ist.« 1965 verbrachte die Familie Ehrenberg – einschließlich ihrer Tochter Marlene – den Urlaub in Marlene Dietrichs Pariser Wohnung, und Elke Ehrenberg jubelte: »In einem Französischen Bett zu schlafen war schon immer mein Traum.« Die »kleine Marlene« machte im Salon der großen Marlene 1965 die ersten Schritte, während ihre Mutter sich einen Friseurbesuch gönnte: »Ich konnte es mir nicht entgehen lassen, einmal von Ihrem Friseur

Faule Eier für Marle

Freitag, 18. März 1960 – Nummer 66 – 1

HAMBURGE

Morgen

10 PFENNIG

C 3430 A   UNABHÄNGIGE TAG

Gefährliche Droge

der Rosen
Dietrich?

EITUNG

hrte

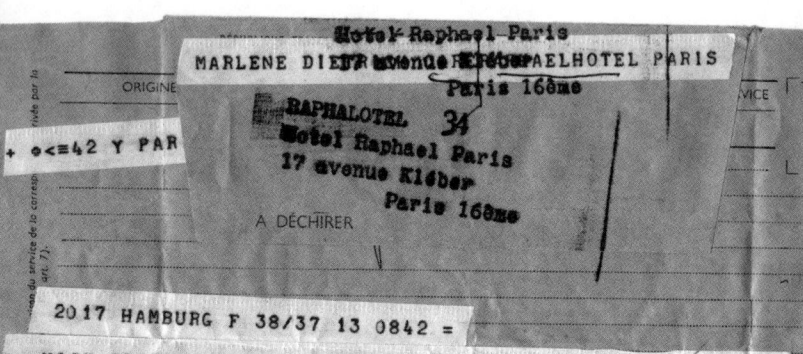

MARLENE DIETR avenue Kléber AELHOTEL PARIS
Hotel-Raphael-Paris
Paris 16ème

RAPHALOTEL 34
Hotel Raphael Paris
17 avenue Kléber
Paris 16ème

A DÉCHIRER

+ o<=42 Y PAR

ORIGINE

2017 HAMBURG F 38/37 13 0842 =

= HOCH ERFREUT UEBER KARTENGRUSSE STOP FESTSPIELE BEENDET

STOP BEVOR COLLIENCHEN ABSCHLIESSE STOP ANBIETE MICH ALS IHR

CHAUFFEUR PILOT ODER LEIBWAECHTER BEI EINEM DOLLAR TAGESGAG:

VERPFLEGUNG KOENNEN SIE MICH BRAUCHEN ? = IHR SIG!

bedient zu werden.« Die Korrespondenz endet mit einem Brief von 1976 aus Essen, wo Siegfried Ehrenberg als technischer Direktor der Städtischen Bühnen gelandet war: »Ihr Bild hängt ganz groß in meinem Büro auch hier an der Wand.«

TUXEDO GMBH ■ **Auf dem Sande 1 · Hamburg** ■ In dem Bekleidungsgeschäft Tuxedo kaufte Marlene Dietrich vermutlich nicht nur die angemerkten »Lee pants«, sondern vielleicht auch einen ihrer berühmten Tuxedos [Smoking].

WALTER ROEBER SCHMIDT ■ Von Walter Roeber Schmidt gibt es im Nachlaß Marlene Dietrichs ein undatiertes Filmscript »Whisper in the Wind. The Life, Time and Songs of James A. Bland« nach einer Novelle »A Song in His Heart« von John Jay Daly. Als Adresse sind darauf die »Goldwyn Studios« in Hollywood angegeben. Möglicherweise lebte Schmidt zeitweilig in Hamburg. Ob das Filmscript realisiert wurde und welchen Beitrag Marlene Dietrich dazu leisten sollte, bleibt ein Rätsel.

KURT SCHWABACH ■ **St.Benediktinerstraße 35 · Hamburg** ■ Den Komponisten, Schriftsteller und Schauspieler Kurt Schwabach (26. Februar 1898 Berlin bis 26. Oktober 1966 Hamburg) kannte Marlene Dietrich noch aus ihrer Berliner Zeit. 1963 hatte er die dankbare Aufgabe, für das Deutsche Schlager-Festival in Baden-Baden die Rede Noel Cowards (siehe Eintrag) bei Marlene Dietrichs Londoner Konzert ins Deutsche zu übersetzen. Gerne hätte er, wie er schreibt, seine Übersetzung in Baden-Baden selbst vorgelesen, sah dann jedoch nur die Übertragung im Fernsehen: »Ich bin natürlich ein bißchen traurig, dass ich gestern meine Conference für Sie nicht halten konnte«, schieb er ihr enttäuscht, »so ist mir die Freude, Sie nach so vielen Jahren einmal wiederzusehen, nicht vergönnt gewesen.«

Vorige Seite: Schlagzeilen zur Deutschland-Tournée 1960

Telegramm von Siegfried Ehrenberg, 13. Juli 1960

PHILIPS TON ■ **Mönckebergstraße 7 · Levantehaus 24 a · Hamburg** ■ Bei der Firma »Philips Ton« hatte Marlene Dietrich 1954 einen Plattenspieler für ihre Schwester Elisabeth bestellt. Die Firma bestätigte ihr im März 1954, das Modell »PHILIPS Phonokoffer III« zum Preise von DM 82,- ausgeliefert zu haben und lud sie bei einem Hamburg-Besuch ein, das Werk zu besichtigen.

ERNST BADER ■ **Winsingstieg 16 · Hamburg** ■ Der Schlagertexter Ernst Bader (geb. 1914 Stettin) aus Norderstedt bei Hamburg korrespondierte über zwanzig

Jahre hinweg mit Marlene Dietrich. Er übersetzte Texte von Charles Aznavour für sie ins Deutsche. Bader hatte seine Karriere als Filmschauspieler begonnen – unter anderem im Nazi-Film »Legion Condor« – und trat nach dem Krieg als Kabarettkünstler und Pianist in den Bars von St. Pauli in Hamburg auf. Von einem Verleger entdeckt, mutierte er zum Schlagertexter. Unter seinen über 800 Liedern erreichten einige die Schlager-Hitparade in Deutschland und bohren sich bis heute als Synonym der 1950er und 1960er Jahre ins Ohr, zum Beispiel »Die Welt ist schön, Milord«, »Du läßt dich gehn« und »Tulpen aus Amsterdam«. Ende der 1960er Jahre verlegte sich Bader aufs Bücherschreiben. In seinem teilweise autobiografischen Roman »Keiner lebt für sich alleine«, der 1983 erschien, erzählt er die Geschichte eines jungen Schauspielers im Zweiten Weltkrieg. Aus dem Romantitel entstand im gleichen Jahr sein letzter Schlagertext auf einer Single. Gesungen von Su Kramer, findet sich auf der Rückseite Baders Übertragung von »We shall overcome« ins Deutsche, es war die Zeit der Friedensbewegung in Deutschland, doch »Alle wollen Frieden« hat sich wohl gegenüber dem englischen Original nicht durchsetzen können.

DR. FRITZ MANASSE ■ **Warburgstraße 30 · Hamburg** ■ Fritz Manasse, »Rechtsanwalt beim Hanseatischen Oberlandesgericht, dem Landgericht und Amtsgericht Hamburg«, wie sein Briefkopf verkündet, war in Deutschland einer der wichtigsten Anwälte Marlene Dietrichs. Er vertrat sie unter anderem gegenüber der Plattenfirma »Electrola« (siehe Eintrag) und sorgte fürs Eintreiben und Auszahlen von Tantiemen – nicht immer zu Marlene Dietrichs Zufriedenheit. So beschwerte sie sich im November 1969 über eine seit drei Wochen verschleppte Auszahlung an Max Colpet in München: »... und ich muss wieder anrufen und muss Anrufe nach Muenchen machen, weil ein Buero eines Anwalts drei Wochen lang eine Sendung verzoegert??? Ich habe in keinem Lande eine solche Faulheit erlebt.«

DEUTSCHE GRAMMOPHON ■ **Harvesterhuder Weg 1 · Hamburg** ■ Die Schallplatten-Firma »Deutsche Grammophon« hatte 1966 die Schallplatte »Marlene singt Berlin-Berlin« mit Marlene Dietrich produziert. So dreht sich die überlieferte Korrespondenz im wesentlichen um die Abrechnung von Tantiemen, die meist an Marlenes Schwester Elisabeth überwiesen wurden – nicht immer ohne Komplikationen. So schrieb

Marlene Dietrich etwa an den Rand eines Briefes der Deutsche Grammophon: »WATCH FOR MONEY THERE [Pass dort auf Dein Geld auf]«.

FRITZ RAU ■ **Hollerkopfstraße 6 · Frankfurt · privat: Brachweiler Hofstraße 69 · Neustadt/Weinstraße** ■ Der Konzertagent Fritz Rau gilt als die »graue Eminenz der Musikveranstaltungslandschaft« in Deutschland. Er leitete die Künstleragentur »Lippmann & Rau« in Frankfurt/Main und war an der Organisation der Europa-Tournée 1960 beteiligt. Rau kümmerte sich auch um Marlene Dietrichs Auftritte in Kopenhagen und London in den 1970er Jahren. 1973 bat sie ihn: »Lieber Fritz Rau, ich hoere dass meine in London aufgenommene TV-Show in Deutschland am 26. August gezeigt wird (. . .) Ich bitte Sie sehr genau die Show anzusehen und aufzuschreiben welche Lieder gezeigt wurden.« Und sie fügt hinzu: »Ich bin Ihnen sehr dankbar, da ich niemanden mehr in Deutschland habe (meine Schwester starb) wende ich mich an Sie.« Rau übersandte ihr daraufhin eine Liste der Titel und eine Abschrift ihrer Kommentare. Auch er gehörte über diesen beruflichen Service hinaus zu den Arzneimittellieferanten nach Paris: »nochmals Dank fuer die Pillen«, heißt es am Ende ihres Schreibens von 1973.

HOLLAND

»Holland: Alles ist gemütlich«, schreibt Marlene Dietrich in ihrem »ABC meines Lebens«. In Holland war Marlene Dietrich in den 1960er Jahren zweimal mit ihren Chansons zu Gast. 1960 kam sie direkt im Anschluß an ihre Deutschland-Tournée; noch verletzt von ihrem Bühnensturz in Wiesbaden trat sie am 30.5.1960 im legendären »Tuschinsky-Theater« in der Amsterdamer Altstadt auf. Unter den holländischen Zuhörern und Marlene-Fans waren auch zahlreiche deutsche Emigranten, die während der NS-Zeit in Amsterdam Zuflucht gefunden hatten. Eine von ihnen, Hetty Schanzer, die vier ihrer nächsten Angehörigen in deutschen Vernichtungslagern verlor, schreibt ihr am 27.5.1960: »Sehr verehrte Frau Dietrich, auf diesem Wege moechte ich mich bedanken fuer alles, was sie fuer uns Juden getan haben. (. . .) Als ich vor einigen Jahren in Amerika war, hoerte ich von allen Seiten, wieviel Gutes Sie getan haben. Wie bin ich gluecklich darueber, dass es noch solche Menschen wie Sie gibt.« Marlene Dietrich bedankte sich ihrerseits für den Brief mit einer Schallplatte: »SEND RECORD« notierte sie am Rande. Zu den deutschen Emigranten gehörte auch Harry Hilm, der nach ihrem Amsterdamer Konzert noch mit ihr und Burt Bacharach im »Hotel Amstel« zusammensaß. Auf Marlene Dietrichs Wunsch ließ er ihr Text und Musik seines Songs »Immer küss' ich mit geschloss'nen Augen« über Burt Bacharach zukommen. »No other singer can interprete this chanson so marvelous as Marlene Dietrich does. And so I hope very much that she brings this song on stage or record; please, I want you to help me [Keine andere Sängerin kann dieses Chanson so wunderbar interpretieren, wie es Marlene Dietrich tut. Ich hoffe daher sehr, daß sie dieses Lied auf der Bühne oder auf einer Schallplatte singen wird. Deshalb möchte ich Sie sehr bitten, mir zu helfen]«, schreibt Harry Hilm am 8.10.1960 an Burt Bacharach und fügt hinzu: »I am sure you will make a wonderful orchestral arrangement for it [Ich bin sicher, Sie werden dafür ein wundervolles Arrangement für das Orchester schreiben].« Bei dieser Hoffnung blieb es jedoch.

KURHAUS SCHEVENINGEN/A. ZYLSTRA ■ Im Kurhaus Scheveningen sollte Marlene Dietrich am 29.5.1960, dem Vorabend ihres Konzertes im Amsterdamer »Tuschinsky-Theater« ein Konzert geben: »KURHAUS MOST DISTINGUISHED THEATRE FROM HOLLAND ABOUT 2000 SEATS PLEASE ANSWER [Das Kurhaus ist das herausragende Theater Hollands mit 2000 Sitzplätzen, bitte antworten Sie]«, telegrafierte van Kinsberg vom

Kurhaus am 7.5.1960. Das Konzert kam jedoch erst drei Jahre später, am 12.10.1963 zustande. Marlene Dietrich trat dort während der »Grande Gala du Disque« auf, bei der ihr der »Edisson«, eine von dem niederländischen Bildhauer Pieter d'Hont geschaffene Bronzeskulptur als »höchste Niederländische Auszeichnung für phonographische Präsentationen« verliehen wurde. Einer der insgesamt neun Preise ging an ihren Titel »Sag mir, wo die Blumen sind«. Weitere Preise erhielten unter anderem Charles Aznavour und Freddy Quinn, alle Preisträger traten gemeinsam in dieser Gala-Veranstaltung auf.

FRANK WEMERING/INEZ VAN T'HOFF ■ Beethovenstraat 9A · Amsterdam ■ Die Fotografin Inez van t'Hoff begleitete Marlene Dietrichs Amsterdam-Besuch im Mai 1960 und fotografierte sie nicht nur bei ihren Show-Auftritten, sondern auch zum Beispiel bei der Kranzniederlegung am Denkmal für die Opfer von Krieg und Widerstand am Dam im Herzen Amsterdams. Sie wohnte in einer Straße, in der sich während der NS-Zeit besonders viele deutsche Emigranten ansiedelten, so viele, daß unter ihnen der Ausspruch der Straßenbahnschaffner kursierte, die diese Haltestelle auf deutsch ausriefen: »Beethovenstraat, alle Juden aussteigen!«

ANP FOTO ■ Damrak 53 · Amsterdam ■ Die Bildagentur »Anphoto« hatte Marlene Dietrichs Auftritt 1960 im »Tuschinsky-Theater« in Amsterdam fotografiert und ihr Abzüge zugesandt.

Vorige Seite:
Inez van t'Hoff,
Marlene Dietrich
beim Spaziergang
in Amsterdam,
Mai 1960

Im Mai 1964, in der Hochphase des Kalten Krieges, reiste Marlene Dietrich nach einem Zwischenstop auf dem Ost-Berliner Flughafen Schönefeld zu einem Gastspiel nach Moskau und Leningrad. In ihrer Autobiografie erinnerte sie sich an ihre erste Begegnung mit russischer Kultur: »Nach dem ersten Weltkrieg wimmelte es in Berlin von Russen, die nach der Revolution ihre Heimat verlassen hatten. Wenn sie keine Wertsachen mehr besaßen, eröffneten sie Ladengeschäfte, die Frauen machten Hüte, und wir Mädchen waren fasziniert von ihrer Geschicklichkeit und ihrer romantischen, exzentrischen Einstellung zum täglichen Leben. Sentimental von Natur aus, stand ich in engem Kontakt mit den Russen, die ich kannte, sang ihre Lieder, bekam ein wenig von ihrer Sprache mit, die sehr schwierig zu erlernen ist, und schloß viele Freundschaften.«

Bei ihrer Ankunft auf dem Moskauer Flughafen erzählte sie: »I have wished for many years to visit Russia, at last my dream has come true [Seit vielen Jahren habe ich es mir gewünscht, in Rußland aufzutreten. Nun ist dieser Wunsch endlich Wirklichkeit geworden].« Zu den von ihr verehrten russischen Intellektuellen, die sie zu ihren Konzerten einlud, gehörten die Schriftsteller Jewgenij Jewtuschenko und Konstantin Paustowsky. Paustowsky (1892–1968) hatte in den Jahren zwischen 1945 und 1963 seine autobiografischen Prosatexte in sechs Bänden unter dem Titel »Erzählung vom Leben« veröffentlicht, die zu Marlene Dietrichs Lieblingsbüchern zählten. Nach einem ihrer Moskauer Konzerte kam Paustowsky auf die Bühne, und Marlene erinnert sich: »Ich war so überwältigt von seiner Gegenwart, daß ich – unfähig russisch zu sprechen – keinen anderen Weg sah, ihm meine Bewunderung zu zeigen, als vor ihm niederzuknien.«

In den Konzerten bekannte sie sich zu ihrer »Russen-Manie«: »I have loved you for a long time. I love your music, your poetry, your writers and your artists, but most of all I love your soul. You have no lukewarm feeling. You are either sad or happy. I think I have a Russian soul [Ich liebe Sie schon seit langem. Ich liebe Ihre Musik, Ihre Poesie, Ihre Schriftsteller, Ihre Künstler, aber am meisten von allem liebe ich Ihre Seele. Bei Ihnen gibt es keine lauwarmen Gefühle. Sie sind entweder traurig oder glücklich. Ich glaube, ich habe eine rus-

Vorige Seite: Auf der Pressekonferenz in Moskau, Mai 1964

Mit dem Schriftsteller Konstantin Paustowsky, Mai 1964

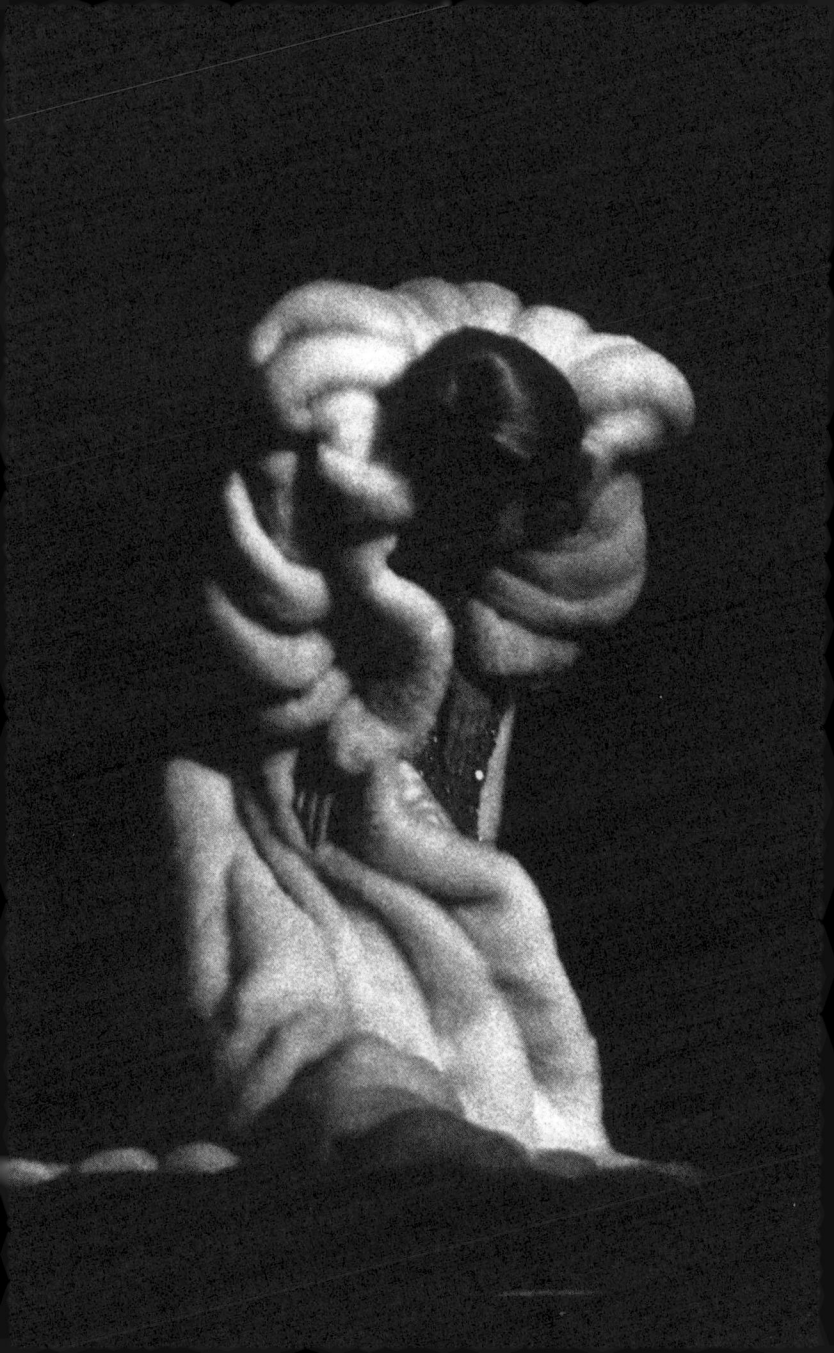

sische Seele].« Ihre Sympathien wurden bei dem zweiwöchigen Gastspiel in Moskau (19.
bis 21. Mai und 30. Mai bis 5. Juni) und Leningrad (22. bis 29. Mai) von einem dankbaren
Publikum mit triumphalem Beifall erwidert.

RALPH PARKER (HUROK) ■ 15 Khokalovsky · Moskau ■

Ralph Parker schaltete sich 1963 in die Vermittlung des Moskauer Konzertes von Marlene Dietrich ein: »Mr. Hurok has often spoken and written to me about your wish to come here [Herr Hurok hat oft davon gesprochen oder mir geschrieben, wie gerne Sie hierher kommen würden]«, teilte er ihr am 3.1.1963 mit und dämpfte ihre Erwartungen hinsichtlich der Bezahlung eines Auftrittes in der Sowjetunion: »As you know very little is paid in convertible currency [Wie Sie wissen, kann hier nur sehr wenig in konvertierbarer Währung bezahlt werden].« Parker bat sie um die Übersendung von Pressematerial und um nähere Informationen über ihre Bedingungen hinsichtlich Orchestergröße und Bühnencrew. Marlene Dietrich
schickte ihm, wie sie am Rande notierte, im Februar eines ihrer Programme. In roter Handschrift fügte sie später hinzu: »WROTE AGAIN APRIL 4 63 [Schrieb erneut am 4. April 1963]«.

**Vorige Seiten:
Spaziergang
durch Moskau,
Mai 1964**

**Arno Fischer,
Marlene Dietrich
beim Auftritt
in Moskau,
Mai 1964**

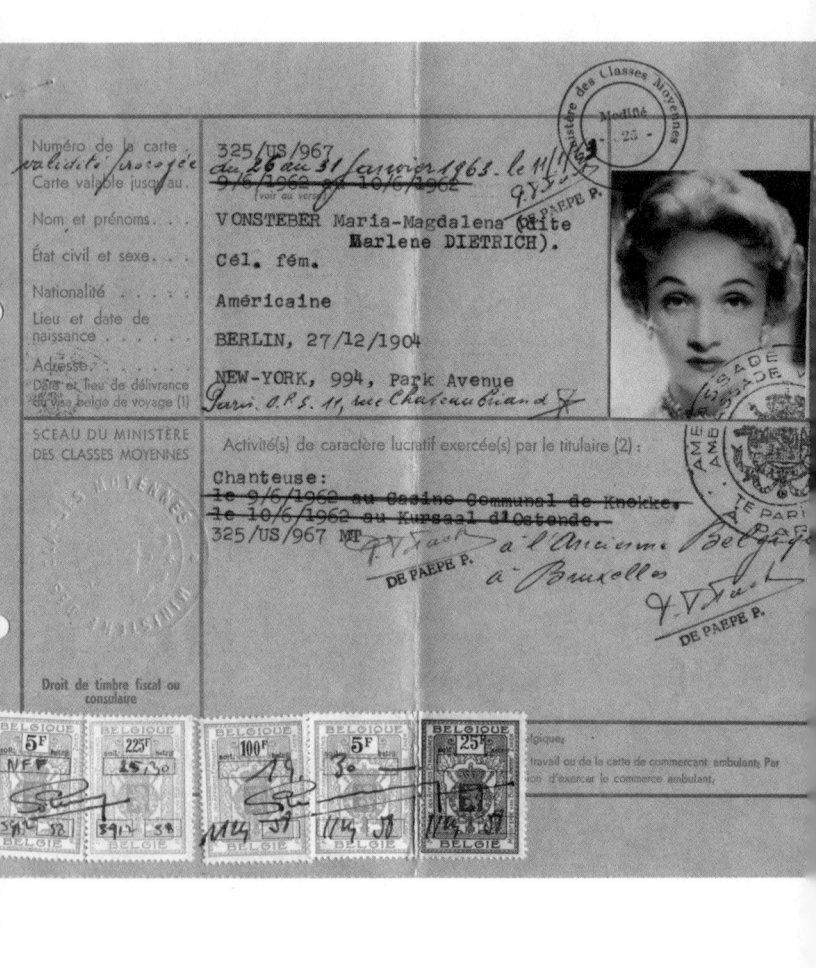

Numéro de la carte : 325/US/967 *du 26 au 31 Janvier 1963. le 11/1/63*
Carte valable jusqu'au : *9/6/1962 et 10/6/1962*

Nom et prénoms . . . . V ONSTEBER Maria-Magdalena (dite
Marlene DIETRICH).

État civil et sexe . . . Cél. fém.

Nationalité . . . . . Américaine

Lieu et date de
naissance . . . . . . BERLIN, 27/12/1904

Adresse . . . . NEW-YORK, 994, Park Avenue
Date et lieu de délivrance
du visa belge de voyage (1) *Paris. O.P.S. 11, rue Chateaubriand*

SCEAU DU MINISTÈRE
DES CLASSES MOYENNES

Activité(s) de caractère lucratif exercée(s) par le titulaire (2) :

Chanteuse:
le 9/6/1962 au Casino Communal de Knokke.
le 10/6/1962 au Kursaal d'Ostende.
325/US/967 MT *à l'Ancienne Belgique*
DE PAEPE P. *à Bruxelles*
DE PAEPE P.

Droit de timbre fiscal ou
consulaire

Marlene Dietrich gastierte mehrfach in Belgien, wie das von der belgischen Botschaft in Paris ausgestellte Arbeitsvisum für »Maria-Magdalena VONSTEBER (dite Marlene Dietrich)« [sic!] belegt: Am 9.6.1962 trat sie im Casino von Knokke und am folgenden Tag im Kursaal von Ostende auf, in Brüssel im Januar 1963 im »Ancienne Belgique« (siehe Eintrag). Im April desselben Jahres teilte ihr das belgische Außenministerium mit: »Il a plu à sa Majesté le Roi de vous conférer, sur ma proposition la decoration de Chevalier de l'Ordre de Leopold [Es hat Seiner Majestät, dem König, gefallen, Ihnen auf meinen Vorschlag hin die Auszeichnung als Ritter des Ordens Leopold zu verleihen]«. Die »proposition« stammte, wie der Unterschrift und den beiden handschriftlichen Briefen zu entnehmen ist, von P.H. Spaak.

SCRAND ELECTRIC ■ Unter der angegebenen Zahlenfolge 10, 7, 51, 3, 36 fand der Beleuchtungstechniker der belgischen Shows die Farben für die »Scrand Electric Colours«, die nach den Beleuchtungsplänen des Lichtdesigners Joe Davis bei ihren Bühnenauftritten verwendet werden sollten.

Vorige Seite: Bei der Ankunft am Flughafen in Brüssel

GLORIA JOHNSON MANDOS ■ 62, Rue des Deux Tours · Brüssel ■ Gloria Mandos war etwa acht Jahre alt, als sie Marlene Dietrich bei deren Gastspiel 1963 in Brüssel kennenlernte. Ihre Mutter, Jennie Mandos, arbeitete im Varieté »Ancienne Belgique« (siehe Eintrag), in dem

Arbeitsvisum für den Auftritt 1963 in Brüssel

Marlene Dietrich auftrat. Marlene freundete sich mit Gloria an, die ihrerseits »Mamina Marlene« in ihr Kinderherz schloß. Auch im Namen Glorias dankte Mutter Jennie am 4.2.1963: »Liebste Frau Marlene, es gibt nicht genügend Worte, um Ihnen meinen innigsten Dank aussprechen zu können. (...) Die Woche, die wir mit Ihnen in Brüssel erlebt haben, ist wie ein wunderbarer Traum – wie ein Märchen aus 1000 und 1 Nacht. Es war die schönste Woche meines Lebens.« Marlene ihrerseits bedankte sich mit einem schwarzen Stoffpferd, Handschuhen und einer Autogrammkarte. »Das schwarze Pferdchen von Ihnen ist Gloria's Heiligtum. Sie geht nirgends hin ohne seine Begleitung. Sie geht auch nie schlafen, ohne Ihnen einen Gute-Nacht-Kuss zu geben«, berichtet Jennie Mandos im April 1963. Zum Neuen Jahr 1964 übersandte die Belegschaft des »Ancienne Belgique« Marlene Dietrich einen Gruß – sie ihrerseits lud alle zu einem Essen ein, an dem sie jedoch selbst nicht teilnehmen konnte. »Wenn nur die liebe gute Marlene hier bei uns wäre«, wünschte sich Gloria, und ihre Mutter

berichtete: »Der Platz, den Sie immer da hatten, war leer, Ihr Bild war da, aber das konnte die Wirklichkeit nicht ersetzen.« Einer der Essensgäste ergänzte: »Tout c'est passé en présence da ta photo. Une photo devant laquelle nous nous sommes levés pour boire à ta santé avec l'espoir de te revoir ici [Das alles geschah in Gegenwart Deines Fotos. Eines Fotos, vor dem wir uns alle erhoben, um in der Hoffnung auf ein Wiedersehen mit Dir auf Deine Gesundheit anzustoßen]«. Die Korrespondenz endete mit einem Telegramm zu Ostern 1965 »... MIT VIELEN DICKEN KUESSEN DEINE GLORIA SAMT MUTTI«.

HOTEL AMIGO ■ Im »Hotel Amigo« wohnte Marlene Dietrich während ihres Brüsseler Gastspiels im Januar 1963. Bei ihrer Abreise ging ein Koffer mit Bühnenkostümen verloren. Im März desselben Jahres betonen jedoch sowohl die Hotelverwaltung wie auch das Varieté »Ancienne Belgique«, daß dieser Koffer nicht in ihrem Hause verschwunden sei.

ANCIENNE BELGIQUE ■ **15, Rue des Pierres · Brüssel** ■ Für das Varieté »Ancienne Belgique« schloß Georges Mathonet im Dezember 1962 einen Arbeitsvertrag mit Marlene Dietrich. Danach fanden in der Woche vom 26. bis 31. Januar 1963 in seinem Etablissement an jedem der sechs Abende sowie zusätzlich an vier Vormittagen Konzerte mit Marlene Dietrich statt. Marlene Dietrich erhielt im Gegenzug 77 Prozent der Einnahmen und als Minimum $ 1000 pro Tag. Sie wurde von einem Orchester unter der Leitung Burt Bacharachs begleitet und durch Jacky Myriam als »Un ange nommé Marlene [Ein Engel namens Marlene]« präsentiert.

Mit Gloria Johnson Mandos, Januar 1963

Das »Ancienne Belgique« engagierte Marlene Dietrich auch für Anfang November desselben Jahres, der bereits unterzeichnete Vertrag vom 14.6.1963 trat jedoch nicht in Kraft, wie ein Vermerk belegt.

CARLTON BOURSE/MONA MOTTEN ■ **Place Santes Yarra · Brüssel** ■ Bei dem Eintrag handelt es sich vermutlich um ein Möbelgeschäft – »(vent Furniture)« notierte sie dazu – in der Einkaufs-Passage »La Bourse« im Zentrum Brüssels. »La Bourse« warb im Programmheft ihres Brüsseler Auftrittes im Januar 1963 mit dem Slogan: »C'est ci facile. La Bourse située en plein centre, vous offre un choix immense de produits de qualité à des prix toujours compétitifs [Es ist so einfach. Die Börse, mitten im Stadtzentrum gelegen, bietet Ihnen eine immense Auswahl an Qualitätsprodukten zu unschlagbaren Preisen].«

Drei Tournéen führten Marlene Dietrich 1965, 1968 und 1975 nach Australien. Auch hier freuten sich insbesondere die deutschen Einwanderer über Marlene Dietrichs Auftritte, unter ihnen viele, die während der NS-Zeit emigriert waren. So schrieb ihr Leoni Spiegel während des Aufenthaltes im Spätsommer 1975 ins Hotel: »Liebe immer wieder bewunderte Marlene. ›Erinnerung ist ein Paradies, aus dem wir nicht vertrieben werden können.‹ Leider war das Paradies in Berlin für uns ›1000 Jahre‹ wegen Abbruch geschlossen. ›Doch die Verhältnisse, die sind nicht so‹ (Brecht) — and here I am to confess that I cannot afford to see you this time [und hier bin ich und muß gestehen, daß ich es mir nicht leisten kann, Sie dieses Mal zu sehen].« Sie berichtete, daß sie als Pensionärin nicht das Geld für eine Eintrittskarte hatte. Marlene Dietrich notiert am Rand: »2 tickets might she want to come [Zwei Eintrittskarten, falls sie kommen möchte]!« und darunter »Sent by mail Sept. 4th — Done [am 4. September mit der Post geschickt]«. Thea Kimla schrieb ihr, daß sie vor 30 Jahren als »Backfisch« in Wilmersdorf gelebt hatte: »Alle weiblichen Mitglieder der Familie bewunderten Sie, weil Sie so sehr fraulich und kultiviert waren, die Männer liebten und verehrten Sie, weil Sie so strahlend und so ungewöhnlich schön waren.« Thea Kimla erzählte weiter, daß alle Frauen in ihrer Familie von den Nationalsozialisten ermordet worden waren, nur sie selbst hatte das Vernichtungslager Auschwitz überlebt. Dort traf sie 1944, wie sie weiter schreibt, eine »kleine Deutsche. Sie hieß Monika. Hatte eine tiefe Stimme und war Ihnen, Frau Dietrich, irgendwie ähnlich. Sie war klein, zierlich und hilflos verloren im großen Auschwitz. Sie kannte all Ihre Lieder. Sie sang sie manchmal im Schatten der brennenden Krematorien, und Frau Dietrich, glauben Sie mir, die paar Minuten, die sie sang, vergass sie, ich und alle, die ihr zuhörten, das Grauen der Gegenwart.« Und sie schließt ihren Brief mit dem Dank: »Als ich Sie vor dem Theater sah, kamen alle meine Lieben, die von den Nazis ermordet wurden, plötzlich zurück. Als Sie im Theater Ihre Lieder zu singen anfingen, sah ich alles klar, als wäre es gestern gewesen. Ich möchte Ihnen danken.«

Im August 1975 brach Marlene Dietrich zu ihrer letzten Auslandstournée nach Australien auf. Sie war, wie Maria Riva in ihrer Biografie erinnert, physisch und psychisch in sehr schlechter Verfassung. Rudi Sieber lag im Sterben, sie selbst hatte eine Hüftoperation hinter sich und hielt sich mit den »üblichen Dosen an Darvon, Dexamil und Scotch« (Maria Riva) mehr schlecht als recht auf den Beinen — bis zu ihrem Sturz auf offener Bühne, bei dem sie sich den Oberschenkelknochen brach. Die Kritiken ihrer Konzerte vor diesem Sturz waren zum Teil vernichtend gewesen: »Eine kleine alte Frau, die tapfer versucht, die Rolle der früheren Leinwandkönigin Marlene Dietrich zu spielen, stolpert in Her Majesty's Theatre über die Bühne«, urteilte etwa Mike Gibson im »Daily Telegraph« und fuhr fort: »Wenn ich tapfer sage, dann meine ich es auch. Ohne Zweifel, ihre show ist die tapferste, traurigste, bittersüßeste Aufführung, die ich jemals miterlebt habe.« Wegen des Unfalls auf der Bühne brach Marlene Dietrich ihr Gastspiel ab und wurde nach Kalifornien transportiert.

ENCORE THEATRICAL SERVICES Ltd./CYRIL SMITH ■ **8, Waverton Avenue · Waverton · Sydney** ■ Cyril Smith war der »managing director« von »Encore Theatrical Services« und betreute die Australien-Tournée von Marlene Dietrich im Sommer 1975. Die dann vorzeitig abgebrochene Tournée sollte neben Sydney und Melbourne nach Canberra und Brisbane führen. Geplant war auch ein Abstecher nach Neuseeland. Cyril Smith kümmerte sich aber auch um die Desinfizierung ihrer Garderobe und vertrat Joe Davis, wenn es um die Anweisungen für die Lichtregie auf der Bühne ging. Als Antwort auf ihren offensichtlich umfangreichen Fragenkatalog hinsichtlich der Bedingungen sowohl im Hotel wie hinter der Bühne sandte ihr Cyril Smith am 31.8.1975 eine zweiseitige Aufstellung über die Erfüllung ihrer Wünsche, unter anderem Extra-Schilder, die ihr – trotz anders lautender Gesetze in Australien – das Rauchen in der Garderobe gestatteten. Marlene bedachte ihn dafür gleich am Anfang der Tournée mit einem kleinen Geschenk. »My dearest Marlene Dietrich«, dankte er ihr, »it is so nice to get up and find your very lovely gift. Let me thank you by making your next five weeks as lovely as your gift – Cyril [Liebste Marlene, es ist so schön, aufzuwachen und Ihr großartiges Geschenk zu sehen. Lassen Sie mich Ihnen danken, indem ich dafür sorge, daß die nächsten fünf Wochen ebenso großartig werden wie Ihr Geschenk].«

Vorige Seite:
Spaziergang am
Bondi Beach,
Sydney 1964
Kommentar auf
der Rückseite:
»They think
they invented
that all«

BOULEVARD HOTEL ■ **90, William Street · Pegasus Suite · Sydney** ■ Das »Boulevard Hotel« beherbergte 1975 das Büro von »Encore Theatrical Services Ltd.« (siehe Eintrag).

HARLEY MEDCALF ■ **32, Lauderdale Avenue · Fairlight** ■ Harley Medcalf war an der Organisation der Australien-Tournée 1975 beteiligt und arbeitete bei der
Agentur »Encore Theatrical Services«. Er war »best boy« und somit von der Produktion
über die Verwaltung der Gelder bis hin zum Wohlbefinden der Diva im Hotel zuständig —
eine nicht immer leichte Aufgabe. »Dear Mr. Medcalf«, schreibt sie ihm zum Beispiel am
8.9.1975, »please do not let me run into the disaster again as I did last night. Please go on
›reconnaissance‹ every evening from now on BEFORE I leave the theatre. If there are T.V.-
cameras set up with big lights, that should be easily seen. You see I might want to pow-
der my nose or put some fresh lipstick on before facing that professional cameras [Lieber
Herr Medcalf, bitte lassen Sie mich nicht wieder ins Unglück stürzen, wie es letzte Nacht
passiert ist. Bitte gehen Sie von jetzt an jeden Abend auf Erkundungen, bevor ich das Theater verlasse. Falls dort Fernsehkameras mit Scheinwerfern stehen, so ist das
schwer zu übersehen. Wissen Sie, es könnte sein, daß ich mir meine Nase   **Am Bondi Beach,**
pudern oder etwas frischen Lippenstift auflegen möchte, bevor ich profes-   **Sydney 1964**
sionellen Kameras gegenübertrete].«

HILDE ALSBERG ■ **Melbourne** ■ Hilde Alsberg war Sekretärin des New Yorker Arztes Max Jacobson. Während des Aufenthaltes 1965 in Australien lud Marlene Dietrich sie zu einer Matinée-Veranstaltung in Melbourne ein. Den Direktor des Theaters hatte sie daher angewiesen »... to arrange for Miss Hilde Alsberg to be escorted backstage
after the matinée on Thursday, 21 October [Bitte arrangieren Sie, daß Frau Hilde Alsberg
nach der Matinée am 21. Oktober hinter die Bühne eskortiert wird].«

ELIZABETH KATA ■ **22, Milson Road · Sydney** ■ Die Schriftstellerin Elizabeth Kata war mit Charles Higham (siehe Eintrag) befreundet. Sie schickte 1965 ihr
Buch »Be ready with Bells and Drums« sowie einige ihrer »Monologue poems« zu Marlene Dietrich ins Hotel in Melbourne — »with the dreamy hope that just possibly they could
be fiddled with and then set to music and utilized by you [mit der traumhaften Hoffnung,
daß sie musikalisch arrangiert und von Ihnen gesungen werden könnten].« Higham berichtet: »11.15 a.m., October 9: Dietrich on the telephone again: she has been reading the
novel ›Be ready with Bells and Drums‹ by the Scottish-Australian Elizabeth Kata, which
the author had sent to her suite, and wants to convey to me her passion for it [9. Oktober,

11.15 Uhr: Dietrich wieder am Telefon: sie hat die Erzählung ›Be ready with Bells and Drums‹ der schottisch-australischen Elizabeth Kata gelesen, die die Autorin ins Hotel geschickt hatte, und möchte mir ihre Begeisterung übermitteln].« Marlene Dietrich traf Elizabeth Kata mehrfach zum Essen und lud sie in ihre Show ein. »Never, never during all the years spent on and off in Sydney have I come upon such excitement. Your show − your being here, your show, well, you seem to have created a whirlpool of delight and enchantment in the depth of this ›up-side-down‹ pool [Niemals, niemals in all den Jahren, die ich innerhalb und außerhalb von Sydney verbrachte, war ich so aufgewühlt. Ihre Show − Ihre Anwesenheit, Ihre Show, ja, es schien mir, als hätten Sie in der Tiefe dieses auf den Kopf gestellten Schwimmbades ein Whirlpool des Entzückens und der Verzauberung in Gang gesetzt]«, schrieb sie zum Dank. »I was deeply moved by your understanding and interest in my writing. I am sure that you will also care about my jewish novel ›Until their Voices Break‹ [Ich war tief bewegt von Ihrem Verständnis und Ihrem Interesse an meinem Buch. Ich bin mir sicher, daß auch die jüdische Erzählung ›Until their Voices Break‹ Sie interessieren wird]«, fügte sie hinzu. Marlene bittet Elizabeth, Vorschläge für eine Übertragung ihres »ABC meines Lebens« für eine australische Publikation zu machen. Kata nimmt den Auftrag an: »It is charming! Warm, light-hearted and with sudden unexpected plunges into the mind of a sensitive observant woman of the world [Es ist zauberhaft! Warm, leichten Herzens und mit plötzlichem und unerwartetem Tiefgang in die Gedankenwelt einer feinfühlig beobachtenden Frau von Welt]«, schreibt sie nach der ersten Lektüre und macht strukturelle wie inhaltliche Vorschläge − zum Beispiel zur Thematisierung des Krieges: »In these, the 1960 days and years books no matter how served up about WAR and WARS have almost no popular appeal. They do not SELL [In diesen Tagen und Jahren um 1960 finden Bücher, die sich wie auch immer verpackt mit dem Krieg oder mit Kriegen überhaupt befassen, kein Publikum. Sie verkaufen sich nicht].« Lieber jedoch würde sie, wie sie Ende 1965 schreibt, eine Biografie über oder eine Autobiografie zusammen mit Marlene Dietrich schreiben. Dies lehnte Marlene Dietrich jedoch − siehe ihr Schreiben an Higham − ab.

KEN BRODZIAK ■ **289, Flinders Lane · Melbourne** ■ Ken Brodziak war 1965 Managing Director der Agentur AZTEC, die Marlene Dietrichs Tournée durch Austra-

Am Bondi Beach, Sydney 1964

lien organisierte und betreute. Im Vorfeld der Tournée hatte sich Marlene noch zweifelnd über AZTEC geäußert. An Terry Miller schrieb sie im August 1965: »I cannot answer anybody's questions as to who brings me to Australia. AZTEC means nothing to anybody [Ich kann keinem die Frage beantworten, wer mich nach Australien bringen wird. AZTEC kennt niemand].« Die Zweifel legten sich jedoch, wie die Korrespondenz mit Brodziak und Cooke (siehe Eintrag) belegt, während der Tournée, die insgesamt 40 Auftritte in Melbourne und Sydney umfaßte. So notierte sie auf dem Zeitplan unter dem Eintrag ihres Abflugs von Sydney am 14.11.1965: »MISS DIETRICH WILL NEVER DEPART SYDNEY, NEVER [Niemals wird Miss Dietrich Sydney verlassen, niemals].« »We all miss you very much [Wir alle vermissen Sie sehr]«, schrieb Brodziak im Dezember an Marlene Dietrich in Paris, »and I hope it will be possible for you to return to this country in the not too distant future [und ich hoffe, es wird für Sie möglich sein, in nicht allzu ferner Zukunft in dieses Land zurückzukehren].« Marlene Dietrich bedankte sich für diesen Brief im Juni 1966: »Many thanks for your letter which only reached me now as I was away from Paris [Vielen Dank für Ihren Brief, der mich erst heute erreichte, da ich nicht in Paris war].« So kam das von Brodziak vorgeschlagene Treffen in Paris nicht zustande. Zum Trost fügte die Diva hinzu: »Many good wishes to you and Mr. Cooke, yours as ever Marlene [Alle guten Wünsche für Sie und Mr. Cooke, immer Ihre Marlene].«

MALCOLM COOKE ■ **262, Albert Road · South-Melbourne** ■ Malcolm Cooke war der General Manager von AZTEC. Zusammen mit Ken Brodziak (siehe Eintrag) organisierte er als Tour Manager die Australien-Tournée Marlene Dietrichs im Jahre 1965. Auch er war *en gros et en detail* für Marlene Dietrichs Sonderwünsche zuständig. Unter dem Punkt »STAGE CLEANING« teilte er ihr am 7.10.1965 mit: »The stage will be washed in the afternoon on each day at approximately 4 p.m. and a day wash only will take place immediately the courtain falls on the first half each night [Putzen der Bühne: Die Bühne wird jeden Nachmittag ungefähr um 16 Uhr aufgewischt, und einmal zusätzlich in der Pause des Konzerts, sobald der Vorhang gefallen ist].« Malcolm Cooke kümmerte sich auch um die besonderen Gäste, die Marlene Dietrich täglich nach ihrem Auftritt zu sich in die Garderobe bat. Am Ende der Tournée bedankte er sich überschwenglich für die gute Arbeitsatmosphäre: »Today is a very sad day for me because you are leaving us and I may not see you any more. I have tried to serve you and assist you to the best of my ability and in doing so I have grown to love you as a performer and most important of all, as one of the warmest most wonderful human beings I know. I shall miss you very much indeed and I can't write no more as my eyes are blurring with tears. Have a safe and pleasant journey and God Bless You, Malcolm [Heute ist ein sehr trauriger Tag für mich, weil Sie uns verlassen, und ich Sie vielleicht nie wiedersehen werde. Ich habe mein Bestes getan, Ihnen zu dienen und Ihnen zu assistieren, und dabei lernte ich Sie als Bühnenkünstlerin und als eines der herzlichsten und wunderbarsten menschlichen Wesen schätzen und lieben, die ich kenne. Ich werde Sie daher sehr vermissen und kann jetzt nicht weiterschreiben, weil sich meine Augen mit Tränen füllen. Haben Sie eine gute Heimreise. Gott schütze Sie, Malcolm].«

LADY FLORENCE PACKER ■ **76, Victoria Road · Bellevue Hill** ■ Vermutlich hatte Marlene Dietrich Florence Packer während ihrer Australien-Tournée 1965 kennengelernt. Am 5.9.1966 bedankte sich die Lady bei Marlene für mehrere Flaschen »Scham« [Champagner]: »Vous êtes une ange – – – rose à mes yeux – merci de toute coeur [Sie sind ein Engel, eine Rose für meine Augen – aus ganzem Herzen Dank].«

CHARLES MARAWOOD ■ **140, Sutherland Street · Peddington** ■ Der Komponist Charles Marawood hatte einige Chansons für Marlene Dietrichs Repertoire geschrieben. Dazu gehörte das Lied »White Grass«, das sie für die BBC-Show »I wish you love« aufgenommen hatte. Sie hatte dafür die Weltrechte erworben, die jedoch Australien ausschlossen. Im Zusammenhang mit ihrer Australien-Tournee 1965 nahm sie mit ihm Kontakt auf und lud ihn zu einer Licht-Probe für ihr Konzert in Adelaide ein: » . . . sitting alone in the back row of a darkened auditorium I felt I had a privileged edge of the world. I saw and heard you singing in a simple black dress – white stockings and black shoes, magical [. . . in der letzten Reihe des dunklen Zuschauerraumes sitzend, hatte ich das Gefühl, auf einem auserwählten Fleckchen Erde gelandet zu sein. Ich sah und hörte Sie singen in einem schlichten schwarzen Kleid, mit weißen Strümpfen und schwarzen Schuhen, zauberhaft]!« Sie schrieb ihm nach ihrer Rückkehr von Australien, und er antwortete umgehend: »What a wonderful force you have thru your life, built into your being that you can take a blank page – write upon it ›Hello‹ – seal it in an envelope – send it thousands

of miles over the heads of millions of people thru the air thats breathed by all of these — and yet — the letter delivered and opened — out of it flows a small — ›Hello‹ — thats read — thats breathed and inhaled and expends thru the hands to the heart that swells and skills to lips that yell — how wonderful [Welch wundersame Kraft Sie haben, die im Laufe Ihres Lebens ein Teil Ihres Wesens geworden ist, daß Sie ein leeres Blatt Papier in die Hand nehmen können, ›Hallo‹ darauf schreiben, es in einen Briefumschlag stecken und Tausende von Meilen über die Köpfe von Millionen Menschen hinweg durch die Luft fliegen lassen, die von ihnen allen geatmet wird, und sobald der Brief ankommt und geöffnet wird, entfliegt ihm ein kleines ›Hallo‹, das gelesen, das eingeatmet und inhaliert wird und sich über die Hände zum Herzen hin entfaltet, das anschwillt zu den Lippen, die gellend aufschreien — wie wunderbar]!« Ermutigt schickte er ihr zwei weitere seiner Songs zu: »I'd like you to hear them before I trust them into a rather over-burdened drawer. It would make a rather beautiful form of release for me — a feeling of singing them across the world to you before I put them away and get on with the next [Ich möchte, daß Sie diese Lieder hören, bevor ich sie für immer einer überfüllten Schublade anvertraue. Es wäre ein wunderbares Gefühl der Erleichterung, als ob ich sie um die halbe Welt herum für Sie singen würde, bevor ich sie weglege und mit dem nächsten Lied anfange].« Zu den übersandten Texten gehörte »Lullaby for an Unborn Babe«, das tatsächlich den Weg in Marlene Dietrichs Repertoire fand. Sie ermutigt ihn: »Dearest Charles Marawood — thank you for your letter. Please write to me [Liebster Charles Marawood, danke für Ihren Brief. Bitte schreiben Sie mir]!« Und er seinerseits verfaßte daraufhin eine 16seitige handschriftliche Eloge, und zu den »wild dreams of a writer of songs [den wilden Träumen eines Liedermachers]« gehörte der Wunsch: »I wish you weren't in that damned Ivory Tower of yours and rather in a flat above or below me — and I could knock on the ceiling or floor in a code that said ›Could I come up or down and try out a thought with you [Ich wünschte, Sie säßen nicht in Ihrem verdammten Elfenbeinturm, sondern im Stockwerk über oder unter mir, und ich könnte mit einem verabredeten Signal an die Decke oder auf den Fußboden klopfen, das besagt: ›Darf ich nach oben oder unten kommen und einen Gedanken mit Ihnen durchspielen].‹« Und er fügte hinzu: »And this is how those who truly love you would wish to embrace you — to hold the woman and not the clothes [Das ist es, wie all diejenigen, die Sie wirklich

lieben, Sie gerne umarmen würden: die Frau im Arm zu halten und nicht nur ihre Klei-
der].« Damit war er ihr offensichtlich zu nahe getreten, der Brief blieb unbeantwortet.
Zwei Jahre später, bei ihrer Tournée 1968 in Australien, war er jedoch wieder zu Diensten:
ebenso wie Higham bat sie ihn, an ihrer Pressekonferenz in Adelaide teilzunehmen – was
er, wie sie Higham berichtet, auch tat: »The press conference turned out to be much better
than I had anticipated and I was glad Charles Marawood took his savings because he is a
poor man, but he came [Die Pressekonferenz lief viel besser, als ich befürchtet hatte, und
ich war froh, daß Charles Marawood all seine Ersparnisse zusammengekratzt hatte, denn
er ist ein armer Mann, aber er kam trotzdem].«

BULLETIN/CHARLES HIGHAM ■ 252, George Street · Sydney ■

Charles Higham war Korrespondent der Zeitschrift »Bulletin«. Bill Gordon, der Pressesprecher von »AZTEC« stellte ihn Marlene Dietrich so vor: »You may recall that
this gentleman was the tall pressman sitting directly in front of you at the
press conference. There is something about his mouth which reminds me
of Robert Morley. He represents the ›Bulletin‹ which is doing a cover and a
story about you and he is currently down from Sydney. He is one of the
best journalists who has just returned from a visit to Hollywood. (. . .) To
date he has written 1500 words on the Marlene Dietrich story and we are sure that he
would fully appreciate the privilege of meeting you privately [Sie werden sich vielleicht
an diesen Herrn erinnern, diesen großen Journalisten, der Ihnen bei der Pressekonferenz
direkt gegenüber saß. Er hat etwas Gewisses um die Mundwinkel, das mich immer an Robert Morley erinnert. Er vertritt die Zeitschrift ›Bulletin‹, die eine Titelgeschichte über Sie
veröffentlichen wird, und ist gerade von Sydney herübergekommen. Er ist einer der besten
Journalisten und kam kürzlich von einem Besuch in Hollywood zurück. (. . .) Bis jetzt hat
er 1500 Wörter für seine Marlene-Dietrich-Geschichte geschrieben, und wir sind sicher,
daß er für das Privileg eines privaten Treffens mit Ihnen sehr dankbar wäre].« Marlene Dietrich erinnerte sich vermutlich, und Higham durfte sie nach ihrem Auftritt zusammen mit
anderen ausgewählten Presseleuten hinter der Bühne treffen. »Next morning I am in my
hotel room when the telephone rings. The voice on the other end is unmistakeable. ›Hello, this is Marlene. I would have called you earlier only people have never stopped calling

**Vorige Seite:
Am Bühnen-
ausgang in
Sydney, 1968**

me (...) But let us meet privately. Why don't you come over and have supper with me after the show [Am nächsten Morgen klingelt im Hotelzimmer das Telefon. Die Stimme am anderen Ende der Leitung ist unverkennbar. ›Hallo, hier ist Marlene. Ich hätte Sie schon früher angerufen, aber es riefen dauernd Leute hier an. (...) Wie wäre es mit einem privaten Treffen? Warum kommen Sie nicht einfach rüber in mein Hotel und essen mit mir nach meinem Konzert zu Abend]«, berichtete Higham in seiner am 23.10.1965 im »Bulletin« veröffentlichten Titelgeschichte »The Legend of Marlene Dietrich«. Dort schildert er auch das gemeinsame Abendessen und die Gespräche mit ihr über ihre von den Nationalsozialisten verfolgten Künstlerfreunde. In der Tournée-Abrechnung wird der Abend handschriftlich von Marlene Dietrich als »ANTONIO'S PRESSDINNER FOR ARTICLE IN BULLETIN + VARIETY« mit $ 156 verbucht. Marlene Dietrich hielt nach ihrer Rückkehr den Kontakt zu Higham und seiner Freundin Elizabeth Kata (siehe Eintrag) aufrecht. Higham revanchierte sich mit eigenen Gedichten: »I would dearly love to have your critical opinion. I was so enchanted with your comments on poetry when you were here and your views would be invaluable [Ich wäre wirklich sehr glücklich, Ihre kritische Meinung zu hören. Ich war so begeistert von Ihren Bemerkungen zur Poesie, als Sie hier waren, und Ihre Ansichten wären unschätzbar wertvoll].« Bei ihrer zweiten Australien-Reise 1968 bat sie ihn, an der Pressekonferenz in Adelaide teilzunehmen: »I sort of wanted to rely on you to steer the questions into some higher altitude [Ich hätte mich gerne auf Ihre Fähigkeiten verlassen, die Fragen auf eine höhere Ebene zu bugsieren].« Er hatte jedoch zu einer anderen Redaktion gewechselt und war deshalb nicht gekommen — was die Diva ihm nicht verzieh: »But that is your loss, not mine [Aber das ist Ihr Verlust, nicht meiner].« Higham war bestürzt: »I am wondering if by some mysterious chemistry you have absolutely come to dislike me [Ich frage mich, ob es aufgrund irgendwelcher mysteriöser Chemie so weit gekommen ist, daß Sie mich überhaupt nicht mehr mögen].« Auch sein Angebot, im darauf folgenden Jahr eine Biografie über sie zu schreiben, schlug sie aus: »Dear Mr. Higham, I have no interest whatsoever in a book written about me. (...) While the world is burning I think it rather silly to write about films, particularly about films from long ago. I think that a man of your ability could find a better field. My best wishes to you, M. Dietrich [Lieber Herr Higham, ich habe kein Interesse an was auch immer für einem Buch über mich. (. . .) Während die Welt brennt, finde ich es ziemlich blöde, ein Buch über alte Filme zu schreiben. Ich finde, ein Mann mit Ihren Fähigkeiten könnte etwas Besseres tun. Mit besten Wünschen, M. Dietrich].« Und auf seine erneute Bitte beschied sie ihn: »I have to ask you not to think anymore about a book about me. In order to have a book <u>which remains with the facts</u> I would have to spend a lot of time with you which I cannot afford [Ich bitte Sie, nicht weiter über ein Buch über mich nachzudenken. Um ein Buch zu schreiben, das der Wahrheit entspricht, müßte ich viel Zeit mit Ihnen verbringen, was ich mir nicht leisten kann].« Damit endet die Korrespondenz.

HOTEL INTER-CONTINENTAL ■ 131 Exhibition Street · Melbourne ■

Im »Southern Cross« — Melbournes Inter-Continental Hotel — wohnte Marlene Dietrich während ihres Aufenthaltes 1975. Der damalige Hotelmanager John Wareing erinnerte sich: »Dear Miss Dietrich, around about fourteen years ago I was a very junior commis de restaurant at Chez Fouquet's on the Champs Elisées, Paris. It was my privilege on a number of occasions to be assigned commis service to your table, particularly on the terrace area. Now it is my privilege as managing director of this hotel to offer you a warm and sincere welcome and wish you a successful stay [Liebe Frau Dietrich, vor etwa 14 Jahren war ich ein junger Restaurant-Gehilfe im Chez Fouquet's an den Champs Elisées in Paris. Ich hatte mehrfach die Ehre, Ihrem Tisch als Gehilfe zugeteilt zu werden, insbesondere auf der Terrasse. Jetzt ist es mir eine Ehre, Ihnen als geschäftsführender Direktor dieses Hotels ein herzliches Willkommen zu bereiten und Ihnen einen erfolgreichen Aufenthalt zu wünschen].«

Über Österreich heißt es in Marlene Dietrichs »ABC meines Lebens«: »Ein sanftes Land. Gemalte Madonnen im blauen Mantel auf Häuserwänden. Das Tempo des Lebens ist gemächlich – verständlich durch die Schönheit des Landes. Nicht die grandiose Schönheit seines Nachbarn Italien. Eine süße, zärtliche Schönheit, die zu den Walzern paßt, zum jungen Wein, zu den Geigen, den Speisen. (...) Die Bewohner haben im Charakter viel mit den Franzosen gemein, vor allem – Charme. Darum sagt man auch, ›sie haben den Charme mit Löffeln gegessen.‹«

1933 reiste Marlene Dietrich zur Premiere des Schubert-Films von Willi Forst nach Wien und verliebte sich dort in den Hauptdarsteller Hans Jaray (siehe Eintrag). Im Sommer 1937 verbrachte die Familie Dietrich-Sieber den Urlaub in Österreich; die privaten homemovies von dieser Reise zeugen von unbeschwerten Ferientagen, als sie sich dort auf noch »neutralem« Boden und unweit der Grenze des verhaßten Nazi-Deutschlands mit ihrer in Deutschland verbliebenen Familie traf. Dirndlkleid und Sepplhose – auch für den angereisten Liebhaber Douglas Fairbanks jr. – vervollständigen das Bild von glücklichen Sommertagen mit Ruderbootfahrten und Wanderungen in einer Landschaft, die das nahe und doch unerreichbare Deutschland ahnen ließ.

Im Rahmen ihrer Europa-Tournée 1960 plante sie auch ein Gastspiel in Wien. Der dortige Kulturstadtrat Hans Mandl schlug ein Konzert in der Wiener Stadthalle (siehe Eintrag) für April 1960 vor, vorgesehen waren weitere Konzerte in Klagenfurt, Graz, Innsbruck und Salzburg. Unmittelbar vor dem geplanten Konzert veröffentlichte der »Neue Kurier« ein Interview von Curt Riess (siehe Eintrag). Marlene Dietrich bekannte darin ihre Ängste vor dem Wiedersehen mit ihrer Heimatstadt Berlin und fuhr fort: »Mit Wien ist das doch etwas anders. In Wien habe ich eine Unmenge Freunde! Und Wien hat sich nicht verändert, und Wien wird so sein wie eh und je, und vielleicht ist es gut, daß die Tournée in Wien beginnt.« Die Pläne zerschlugen sich jedoch, da im Vorverkauf nicht genügend Karten an das Wiener Publikum verkauft werden konnten.

SACHER HOTEL ■ **Philharmonikerstraße 4 · Wien** ■ Der Name des Hotels geht auf Franz Sacher zurück, der 1832 die »Sacher-Torte« kreierte. Das Hotel wurde 1876 als »Hotel de l'Opera« vom Sohn des Erfinders der »Sacher-Torte«, Eduard Sacher, gegründet und direkt gegenüber der Wiener Staatsoper nach Plänen von Eduard Fraenkel errichtet. 1934 ging die Gründerfamilie in Konkurs, das Hotel wurde von der Familie Gürtler übernommen, die es bis heute leitet – unterbrochen nur durch die Alliierte Besatzungszeit Wiens nach Kriegsende 1945, in der das Hotel zunächst als Quartier der sowjetischen und dann bis 1951 der britischen Armee diente. Der britische Schriftsteller, Dramatiker und Marlene-Dietrich-Freund Noel Coward (siehe Eintrag) brachte 1935 sein Theaterstück »Reunion de Vienne« in London heraus, in dem das Hotel unverkennbar als »Hotel Lacher« firmierte.

HOTEL INTER-CONTINENTAL ■ **Johannesgasse 28 · Wien** ■ Das Fünf-Sterne-Hotel »Inter-Continental« in Wien liegt *vis à vis* vom Stadtpark, gleich bei der Ringstraße, nicht weit entfernt von der Staatsoper und dem Stephansdom.

FRIEDRICH TORBERG ■ **Breitenfurth bei Wien · Schloßallee** ■ Den Schriftsteller und Publizisten Friedrich Torberg (geb. Friedrich Kantor-Berg, 16. September 1908 Wien bis 10. November 1979 Wien) lernte Marlene Dietrich vermutlich 1948 kennen – aus dieser Zeit datiert der ersten Briefwechsel. Torberg, der als Jugendlicher mit seiner Familie nach Prag übergesiedelt war, emigrierte 1938 in die Schweiz, von dort 1939 nach Frankreich, 1940 flüchtete er über Spanien und Portugal in die USA. Dort lernte er zusammen mit seiner Frau Mariella Marlene Dietrich kennen – und lieben: »Viel Geliebte und von niemandem mehr geliebte als von uns«, heißt es bereits im zweiten überlieferten Brief an sie. Im gleichen Jahr schickte er ihr sein Gedicht »Herz, Du mein seliger Schwan« aus New York zu. 1951 kehrte er nach Wien zurück und gab ab 1954 die Monatszeitschrift »Forum« (siehe Eintrag) heraus. Seit 1952 versuchte Torberg, Marlene Dietrich für eine Rückkehr zu gewinnen – noch unter der Adresse der US-Botschaft in Wien schrieb er an sie am 15.3.1952: »Jetzt ist es bald ein Jahr, dass ich mich hier herumtreibe, ein Jahr oder 365 Tage, und es sind höchstens ihrer 5 gewesen, grosszügig geschätzt, an denen ich nicht von Dir gesprochen oder an Dich gedacht hätte.« Er schwärmte ihr von Berlin – »ermutigendster Trümmerhaufen« – vor, »wo sie Dich am allerdeutlichsten so lieben wie Du geliebt sein willst, nämlich nicht obwohl, sondern <u>weil</u> Du Dich für Amerika entschieden hast und gegen die Nazis«, eine Einschätzung, die dann bei ihrem Berlin-Besuch schmerzhaft widerlegt wurde. Auch Torberg gehörte zu den schwärmerischen Freunden, deren Liebe, je lauter sie artikuliert wurde, um so spärlicher Antwort er-

Vorige Seite: Mit Douglas Fairbanks jr. in St. Gilgen, Österreich, 1937

hielt. »Geliebteste von allen«, nennt er sie zum Beispiel am 18.8.1958 und bekennt sich zu seinem »self truismus«: »dass Du völlig unverrückbar in meinem Leben stehst, dass Du mir <u>fehlst</u>, dass Du zu den wenigen Menschen gehörst, nach denen ich Sehnsucht habe (die anderen sind lauter Männer), dass Du mir für unendlich viele Dinge ein Masstab bist (...) und dass es manchmal richtig ›frustrating‹ wird, das alles zu wissen ohne es zu haben.« Und auch er klagt schließlich 1971: »Liebste, Du strafst mich seit Jahr und Tag durch Nichtbeantwortung meiner Briefe — warum weiß ich nicht — aber ich gebe die Hoffnung nicht auf.« Er weist auf Zeitungsberichte über ein erneut geplantes Wien-Gastspiel und eine Plattenproduktion in Österreich hin — »Der Mann, der sich möglicherweise an Dich wenden wird, heißt André Heller« — und erhält nun endlich die langersehnte Antwort. »Liebster, danke fuer Deinen Brief und lass uns wieder von der Liebe reden — wie einst im Mai«, schreibt sie ihm am 27.5.1971, »ich glaube das faengt an: ›Stell auf den Tisch die duftenden Reseden, die letzten roten Astern bring herbei.....‹« Den Plan eines Wien-Auftritts lehnte sie jedoch ab: »Ich arbeite nur fuer Geld. Umsonst haben wir ja im Krieg gemacht (...) Ich bin doch kein Exhibitionist.« Im gleichen Jahr schickt sie ihm das Manuskript ihrer Autobiografie zu — »Damit Du mir sagst, was Du denkst«. »Das Buch ist, wie ich dachte, der erste und der zweite Krieg in meinem Leben, der erste, in dem ich klug war und der zweite, in dem ich doof war. (...) Solange ich arbeite, geht alles. Aber was, wenn nicht??? So nehme ich Schlafmittel. Schon seit Langem. Es ist nicht schlimm. Es ist nur traurig oder langweilig. ›Was ist das Leben ohne Liebesglanz‹ — ist das Schiller?« Und am Schluß bittet sie ihn: »Bitte schreibe, Küsse, Marlene«. Die nun wieder aufflammende Brieffreundschaft endete abrupt, als Torberg sich — wie Max Colpet — in ihrem Buch vergeblich suchte: »Ich habe mir immer eingebildet, dass Dir nur wenige Menschen so nahe stehen wie ich. Und ich habe diese Einbildung als kostbaren Besitz mit mir herumgetragen.« — »Lieber Torberg, ich verstehe nicht, dass du es so wichtig findest in meinem Buch erwaehnt zu werden«, beschwert sie sich am 5.4.1979. Und fügt weitere Vorwürfe »ueber UNSERE Freundschaft« an: »Die letztere liegt weit zurueck! Als Rudi starb — kein Wort von Dir — Als ich mir die Beine brach (tausende Briefe von FREMDEN) kein Wort von Dir! Da soll ich an Freundschaft glauben?« Ein Blick in ihr Briefarchiv hätte sie eines Besseren belehrt: »Außer dem Bein ist nichts an Dir gebrochen, das spürt man schon«, schrieb er ihr im Februar 1977, »Ich weiss nicht, ob diese Ungebrochenheit, dieser Widerstand gegen den blossen Gedanken, sich unterkriegen zu lassen, <u>auch</u> ein Capricorn-Merkmal ist — es ist jedenfalls ein Marlene-Merkmal, and that's what counts.« Als guter Freund Remarques gab er sich resigniert nach ihren Vorwürfen 1979 mit dessen ironischer Haltung geschlagen: »Mit Tante Lena kannnste ja nicht argumentieren.«

FESTSPIELHAUS SALZBURG ■ Die jährlich stattfindenden Salzburger Festspiele wurden 1920 von Max Reinhardt gegründet, an dessen »Deutschem Theater« in Berlin Marlene Dietrichs Karriere begann. Neben Reinhardt standen zwei weitere prominente Künstler an der Wiege der Salzburger Festspiele: der Komponist Richard Strauss und der Dichter Hugo von Hofmannsthal. Das »Große Festspielhaus« erbaute Clemens Holzmeister 1956–1960. Marlene Dietrich plante, ihren dann stornierten Aufenthalt in Wien mit einem Gastspiel in Salzburg zu verbinden.

STADTHALLE WIEN ■ **Vogelliedplatz 14 · Wien** ■ In der Stadthalle in Wien sollte das Gastspiel Marlene Dietrichs am 25. April 1960 stattfinden. Der zuständige Wiener Stadtrat Hans Mandl nahm Ende 1959 Kontakt mit Marlene Dietrich in Paris auf: »WOLLEN MIT IHNEN GNAEDIGE FRAU EIN RENDEZVOUS WEGEN EINES EVENTUELLEN GASTSPIELS IN WIEN UNTER BERUFUNG AUF IHR TELEGRAMM AN STADTRAT MANDL VEREINBAREN.« Marlene Dietrich lud die Vertreter der Stadt Wien zu einem Treffen in Paris ein, das im Dezember 1959 im »Hotel Lancaster« stattfand. Doch am Tag ihres geplanten Auftritts in Wien meldete das Boulevardblatt »Abendzeitung« unter der Schlagzeile »Wien: Kein Interesse für den Blauen Engel«, daß im Vorverkauf nur 360 Karten verkauft werden konnten, die Stadthalle aber über 1600 Plätze verfüge. »Die Dietrich gab offen zu«, heißt es dort weiter, »daß sie geglaubt habe, ihr Name allein werde genügen, um die Massen anzulocken.« Sie habe, so berichtet die Zeitung weiter, erst in letzter Minute ihr Programm zusammengestellt und an die Wiener Organisatoren übermittelt. Auch das Werbematerial war nicht rechtzeitig in Wien eingetroffen. So sagte der Wiener Stadthallendirektor Eder das Konzert kurzfristig wegen »technischer Schwierigkeiten« ab.

HANS JARAY ■ **Reisnerstraße 21 · Wien** ■ Den Wiener Schauspieler Hans Jaray (24. Juni 1906 Wien bis 6. Januar 1990 Wien) verband im September 1933 eine Romanze mit Marlene Dietrich, an die er sie 1934 erinnert: »Vor einem Jahr gingen wir in

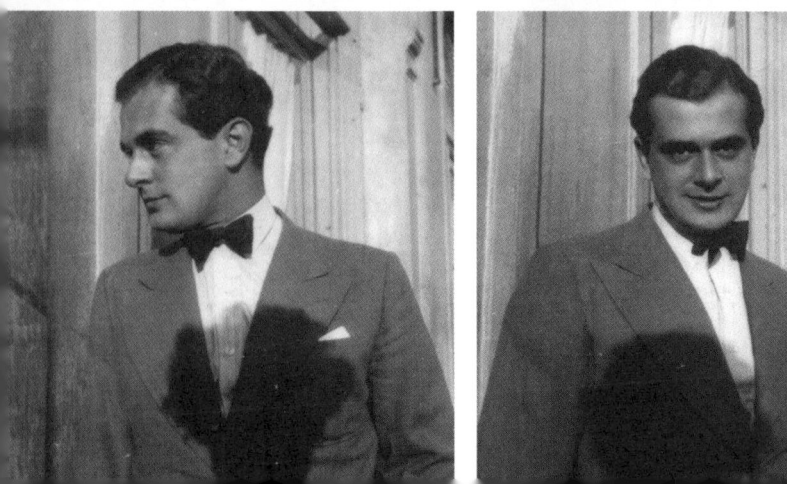

Salzburg am Fluß spazieren und diese beispiellos unfassbar unirdischen Tage – da stand mein Leben im Zenit.« Resigniert fügte er hinzu: »Ein Jahr – ein Jammer um so viel Liebe, die zum ewigen Monument versteinern mußte.« Jaray hatte 1925 am »Wiener Volkstheater« debütiert und gehörte zum Zeitpunkt ihres Zusammentreffens zum Ensemble des »Theaters an der Josefstadt«. Er emigrierte nach dem »Anschluß« Österreichs in die USA und war bis zur Rückkehr 1948 als Film- und Theaterschauspieler in Hollywood und New York tätig. In den gemeinsamen Tagen in Wien und Salzburg im Jahre 1933 trug sich Jaray mit einer Botschaft, die eher der Mutter Marlene galt, ins Poesiealbum der Tochter Maria ein: »Wenn Sie nur ab u. zu an mich denken werde ich es spüren u. sehr froh damit sein u. wenn es auch kürzer als zehn Jahre dauert.« Die überlieferten Briefe zwischen Jaray und Marlene Dietrich erzählen – wie so oft in ihrem Leben – von den Leiden eines Menschen, der sich in schwärmerischer Zuneigung der Diva näherte und zunächst auf Erwiderung seiner Gefühle hoffen durfte. Doch über kurz oder lang erschöpfte sich diese Gegenseitigkeit – übrig blieb ein weiterer sehnsuchtsvoller Briefeschreiber, dessen immer lautere Klagen und Forderungen nach einem Wiedersehen oder auch nur einen Brief der fernen Diva dann offensichtlich lästig wurden. »Du Geliebte – ich denke an Dich seit Du fort bist. Ich liebe Dich unaufhörlich – die Tage ziehen mühsam vorüber u. wollen nicht weiter. So lebt man nur scheinbar u. ins Uferlose«,

Hans Jaray, fotografiert von Marlene Dietrich auf dem Balkon des »Grand Hotel« in Wien, Juni 1933

heißt es da etwa, oder »Heute bin ich schon fünf Tage ohne Nachricht von Dir.« Es scheint, als ob Marlene Dietrich in dem Moment das Interesse an einer Beziehung verlor, in dem sich jemand – Mann oder Frau – von ihr abhängig machte und unterwürfig Forderungen nach Gegenliebe formulierte: »Geliebtes Gesicht – Deine Stimme wird immer blässer – der Glaube Dich bald wieder zu sehen immer geringer. Die Hoffnungslosigkeit auf irgendeine Zukunft mit Dir wird grösser mit jedem Tag. (. . .) So ist nun ein halbes Jahr um – ein halbes Jahr Trennung nach kaum 20 Tagen, die man sich hatte«, schreibt er im März 1934. Im November desselben Jahres schüttelte Marlene Dietrich ihn schließlich wie eine lästige Fliege ab. »Tausende Frauen hätten so einen Brief geschrieben – von Dir habe ich ihn nicht erwartet«, erwiderte er, »ich lege den Brief nicht zu den Gedanken an Dich – sie würden ihn nicht erkennen.«

HERTA KOCH ■ Lange Gasse 15 · Graz ■ Herta Koch arbeitete in den 1960er Jahren als Chanson-Texterin beim Radio Graz. 1964 schickte sie zwei ihrer Texte an Marlene Dietrich und fügte hinzu: »SIE waren mir für jeden Text Vorbild.« Anschaulich stellte sie sich vor: »Ich bin klein, rundlich, keine Schönheit und 42 Jahre alt.« Marlene Dietrich antwortete spontan und gab die Texte zur Vertonung. Für Herta Koch begann die aufregendste Zeit ihres Lebens – mit allen Höhen und Tiefen. »Wo sind die silbernen Flügel, die mir gewachsen sind beim Klang Ihrer Stimme? Die Glocken der Seligkeit sind verstummt, der Höhenflug des Glücks hat kein Ziel gefunden«, klagt sie wartend auf einen Anruf aus Paris. Wenige Tage später der nächste Brief: »Bitte sagen Sie jetzt nicht: ›Schon wieder ein Brief von der unbedeutenden Frau Koch!‹ (. . .) An Ihrem Lebenspfad als kleine Blume zu stehen bedeutet Reichtum der Seele für ein ganzes Leben.« Nun endlich kommt die ersehnte Aufmunterung: »Schreiben Sie weiter und schicken Sie mir Ideen (. . .) Gruesse und Gratulationen zu einem schoenen Lied.« Marlene Dietrich nahm noch im selben Jahr das Lied »In den Kasernen« in der Orchestrierung durch Burt Bacharach ins Repertoire und lud Herta Koch im September 1964 zu ihren Konzerten in Edinburgh und London ein. Ihre Texte »Die Welt war jung« und »Mutter, kannst Du mir vergeben« nahm sie bei »Electrola« auf Schallplatte auf. Herta Koch reiste zur Aufnahme an, geriet aber in Streitigkeiten mit Richard Demler – »leider ein Luegner und ein Schweinehund«, wie Marlene Herta mitteilte. »Auf Demler koennen wir nicht mehr rechnen obzwar er mir einen Liebesbrief zu Jahres Ende schrieb.

Mit Herta Koch und Burt Bacharach in Edinburgh »Die schönsten Stunden verdanke ich Ihnen! Zur Erinnerung an unsere erste Begegnung in Edinburgh, 6. Sept. 1964, Herta«

Liebesbrief und zur selben Zeit Vertragsbruch mir gefaellt das!« Auch Herta Koch schickte zum Jahreswechsel einen Liebesbrief an Marlene Dietrich: »Ich liebe Sie! Ich liebe Sie!!!!! In meinen Augen ist ›Marlene‹ der Mittelpunkt der Welt!« Marlene Dietrich bat ihren deutschen Produzenten Wolfgang Börner: »Ich moechte gern Hertha Koch helfen ihre sehr schoenen Texte an die richtige Person zu bringen ohne dass sie Gefahr läuft dass man ihre Ideen stiehlt. (. . .) Hertha Koch hat nicht nur Talent fuer Liedertexte, sie hat auch viele neue Ideen und kann auch (neben den Texten mit tieferem Sinn) populare Texte schreiben.« Auch Herta Koch kam der Diva zu nahe – und mußte dafür büßen. Als sie Kritik an der Aufnah-

PRISONER OF WAR POST
KRIEGSGEFANGENENPOST

Army Form No. W.3494

Absender
Vor und Zuname _Gfr. Ernesto Sieber_

Gefangenennummer _B 955363_

Lager-Bezeichnung
No. _309_ P.O.W. Camp.
Great-Britain _Naples._

ADRESSE

An _Marlene Dietrich_

Empfangsort _Paris_

Strasse _Hotel Ritz._

Land _France_

Elysée Park
Hotel Champs
Av Champs Elysées
Paris

402m 9/43 [87122] 47143/221 2142m 1/44 M&O Ltd. 47—211

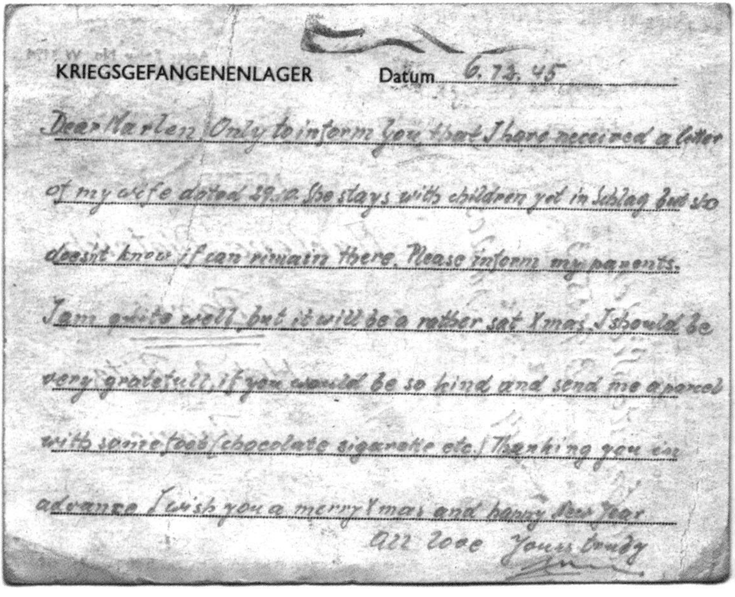

KRIEGSGEFANGENENLAGER Datum _6. 12. 45_

Dear Marlen Only to inform you that I have received a letter of my wife dated 29.10. She stays with children yet in Schlag but she doesn't know if can remain there. Please inform my parents. I am quite well, but it will be a rather sad Xmas. I should be very gratefull, if you would be so kind and send me a parcel with some food (chocolate sigarette etc.) Thanking you in advance I wish you a merry Xmas and happy New Year

all love Yours truly

me eines ihrer Lieder übte und bat, künftig bei den Aufnahmen dabei zu sein, verbat sie sich das: »Kuenstler haben <u>nicht gern</u>, wenn man ihnen <u>hineinredet</u>.« Und sie gab ihr den professionellen Rat: »Aber eines moechte ich Ihnen immer wieder auf die Seele binden. Machen Sie keinen Krach. Warten Sie bis Sie beruehmt sind. Dann koennen Sie sich alles erlauben. Nicht vorher.« Der Briefwechsel endete 1966 mit Marlene Dietrichs Mitteilung, keine deutschen Schallplatten mehr zu produzieren: »Sie haben ja wohl von den Hetz-Artikeln gehoert und die Bilder gesehen, die man mir schickte auf denen Herren sehr stolz zwischen meinen zerbrochenen Platten herumsassen.«

FORUM ■ Die kulturkritische Wiener Monatszeitschrift »Forum« gab Marlene Dietrichs Freund, der Schriftsteller und Journalist Friedrich Torberg (siehe Eintrag) von 1954 bis 1965 heraus. »Practically a one man job«, wie Torberg Marlene Dietrich 1959 über seine Arbeit mitteilte. Die Zeitschrift sei »eine der wichtigsten kulturpolitischen Zeitschriften, die heute in deutscher Sprache erscheinen.« Die angegebene Telefonnummer gehörte vermutlich zur Redaktion, unter der Friedrich Torberg zu erreichen war.

ERNST SIEBER ■ **Hauberissenstraße 4 · Kaufbeuren ·** Postkarte
Bayern ■ Der Exporteur Ernst Sieber (26. Oktober 1901 Aussig bis 12. von Ernst Sieber
Mai 1985 Kaufbeuren) war der Bruder von Marlene Dietrichs Ehemann aus dem Kriegs-
Rudi Sieber. Aus dem »P.O.W. camp 209« in Neapel wandte er sich am gefangenenlager
6.12.1945 an »Marlene Dietrich, Paris, Hotel Ritz«. Die Karte wanderte in Neapel,
von einem Pariser Hotel zum anderen und erreichte Marlene schließlich 1945
im »Claridges«: »I am quite well but it will be a rather sad x-mas. I should
be very grateful if you would be so kind and send me a parcel with some food (chocolate, zigarette etc.) Thanking you in advance I wish you merry x-mas and happy new year, all love yours truly Ernst [Es geht mir ganz gut, aber es wird ein trauriges Weihnachtsfest. Ich wäre Dir sehr dankbar, wenn Du mir ein Paket mit Lebensmitteln (Schokolade, Zigaretten etc.) schicken könntest. Mit bestem Dank im voraus, ich wünsche Dir frohe Weihnachten und ein gutes Neues Jahr, immer Dein Ernst]«. Marlene Dietrich versorgte Ernst und Lucia Sieber nach dem Krieg mit *Care*-Paketen. Nach dem Tode von Ernst rief sie bei seiner Witwe Lucia in Kaufbeuren an, und Lucia dankte ihr: »Es war die einzige Teilnahme von der Sieber-Seite. Wir zwei sind nun die letzten, die amtlich noch ›Sieber‹ heißen.«

Im Juli 1960 trat Marlene Dietrich in vier Konzerten in Madrid auf. Unter der dortigen – vorsortierten – »Fanpost positiv« fand sich der Brief von Sigrid Karg, die ihr ein Foto von sich mit folgendem Text auf der Rückseite zuschickte: »Marlene hat die schönsten Beine der Welt/und ausserdem noch sehr viel Geld./Sie hat zum ersten Mal in Spanien gesungen/Alle, die sie hörten, sind vor Freude gesprungen./Ich wünsche ihr weiter viel Glück, Erfolg und Geld/Und nur das allerschönste auf dieser Welt.« Im März 1963 gastierte Marlene Dietrich noch einmal in Spanien, im »Parador del Foc« in Valencia.

JEROME THOR ■ **Ave Generalissimo 30(gestrichen) · Vellajos 6 · Puerto de Hierro · Madrid** ■ Mit Jerome Thor, genannt Jerry, und seiner Frau Scotty korrespondierte Marlene Dietrich seit Ende der 1950er Jahre unter wechselnden Adressen, zuletzt in Beverly Hills. Die Briefe geben ein Bild von der engen Beziehung zu Marlene Dietrich, die beide immer wieder einlud, in einem ihrer Apartments zu wohnen. Jerry und Scotty Thor arbeiteten auch gelegentlich für die Dietrich, so schrieb Marlene im April 1967 an »Dearest Scotty«: »If you want to earn in your capacity as an <u>actress</u>, I can list it as ›coaching‹[Wenn Du nach Deinen Fähigkeiten als Schauspielerin bezahlt werden willst, dann führe ich Dich als coach auf meiner Liste].« In der Freundschaft mit Thors, zu der auch das gegenseitige Versorgen mit Wäschebleiche, Senf oder »Hem-maker« für das Abstecken eines Kleidersaums gehörten, kehrte sich das sonst herrschende Korrespondenz-Prinzip um: »Dearest Jerry, although you do not answer me ever I still write to you [Liebster Jerry, ich schreibe noch immer an Dich, obwohl Du mir nie antwortest]«, schrieb Marlene Dietrich im Januar 1964 und fügte am Ende hinzu: »PLEASE LET ME HEAR FROM YOU. I NEED IT [Bitte laß was von Dir hören. Ich brauche es].« Und im Mai 1970 dankte sie den beiden mit den Worten: »What a letter I received from you. I cried. I guess I'm not spoiled with gratefulness, but your letter for such a little thing really was beautiful. You can have anything I have anytime [Was habe ich für einen Brief von euch bekommen. Ich habe geheult. Vermutlich bin ich nicht gerade von Dankbarkeit verdorben, aber euer Brief für so eine kleine Sache war wirklich wundervoll. Von mir könnt Ihr jederzeit alles haben, was ich besitze].« Jerry und Scotty telegrafierten ihr zum Tode Remarques am 25. September 1970 und sie antwortete vier Tage später: »Naturally I was alone when Remarque died. But I had known of his illness and by chance I tried to telephone him and he answered [Ich war natürlich alleine, als Remarque starb. Aber ich wußte, daß er krank war, und hatte zum Glück versucht ihn anzurufen, und er war selbst am Telefon].« Nicht uneigennützig beklagte sie gegenüber Thors, nichts von Remarque geerbt zu haben und fügte an: »If I survive Gabin, it will be the same thing. I take it as my fault. I could have had it all, the name and the money. But I said: No. I wouldn't do it to Rudi [Falls ich Gabin überlebe, wird es genauso sein. Ich nehme es als meinen Fehler. Ich hätte das alles haben können, den Namen und das Geld. Aber ich habe Nein gesagt. Das wollte ich Rudi nicht antun].«

SAMARAL MEN'S STORE ■ Avenida de José Anton 107 · **Madrid** ■ In »Samarals Men's Store« tätigte Marlene Dietrich während ihres Madrid-Aufenthaltes ihre Einkäufe — nicht nur Männerkleidung, wie die Rechnung für eine Lieferung ins Hotel belegt, sondern offensichtlich auch Mitbringsel oder Geschenke für die Madrider *crew* ihres dortigen Auftritts. Auf der Rechnung über 7.125,- Pts. sind unter anderen »Vasos, Carafe, Toro und Caballo« aufgelistet. Auf einem Zettel notierte sie darüber hinaus handschriftlich den Einkauf von »suit material, 2 pants, 1 jacket, 1 vest [Anzugstoff, zwei Hosen, ein Jackett, eine Weste]« zum Preise von 8.800,- Pts.

Vorige Seite: Auf der Tribüne beim Stierkampf in Madrid, Juli 1960

ELIZABETH ARDEN ■ »Elizabeth Arden Hair Shop« war Marlene Dietrichs Friseur während ihres Aufenthaltes in Madrid im Juli 1960. Für den »service rendered at Hotel Fenix (seven days)« kassierte der Laden, wie die Buchhaltung des Hotels belegt, 2.100,- PTs.

ORSON WELLES (siehe Eintrag unter Italien) ■ Avenida 17 · Puerto de Hurro (gestrichen) · 6 Velayos · Ciudad Puerta de Hierro

ARTUR KAPS ■ Calle Besos 24 · Barcelona ■ Artur Kaps arbeitete für die Agentur »SAGI«, die als »Consejeros de publicidad« in Barcelona firmierte. Er organisierte Marlene Dietrichs Fernseh-Show, die am 3.12.1962 mit Unterstützung von »Coca Cola« in Madrid produziert und im Dezember desselben Jahres in Spanien ausgestrahlt wurde. Kaps schrieb ihr nach der Sendung: »Gedanken lesende Marlene! Vielen Dank fuer Ihr Telegramm. Was sind Sie fuer ein wunderbarer Mensch, was sind Sie für eine grosse Kuenstlerin! Vor mir liegen die Resultate unseres Test-Bueros mit den Ergebnissen Ihrer Sendung. Millionen sind vor den Apparaten gesessen und waren restlos von Ihnen begeistert. Kinos, Theater und Cabarets waren leer. Wie tief beeindruckt waren die Menschen von Ihnen bis

in die kleinsten Doerfer. (...) Marlene, ich bin so stolz darauf, dass ich mit Ihnen arbeiten durfte und unendlich gluecklich, Sie kennen gelernt zu haben. Immer Ihr Artur Kaps«. 1963 bemühte er sich erneut, sie für einen Auftritt in Barcelona zu gewinnen: »Ich bin sogar ueberzeugt, dass es nochmal mit Coca-Cola geht, denn Sie haben unzweifelhaft den groessten und eindrucksvollsten Erfolg gehabt, den je ein Kuenstler in der Television erzielen konnte.« 1966 wandte Kaps sich direkt an Marlenes Agenten Marouani, um einen weiteren TV-Termin für sie zu vermitteln und fügte hinzu: »Je vous en prie de lui dire à Marlene qu'on peut être tranquille parceque comme toujours je ferai tout le possible pour que tout soit bien fait [Ich möchte Sie bitten, Marlene auszurichten, daß sie ganz beruhigt sein kann, denn ich werde wie immer alles in Bewegung setzen, damit alles klappt].« Seine Bemühungen verliefen jedoch im Sande.

VALIMITJANA und VICTOR SAGI ■ Passo di Garcia 2 · **In einer Bar** **Grand Hotel · Barcelona** ■ Victor Sagi war der Besitzer und Chef **in Madrid,** der gleichnamigen Agentur »SAGI«, die für Marlene Dietrich Konzerte und **Juli 1960** TV-Auftritte in Barcelona organisierte.

Marlene Dietrich unternahm zwei Konzertreisen (1963 und 1974) nach Mexico. Vom 4. bis 13. Juli 1963 trat sie im »Terrazza Cassino Club« in Mexico City in zwei Shows pro Tag auf; wie sie vorher nicht wußte, fand die zweite Show um 2 Uhr morgens vor demselben Publikum statt: »The people who are still sitting in the same seats from the first show that ends at 12.30 are drunk and make a racket. Not nasty but exhuberant enough to make any performance of a serious nature impossible. A comedian telling a few jokes might get their ear or a strip tease, maybe, their attention [Die Leute, die nach der ersten Vorstellung, die um halb 1 Uhr nachts endet, noch immer am selben Platz sitzen, sind betrunken und machen Krach. Nicht eklig, aber störend genug, um jede Aufführung ernsthafter Natur unmöglich zu machen. Ein Komödiant, der Witze erzählt, mag vielleicht noch erhört werden, oder eine Striptease-Nummer ihre Aufmerksamkeit erregen]«, beschwerte sich Marlene Dietrich bei ihrem Agenten Sol Shapiro. Und sie schloß: »The wonderful reception the first show receives is completely wiped out of our minds at the end of the night and we go home at 3.30 a.m. feeling very low [Der begeisterte Empfang, den uns das Publikum der ersten Show bereitet, ist am Ende der Nacht in unseren Köpfen wie weggefegt, und wir schleichen uns um 3.30 Uhr morgens in schlechter Stimmung nach Hause].« Unter diesen Umständen kam das vom »Terrazza Cassino Club« geplante zweite Gastspiel im folgenden Jahr nicht zustande. Erst 1974 kehrte sie zu einem Gastspiel nach Mexico City zurück, das vom 13. bis 26. Juni im »El Patio Night Club« stattfand. Auch hier waren pro Tag zwei Auftritte fixiert. Weniger der Nachtclub als vielmehr das »Fiesta Palace Hotel« erregte nun zumindest unter den Musikern Protest. Marlene Dietrich wiegelte ab: »I don't think the Hotel is below the standards that I have accustomed you to. I live here and I would call it RATHER more elegant than the Inns we have been at [Ich finde nicht, daß das Hotel unterhalb des Niveaus rangiert, an das ich euch gewöhnt habe. Ich wohne auch hier und würde es vielmehr als eleganter bezeichnen als die Gasthäuser, in denen wir schon abgestiegen sind].« Daß die Klimaanlage nicht funktioniere und es keinen swimming pool gab, sah Marlene nicht als Katastrophe an: »I wish I could laugh at it because you were certainly not raised with pools attached to the house [Ich wünschte, ich könnte darüber lachen, denn ihr seid sicherlich nicht mit einem Schwimmbad am Haus aufgewachsen]«, schreibt sie an ihre Band. Die mexikanische Presse erinnerte an Marlene Dietrichs Haltung im Krieg und titelte: »Heroina de la guerra y la paz [Heldin des Krieges und des Friedens].«

CHRISTINA MUÑOZ ■ Ave Prado Sur · Mexico City ■ Christina Muñoz war eine der selbsternannten Freundinnen von Marlene Dietrich und traf sie in Mexiko während ihres Aufenthalts 1963. Zum zweiten Gastspiel bot sie ihre Unterstützung an. »Dear Marlene, this is just to let you know that the mexican audiences are eagerly awaiting for this your second visit to this country [Liebe Marlene, ich will Ihnen hiermit nur sagen, daß das mexikanische Publikum sehnsüchtig Ihren zweiten Besuch in unserem Land erwartet]«, schreibt sie im Mai 1974. Christina Muñoz war vermutlich auch nicht ganz unschuldig an dem Wiedersehen mit Dolores Del Rio, mit der sie, wie sie an Marlene Dietrich schrieb, befreundet war.

DOLORES DEL RIO ■ Santa Rosalia 39 · Mexico City ■ Mit der Filmschauspielerin Dolores Del Rio (3. August 1905 Durango bis 11. April 1983 Newport Beach) war Marlene Dietrich seit den 1930er Jahren in Hollywood befreundet. Zusammen mit ihrem Mann, Cedric Gibbons, gratulierte sie Marlene Dietrich 1936 zum Erfolg ihres Filmes »Garden of Allah«: »THE GARDEN BREAKING RECORDS WHEREVER SHOWN DELIGHTED TO HEAR YOU WILL BE HOME IN JANUARY WE HAVE MISSED YOU ENORMOUSLY ALL OUR LOVE DOLORES AND CEDRIC [›Garten‹ bricht alle Rekorde, wo auch immer der Film gezeigt wird. Wir freuen uns zu hören, daß Du im Januar zuhause sein wirst, wir haben Dich unendlich vermißt. Alles Liebe, Dolores und Cedric]«. In den privaten Filmaufnahmen der Familie Dietrich-Sieber aus den 1930er Jahren ist Dolores Del Rio zu bewundern. Vierzig Jahre später trafen sich die beiden gealterten Stars bei Marlene Dietrichs Premiere 1974 in Mexico City wieder. Die örtliche Klatschpresse berichtete ausführlich darüber. Der Zeitung »THE NEWS« aus Mexico City war es, wie sie am 16.6.1974 berichtet, gelungen, »to sneak a peek at Miss Del Rio during the performance [während der Vorstellung einen verstohlenen Blick auf Dolores Del Rio zu werfen]«: »She became so emotionally responsive to the thrilling success of her old friend that she wept unashamedly in generous tribute to a professionalism that easily matches her own [Sie hat so emotional auf den umwerfenden Erfolg ihrer alten Freundin reagiert, daß sie voller Bewunderung ungeniert weinte zu Ehren einer Professionalität, die ihrer eigenen sehr nahe kommt].«

Vorige Seite: Mit Dolores Del Rio und Cedric Gibbons in einer Bar in Hollywood, 1930er Jahre

Canada gehörte zu den regelmäßigen Stationen der Konzert-Tournéen von Marlene Dietrich in den 1960er und 1970er Jahren. Im Herbst 1960 trat sie in »Her Majesty's Theatre« (siehe Eintrag) in Montreal und im »O'Keefe Center« (siehe Eintrag) in Toronto auf, 1967 gastierte sie anläßlich der Weltausstellung EXPO in Montreal und 1973 in Toronto im »Royal York Hotel« (siehe Eintrag).

Bei ihren Pressegesprächen erinnerte sie immer wieder an ihre Auftritte 1943 vor canadischen Soldaten in Alaska und 1944 an der Front in Italien. Das canadische Militär zollte ihr Tribut und empfing sie 1960 mit einer Abordnung von Veteranen am Flughafen. 1967 lud sie General Rollie als Ehrengast zur Teilnahme an einem Zapfenstreich in Montreal ein. Die Fahrt im Militärwagen zu ihrem Sitzplatz neben Rollie auf der Ehrentribüne wird die »Soldatin« Dietrich genossen haben.

Wie überall in der Welt waren es auch in Canada Deutsche, die sie besonders herzlich begrüßten. Anne Buider bekannte: »Ich habe am Buehnenausgang zwischen den Menschen gestanden, zwischen Juenglingen und Greisen, Teenagern und nuechternen Hausfrauen, die im Regen ausharrten nur um ›die Marlene‹ zu sehen, ihr naeher zu sein als es auf der Buehne moeglich war.« In Toronto schrieb »eine ehemalige Berlinerin«: »Gestern abend war etwas ganz besonderes fuer mich: ich habe geheult wie ein Schlosshund – und glaube eigentlich nicht, eine dumme Gans zu sein. Vielen Dank and I shall certainly come to see you at least one more time this week [und ich komme sicherlich noch mindestens einmal diese Woche, um Sie zu sehen].« Während der Weltausstellung 1967 trat Marlene Dietrich für zwei Wochen täglich im »EXPO Theatre« in der »Cité du Havre« in Montreal auf. »I hear the Queen is coming. If she doesn't sing all will be fine [Wie ich höre, wird die Königin kommen. Solange sie nicht singt, wird alles gut gehen]«, bemerkt sie zu Hugh Pickett im Vorfeld ihres Auftritts. Ob es dazu kam, ist nicht überliefert. Für einigen Pressewirbel sorgte die Tatsache, daß Marlene Dietrichs Gepäck auf dem Zwischenstop in New York verloren ging. So kam sie ohne die übliche Anzahl von Koffern 1967 in Canada an. Neben Montreal und Vancouver trat sie auch in Ottawa und Toronto auf, meist vermittelt und organisiert von Hugh Pickett. Bei ihrem Gastspiel 1973 reiste sie – wegen ihrer Beinverletzung durch den Sturz in einen Washingtoner Orchestergraben – teilweise im Rollstuhl. »How does she look? Older. How does she sound? The same [Wie sieht sie aus? Älter. Wie hört sie sich an? Wie immer]«, schrieb George Anthony in seinem Konzertbericht am 30.11.1973.

HUGH PICKETT ■ home: · **6375 Wiltshire · Vancouver · Office: · 525 Jeymon Street** ■ Hugh Pickett war Marlenes Agent für die Konzerte in Kanada. Er firmierte unter verschiedenen Briefköpfen, seiner eigenen Agentur »Famous Artist's LTD.« und als Leiter der »Vancouver Festival Society«, die das Festival im »Queen Elizabeth Theatre« organisierte. Auch er war mehr als nur Agent der Diva: »All you have to do is to whistle [Das Einzige, was Sie tun müssen, ist pfeifen]«, schreibt er 1964 in Vancouver neben die Mitteilung seiner Hoteladresse. Marlene Dietrich schätzte »my friend Mr. Hugh Pickett«, denn er erfüllte offensichtlich weitgehend ihre Sonderwünsche – bis hin zu einem extra aus England importierten roten Samtvorhang für ihre Bühnenshow 1967. »Dear Hugh, oh dear, oh dear. I really try so hard to be very explicite and still there are new things cropping up which I never anticipated [Lieber Hugh, oh je, oh je. Ich versuche wirklich, deutlich zu sagen, was ich möchte, aber trotzdem tauchen immer wieder neue Sachen auf, die ich nie hätte voraussehen können]«, schreibt sie ihm im Oktober 1966 im Hinblick auf ihre Konzerte während der EXPO. Zu den Sonderwünschen gehörte auch eine Schreibmaschine. »Hate to drag mine along [Schleppe meine nicht gerne mit mir rum]«, schrieb sie ihm deshalb im Mai. Pickett verfolgte

Vorige Seite: Begrüßung durch Veteranen der canadischen Armee, September 1960

ihre Tournéen in der Presse oder reiste gelegentlich zu ihren Auftritten: »It was delight to see the show again and to talk to you – I will never cease to marvel that there is someone in this business who really cares for perfection [Ich war hocherfreut, Ihre Show noch mal zu sehen und mit Ihnen zu sprechen – Ich werde nie aufhören zu bewundern, daß es in diesem Geschäft jemanden gibt, dem Perfektion so am Herzen liegt]«, schrieb er ihr Ende der 1960er Jahre. Er beklagte den Niedergang der Bühnenshows und hielt sie über seine Arbeit als Konzertagent auf dem Laufenden. »We have a phenomena of age in town tonight, DONOVAN, one little mimpy boy on the stage with a guitar, 15 000 seats sold – it's what is selling today. I don't believe it [Wir haben hier in der Stadt heute abend ein Zeitphänomen, Donovan, ein kleiner, mickriger Junge mit Gitarre auf der Bühne, und 15 000 Sitzplätze ausverkauft – das ist es, womit man heute Geschäfte macht. Ich kann es nicht

glauben]«, klagt er 1969. Zu dieser Zeit lernte Hugh Pickett bei einer USA-Reise Rudi Sieber kennen, und die beiden Männer freundeten sich offensichtlich an. 1970 schrieb er an Rudi über Marlene: »I feel, Rudy, that I can be a help to her, because if things go wrong she can tell me about them and I don't mind – it's much better than telling people who don't understand and really don't care [Rudi, ich habe das Gefühl, daß ich ihr eine bessere Hilfe sein kann, weil sie mit mir reden kann, wenn Sachen schiefgehen, und mir macht das nichts aus, das ist viel besser, als es anderen Leuten zu erzählen, die nichts davon verstehen und sich nicht wirklich darum kümmern].« Und er fügte hinzu: »As you know I would do anything to make life easier for her [Wie Du weißt, würde ich alles tun, um ihr das Leben zu erleichtern].« Zu diesem »anything« gehörte dann auch, Rudi im Auftrag Marlenes ein Geschenk zum Hochzeitstag zu besorgen: »Wouldn't it be fun for Rudy to receive a plant from me [Würde es Rudi nicht Spaß machen, von mir eine Pflanze zu bekommen]?« Die Korrespondenz reicht bis 1990, Marlene und Hugh tauschen sich aus über Bücher, über den Klatsch im Showbusiness und die Wiedervereinigung Deutschlands. Auf seinem letzten Brief im Nachlaß notierte Marlene: »HE WAS VERY KIND TO PAPPY, KEPT HIM COMPANY – ALSO CAME WHEN I WAS THERE AND COOKING [Er war sehr lieb zu Pappi, hat ihm Gesellschaft geleistet – kam auch, wenn ich dort war und kochte].«

Bei der Ankunft in Canada, September 1960

ROYAL YORK HOTEL ■ **100 Front St. W · Toronto, Ontario** ■ Das »Royal York Hotel«, ein Prachtbau aus der Zeit der Jahrhundertwende, gilt heute als das zweitbeste Hotel in Toronto. Das Hotel veranstaltete in seinen eigenen Räumen im November 1973 mehrere Konzerte mit Marlene Dietrich. Auch für 1975 waren mehrere Konzerte dort geplant, die jedoch abgesagt wurden.

O'KEEFE CENTER ■ Im »O'Keefe Center for the Performing Arts« in Toronto trat Marlene Dietrich im Oktober 1960 auf. Das Theater wurde Ende der 1950er Jahre von dem Architekten Earle C. Morgan erbaut und durch die »O'Keefe Brewing Company« finanziert. Es galt als ein Zentrum »erstklassiger Unterhaltung« mit 3200 Sitzplätzen und wurde 1959/60 eröffnet. Marlene Dietrich trat dort mit mehreren Künstlern aus Mexiko, Südamerika und Kanada auf. Zum Programm gehörte auch ihr israelischer Freund Shai K. Ophir (siehe Eintrag).

FLETCHER MARKLE ■ 86 Stibbard Ave · Toronto ■ Den Autor Fletcher Markle (27. März 1921 Winnipeg bis 22. Mai 1991 Passadena) und seine Frau Mercedes, genannt Mercy, lernte Marlene Dietrich Ende der 1940er Jahre kennen – und schätzen. Fletcher Markle war verantwortlich für das Drehbuch und die Regie des Films »Jigsaw«, der 1948 mit Marlene Dietrich in der Rolle einer Nachtclubbesitzerin gedreht wurde.

1958 schickte er ihr sein Manuskript für eine Fernsehserie zu, in der er auch eine Rolle für sie vorgesehen hatte. »I think it is a charming script. Light as a feather, but beautifully acted. I would enjoy seeing it [Ich finde, es ist ein charmantes Drehbuch. Leicht wie eine Feder, aber gut dramatisiert. Ich würde mich freuen, es zu sehen]«, antwortete sie, zweifelte jedoch an ihrem Beitrag. »My role in it is, as I was afraid, it might easily be, superfluous and not interesting enough to welcome this kind of ›integration‹ [Meine Rolle darin ist jedoch, wie ich befürchtet hatte und leicht passieren konnte, überflüssig und nicht interessant genug, um sich über eine solche Art von ›Einbeziehung‹ zu freuen].« So kam sie zu dem Schluß: »Maybe it cannot be done [Vielleicht sollte man es sein lassen]«, schlug ihm jedoch angesichts der Pressevorberichte vor, die Dreharbeiten offiziell nur zu »verschieben«. »How would you like to see me with a couch as my only partner . . . and the couch could spell out the questions à la séance [Wie würde es Dir gefallen, mich mit einem Sofa als einzigem Partner zu sehen . . . und das Sofa würde mir wie in einer Séance Fragen stellen]«, fragt Marlene ihn im selben Jahr, und Fletcher Markle tröstet: »You deserve a much more interesting partner – – horizontal or vertical – – than just a couch [Du verdienst einen viel interessanteren Partner – horizontal oder vertikal – als nur ein Sofa]!«.

Fletcher und Mercy blieben Freunde von Marlene und trafen sie gelegentlich bei ihren Konzerten »on stage and off [vor und hinter der Bühne].«

JOHN BANKS ■ 1500 St. Croix · Montreal ■ John Banks gehörte seit Beginn der 1960er Jahre zu Marlene Dietrichs bewundernden Freunden. Er firmierte 1967 unter dem Briefkopf »The Cave – Canada's outstanding theatre restaurant« in Vancouver. 1965 schickte sie ihm ihre neueste Schallplatte zu und bat ihn um Kommentare zu den einzelnen Liedern. »Hello there you perfect doll [Hallo, Du perfekte Puppe]«, antwortete er umgehend, »to say that I was surprised to hear from you is indeed an understatement

....shocked might be the better term. So I gratefully bowed my head (to put on the record player) and thanked you with all my heart [Zu behaupten, daß ich überrascht war, von Dir zu hören, wäre in der Tat eine Untertreibung . . . .schockiert wäre vielleicht der bessere Ausdruck dafür. So senkte ich dankbar mein Haupt (um den Plattenspieler anzustellen) und dankte Dir aus vollem Herzen].«

OSTHEOPATHS: A. EGDELSTON/WILKENSON ■ **1538 Sherbrooke Street West · Montreal** ■ Die Ostheopathen Egdelston und Wilkenson konsultierte Marlene Dietrich vermutlich bei ihrem Montreal-Aufenthalt 1960, denn sie hatte sich, wie die Presse berichtete, bei der Ankunft am Flughafen ein Bein verstaucht. Egdelstons Praxis befand sich in direkter Nachbarschaft ihres Hotels.

GEORGE DE DEAUVILLE ■ **House of Dennison · 2336 Lucerne Rd. · Toronto** ■ George de Deauville war während der Konzerttournée 1973 für Marlene Dietrichs Frisur und ihre Maniküre zuständig. Auf dem Briefkopf des »Royal York Hotel« bedankte er sich bei »My dear Miss Dietrich«: »It was such a divine pleasure for me to be able to do your hair in Montreal and Toronto – as I told you – I greatly admire you and your performances [Meine liebe Frau Dietrich, es war ein so himmlisches Vergnügen, daß ich in Montreal und Toronto Ihr Friseur sein durfte – wie ich Ihnen sagte – bewundere ich Sie ebenso wie Ihre Auftritte].« Und er schlug ihr zum Abschied in Toronto vor: »I would like to do your hair before you leave tomorrow – as you never know if there might be photographers and fans at the airport [Ich würde Sie gerne morgen, bevor Sie das Hotel verlassen, noch einmal frisieren – da man ja nie weiß, ob Fotografen und Fans am Flughafen warten].«

HER MAJESTY'S THEATRE ■ Das Montreal-Gastspiel im Jahre 1960 wurde von »Her Majesty's Theatre« veranstaltet und fand vom 1. bis 13. September statt.

RITZ CARLTON ■ **1228 Sherbrooke Street West · Montreal** ■ »The Ritz-Carlton Montréal is one of the great treasures of this city. Marked by a classically understated elegance, it has long been a premier destination for visitors from all over the world. Its recent careful restoration has assured its status as one of the grand hotels of North America [Das Ritz-Carlton Montreal ist einer der großen Juwelen der Stadt. Ausgezeichnet durch seine klassische, dezente Eleganz, ist es seit langem die erste Adresse für

Besucher aus aller Welt. Die kürzliche, behutsame Renovierung hat seinen Status als eines der Grand Hotels in Nordamerika gefestigt]«, heißt es heute in der Werbung des Hotels. In der kanadischen Dependence der nach César Ritz – dem »König der Hoteliers und Hotelier der Könige« benannten – Hotelkette residierte Marlene Dietrich während ihres Gastspiels 1960. Wegen ihres Engagements für kanadische Soldaten im Zweiten Weltkrieg wurde sie im Hotel durch die »Royal Highlanders Cadet Band« mit militärischen Ehren begrüßt. Auch während ihres Gastspiels im »Place des Arts« 1973 in Montreal wohnte sie wiederum im selben Hotel. Als sich herausstellte, daß einer ihrer Begleiter dort mit ungedeckten Schecks bezahlt hatte, übernahm Marlene Dietrich 1974 großzügig die Kosten.

ROYAL EMBASSY ◼ Im Hotel »Royal Embassy« wohnte Marlene Dietrich während ihres Konzert-Aufenthaltes vom 11. bis 24. Juni 1967. Für sie war dort eine Suite zum Preise von 50 $ reserviert, für die sie begleitenden Musiker hielt sie die Preise von 20 $ jedoch, wie sie am Rande vermerkte, für »TOO EXPENSIVE [viel zu teuer]«: »They are used to small Hotels and not need to be where I am [Sie sind an kleine Hotels gewöhnt und brauchen nicht im gleichen Hotel zu wohnen wie ich].« Der letztgenannte Grund war vermutlich der wichtigere.

MARK FURNESS/CHRIS BANKS/DAVID HABER ◼ Mark Furness war »Production Co-ordinator« des EXPO-Theatres während der Weltausstellung 1967 in Montreal und zusammen mit Chris Banks und David Haber für die persönliche Betreuung von Marlene Dietrich während ihres dortigen Gastspiels zuständig. Im gleichen Jahr lud sie »Dearest Mark« zu Besuch nach New York ein und sandte ihm »love and kisses [Liebe und Küsse]«. Chris Banks gehörte zum Management der Weltfestspiele, und auch er sandte Marlene Dietrich »deep love and again a million thanks [innige Liebe und nochmals Tausend Dank]«. David Haber war verantwortlich für die »Theatre Broadcasting Division« der EXPO 1967 in Montreal. »Dearest Marlene«, bedankte er sich nach ihrer Abreise, »it is impossible to tell you how much I've enjoyed the last 2 weeks – how I will always cherish the memory. The sad look at oakpike is because you are leaving us – but you will always remain in our minds and hearts. A million thanks + much love – David [Liebste Marlene, ich kann Dir kaum sagen, wie sehr ich die zwei vergangenen Wochen genossen habe – und wie ich diese Erinnerungen immer in Ehren halten werde. Der traurige Blick auf Oakpike liegt daran, daß Du uns nun verlassen wirst – aber wir bewahren Dich immer in unseren Köpfen und Herzen. Tausend Dank und alles Liebe, David].« Gegenüber Marlenes New Yorker Agenten Braunstein bekannte er: »She was by far one of the greatest people to be associated with. I just cannot express how greatly she has won everybody over, especially the people who have worked with her [Sie war bei weitem einer der größten Menschen, mit denen ich je zu tun hatte. Ich finde keinen Ausdruck dafür, wie großartig sie jeden für sich gewann, vor allem die Leute, die für sie gearbeitet haben].« In einem zweiten Brief an Marlene bezieht er seine Bühnenkollegen mit ein: »We all wish you were still with us as you have become a very deep part of us. Somehow EXPO theatre, Café Martin and Ritz Carlton are empty without you (. . .) Mark, Chris, the theatre personel and the security guards all join me in sending you our deep love and again a million thanks [Wir wünschten uns alle, Du wärst noch hier bei uns, denn Du bist ein wichtiger Teil von uns geworden. Irgendwie sind das Expo-Theater, das Café Martin und das Ritz Carlton leer ohne Dich. (. . .) Mark, Chris, das Theaterpersonal und die Sicherheitsleute senden Dir mit mir ihre Liebe und Tausend Dank].«

Marlene Dietrich kam in den 1960er Jahren mehrfach zu Konzerten nach Stockholm. Im Mai 1960 und im Oktober 1963 trat sie dort in »Bern's Salonger« (siehe Eintrag) auf und residierte mit ihrem Begleitpersonal im »Grand Hotel« – »very convenient and nice with a view overlooking the Royal palace [Sehr gemütlich und hübsch mit einer Aussicht auf den Königlichen Palast]« und nur fünf Minuten vom Veranstaltungsort entfernt. Marlene Dietrichs langjähriger Freund und Berater, der Kostümbildner Max Goldstein, genannt Mago (siehe Eintrag), warnte sie vor der Anreise zum Gastspiel 1963: »Bitte warme Sachen mitbringen!« und fügte hinzu: »Wenn Sie kommen, wird sicher wieder die Sonne scheinen. Ich hoffe, dass Ihr Besuch hier nur angenehm sein wird. Dazu will ich, so gut das nur mit den alten Schweden geht, beitragen.« Im Juni 1964 gastierte sie zwei Wochen im »Gröna Lunds Tivoli« und 1973 in der Stockholmer »Concert Hall«. Hinzu kamen weitere Gastspiele 1960 im Göteborger »Park Avenue Theater« und 1964 in der »Liseberg Cabarett Hallen« in Göteborg. Vor ihrem Gastspiel 1973 in Stockholm gab sie am 21.10.1973 noch ein Konzert im »Stadsteater« in Malmö.

Vorige Seite:
Mit der schwedischen Königin in Stockholm, Oktober 1963

E.M.I./MR. NORDSTRÖM/MR. GOTTLIEB/SCHMIDT-MIKKELSEN ■ Sandhamnsgatan 39 · Stockholm ■ Ivan

Nordström war der »A & R-manager« der Firma »Skandinaviska Grammophon«, die die Schallplatte »Marlene. Marlene returns to Germany« von Marlene Dietrich in Skandinavien vertrieb. Die Herren Gottlieb und Schmidt-Mikkelsen waren dort vermutlich ebenfalls beschäftigt.

Bengt Malmqvist: beim Auftritt in »Bern's Salonger« Stockholm, 1963

BERN'S SALONGER ■ Strandvägen 5 b · Stockholm ■ In »Bern's Salonger« trat Marlene Dietrich im Mai 1960 und im Oktober 1963 auf. »Bern's Salonger« verfügte, wie der Briefkopf verrät, über eine Cocktail-Bar, eine Rôtisserie und ein Restaurant mit schwedischer, französischer und chinesischer Küche. An Chris Folcker (siehe Eintrag), den General Manager von »Bern's«, telegrafierte Marlene am 15.5.1960 offensichtlich wegen Unstimmigkeiten bei der Vorbereitung ihres Gastspiels: »THE SWEDES HAVE A WORD FOR IT: WHAT MORE CAN YOU DO YOURE SWIMMING IN IT ALREADY BUT AGAIN I LOVE YOU AND HIT YOU WITH A WET RAG [Die Schweden haben dafür ein Sprichwort: Was kann man noch machen, wenn man schon darin schwimmt. Aber trotzdem liebe ich Dich

Dr. med
Israel Fritz Goldstein
Kinderkrankheiten
3 – 4
zur ärztlichen Behandlung
ausschließlich von Juden berechtigt

MAGO'S FATHER <u>1936 BERLIN</u>
DOOR - PLAQUE
HIS NAME IS FRITZ GOLDSTEIN BUT
HE HAD TO PRECEEDE IT WITH "<u>ISRAEL</u>"
(WOMEN HAD TO PRECEEDE WITH "SARAH")
TO SHOW HE WAS <u>JEWISH</u>.
WORSE THAN THAT HE COULD ONLY TREAT
JEWISH CHILDREN. AND THEY SAY
THEY DIDN'T KNOW.!.!.!.!.!.!

und verprügele Dich mit einem nassen Putzlappen].« Das Konzert 1963 wurde vom schwedischen Fernsehen aufgezeichnet. Ein weiteres Gastspiel war für 1969 geplant, kam jedoch nicht zustande: »Aus der Bern's Sache ist nichts geworden. Ich kann nicht verstehen, was passiert ist. Ja, ich weiss, es ist ein anderer Direktor, aber das hat ja nichts damit zu tun. Entweder ist man ein Weltstar oder nicht«, erboste sich Marlene am 25.11.1969 gegenüber ihrem Freund Mago.

MAGO ■ Marlene Dietrichs Stockholmer Freund Mago (geb. Max Goldstein, 22. März 1926 Berlin) stammt wie sie aus Berlin; sein Vater Fritz Goldstein war dort bis zur Emigration als Kinderarzt niedergelassen. Mago schickte ihr ein Polaroid-Foto des Arztschildes von »Dr. med. Israel Fritz Goldstein« aus Berlin, das Marlene aufklebte und kommentierte: »MAGO'S FATHER DOOR PLAQUE <u>1936 BERLIN</u> HIS NAME IS FRITZ GOLDSTEIN BUT HE HAD TO PRECEEDE IT WITH ›ISRAEL‹ (WOMEN HAD TO PRECEEDE IT WITH ›SARAH‹) TO SHOW HE WAS <u>JEWISH</u>. WORSE THAN THAT HE COULD ONLY TREAT JEWISH CHILDREN. AND THEY SAY THEY DIDN'T KNOW [Das Arztschild von Magos Vater 1936 in Berlin, sein Name ist Fritz Goldstein, aber er mußte ›Israel‹ hinzufügen (Frauen mußten den Namen ›Sarah‹ hinzufügen), damit man sah, daß er Jude war. Noch schlimmer war, daß er nur jüdische Kinder behandeln durfte. Und alle behaupten, sie hätten nichts gewußt]!!!!!!!« Was die Datierung des Arztschildes betrifft, irrt sich Marlene Dietrich hier: erst ab 1.1.1939 wurden die Vornamen »Israel« und »Sara« zwangsweise eingefügt.

Polaroid des Arztschildes von Magos Vater Fritz Goldstein in Berlin, kommentiert von Marlene Dietrich

1971 berichtet Mago Marlene Dietrich von den Schwierigkeiten, seine nicht-jüdische Mutter neben dem Vater auf dem jüdischen Friedhof in Stockholm beizusetzen: »Wenn es Hitler nicht geglückt ist, eine ›jüdisch-arische‹ Ehe zu trennen, sollte man glauben, es bedürfe keiner besonderen Mühe, die Frau zu ihrem Mann zu legen.« Mago arbeitete als Kostümbildner am Theater »Dramaten« in Stockholm und war unter anderem als Mitarbeiter Ingmar Bergmans (siehe Eintrag) in der schwedischen Filmbranche sowie zuletzt im Schwedischen Filminstitut tätig. Mago blieb über viele Jahre – die Korrespondenz datiert von 1960 bis 1992 – ein Freund und Berater Marlenes in allen Lebenslagen, seien es Rechtsstreitigkeiten, der Umtausch von Hausschuhen oder Augenwimpern. »Ich habe Ihnen WIMPERN geschickt. (...) Ich wollte die <u>dichten schwarzen</u>

Wimpern fuer die Buehne haben und deswegen sandte ich die duennen, die mir geschickt wurden, zurueck, aber an Sie. Vielleicht koennen Sie denen das besser erklaeren als ich«, bittet sie Mago am 27.12.1965. Es ging um eine Lieferung der Firma »Anker & Lovbo« (siehe Eintrag), und Marlene Dietrich fügte hinzu: »Ich danke Ihnen fuer die Muehe, da die Wimpern teuer sind wollte ich nicht mit den falschen stecken bleiben. Ich hatte immer die dichtesten (ABER NICHT PELZ HAARE DIE GIBT ES NAEMLICH AUCH) schwarzen fuer die Buehne. Kuesse und Gruesse. Marlene.« Sie revanchierte sich mit Zeichenblöcken für seine Entwurfsarbeit aus Paris, aber auch mit Marmelade und französischer Seife.

1981 bat Marlene Dietrich Mago, ihr bei Streitigkeiten um ein Filmangebot und bei der Kostümauswahl für ihre Rolle in »Schöner Gigolo — armer Gigolo« behilflich zu sein. Offensichtlich lehnte er jedoch telefonisch ab und es kam zum Krach. Er schreibt: »Der Lüge bezichtigen, nein, das lasse ich mich nicht. Es wird lange dauern, bis ich darüber hinwegkomme. Ich bin nicht <u>beleidigt</u>, wie ich es dich schon sagen höre, nein, nur traurig, tief traurig.« Sie konterte: »Du wirst schon bald bereuen, dass du nicht zu mir kamst, wie wir besprachen. Ich dachte du wärst über das ›jüdische Beleidigtsein‹ heraus. Weine nicht an meinem Grab. Marlene«. Binnen kurzem versöhnten sie sich jedoch wieder, Mago zeichnete die gewünschten Kostüme für »Gigolo«, und Marlene verwöhnte ihn zu Weihnachten 1981 mit einem Schlafanzug: »Kam in zwei Etappen. Die Jacke eben. War wirklich nicht nötig. Der Farbton ist besonders hübsch.« Der letzte Brief Magos an Marlene ist am 2.5.1992 abgestempelt — vier Tage vor ihrem Tod in Paris.

Mit Harriet Andersson, Jörn Donner und Mago, Stockholm 1963

GRAND HOTEL ■ **Blasieholmshamnen 8 · Stockholm** ■ Das 1901 eröffnete »Grand Hôtel« in Stockholm liegt direkt am alten Hafen im Herzen Stockholms. Es ist heute das einzige Fünf-Sterne Hotel Schwedens, und — wie es in seiner Werbung betont, »an obvious choice for many notable foreign visitors, including royalty, artists, film directors and actors [wird offensichtlich von vielen bedeutenden auswärtigen Besuchern, einschließlich königlicher Hoheiten, Künstlern, Filmregisseuren und Schauspielern gerne gewählt].« Es war also für Marlene Dietrich das angemessene Quartier.

HARRIET ANDERSSON/JÖRN DONNER ■ Den Filmproduzenten, Autor und Regisseur Jörn Donner (geb. 5. Februar 1933 Helsinki) und die Schauspielerin Harriet Andersson (geb. 14. Januar 1932 Stockholm), lernte Marlene Dietrich vermutlich über Mago und Ingmar Bergman während ihres Aufenthaltes 1964 in Stockholm kennen, denn Harriet Andersson begann ihre Karriere als Filmschauspielerin bei Bergman und wirkte in mehreren seiner Filme mit. Jörn Donner enthusiasmierte Marlene Dietrich für eine Filmidee und traf sich deshalb mehrfach mit ihr. Er bedankte sich am 10.7.64: »I enjoyed our afternoons, all the talk, and counting your dollar bills or finishing your vodka [Ich habe unsere Nachmittage genossen, unsere Gespräche, das Zählen Ihrer Dollar-Scheine und das Austrinken Ihres Wodka-Glases].« Marlene Dietrich war offensichtlich von dem jungen Regisseur ebenso angetan wie – zunächst – von seiner Filmidee, denn auf den Schluß seines ersten Briefes – »Don't think I have forgotten you, really, really not. Not that it worries you. Yours etc. Jörn [Glauben Sie nicht, ich hätte Sie vergessen, nein, wirklich nicht, das soll Sie nicht grämen. Ihr undsoweiter Jörn]« – antwortete sie postwendend mit: »Yes, it does, or did worry me. I was if like cut off [Doch, es grämt mich, oder es hat mich gegrämt. Ich fühlte mich wie abgeschnitten].«

Donners Filmprojekt, das im darauffolgenden Jahr in Helsinki gedreht werden sollte, handelte von einer jungen Frau (gespielt von Harriet Andersson), die sich von ihrem Freund nichts sehnlicher wünscht, als Marlene Dietrich kennenzulernen. Im Film sollte Marlene Dietrich nun tatsächlich erscheinen und der Traum in Erfüllung gehen. Marlene selbst erhob Einwände: »Your idea is fine, except that I think it makes quite a stupid girl out of your heroine, if <u>that</u> is the dream of her life [Die Idee ist gut, bis auf die Tatsache, daß sie aus Ihrer Heldin ein ziemlich blödes Mädchen macht, wenn das der Traum ihres Lebens ist].« Und sie schlug vor: »One would have to find another reason why she would want to meet me. Then also the meeting would be more interesting and would give a reason why I would talk about myself when we meet [Man müßte einen anderen Grund dafür finden, warum sie mich treffen will. Dann würde auch das Treffen selbst interessanter, und es würde einen Sinn machen, warum ich über mich spreche, wenn wir uns treffen].« Der Film »The Adventure Starts Here« sollte durch ein Konzert Marlenes in Helsinki finanziert werden, die Dreharbeiten mit Marlene Dietrich kamen jedoch ebensowenig zustande wie das Konzert, und Marlene Dietrichs Euphorie für die Filmidee kühlte spürbar ab. Donner produzierte den Film dennoch mit Harriet Andersson – und ohne Marlene Dietrich 1965. Der

Krach über das 1967 von Donner organisierte und von ihr kurzfristig abgesagte Gastspiel in Helsinki beendete die Korrespondenz.

INGMAR BERGMAN ■ **Svensk Film Ind. sowie Dramatiska Teatern · privat: · Ymervägen 22 · Djursholm** ■ Den Film- und Theaterregisseur, Autor und Schauspieler Ingmar Bergman (geb. Ernst Ingemar Bergmann, 14. Juli 1918 Upsala) lernte Marlene Dietrich durch ihren Freund Mago (siehe Eintrag) kennen, der als Kostümbildner mit Bergman zusammenarbeitete. »Von Ingmar Bergman soll ich Ihnen herzliche Gruesse ausrichten. Wir sprechen oft von Ihnen«, teilte Mago ihr im August 1960 mit. Sie schreibt in ihrem »ABC meines Lebens«: »Bergman, Ingmar. Sie behandeln ihn wie einen König, und wenn man mit seinen ›Untertanen‹ zusammen ist, folgt man ihrem Beispiel. Er macht seinem Titel Ehre, wenn man ihm begegnet. Sein Humor ist seiner Phantasie ebenbürtig. Als er seinen ersten Farbfilm plante, ließ er seinen ganzen Stab auf Farbblindheit prüfen.«

MARIA ADOLFI ■ **Regeringsgatan 56 · Stockholm** ■ Maria Adolfi arbeitete bei der Künstleragentur »Variety Agency ROARS« dem »Artisbyrå Riksorganisationen av Artistarbetsgivare«, wie es im Briefkopf heißt. Sie war dort für Abrechnungen zuständig und löste zum Beispiel 1965 für Marlene Dietrich Schecks für »Harrods« in London, für den Schwiegersohn William Riva und für Mr. Spoliansky bei der Bank ein.

TIVOLI TEATERN/OVE HAHN/OLIVER LINDGREN ■ Ove Hahn und John Lindgren waren die Manager des »Gröna Lunds Tivoli« in Stockholm, in dem Marlene Dietrich 1964 auftrat.

CHRIS FOLCKER ■ Chris Folcker, der in den 1960er Jahren als Manager von »Bern's Salonger« (siehe oben) gearbeitet hatte, leitete inzwischen das »Hotel Anglais« in Stockholm, in dem Marlene Dietrich während ihres Aufenthalts 1973 wohnte. Er schrieb ihr zur Begrüßung: »Dear Mrs. Dietrich, I was pleased to learn that you are staying with us during your coming visit to Stockholm on October 22nd and 23rd, 1973. Previous I was manager of the Bern's in Stockholm when your TV-film was produced there in 1963 to the 100 year jubilee of the Bern's. I am looking forward very much to meeting you again – do feel very welcome to our little Hotel. Yours truly Chris Folcker, managing Director [Liebe Frau Dietrich, ich freue mich zu hören, daß Sie während Ihres nächsten Aufenthaltes in Stockholm am 22. und 23. Oktober bei uns zu Gast sind. Ich war 1963 Manager des ›Bern's‹ in Stock-

holm, als dort anläßlich unseres 100. Jubiläums ein Fernsehfilm mit Ihnen gedreht wurde. Ich freue mich sehr darauf, Sie wiederzusehen – Seien Sie in unserem kleinen Hotel herzlich willkommen. Immer Ihr Chris Folcker].«

LENNART CARLÉN ■ **Aschebergsgatan 17 · Göteborg** ■ Der Fotograf Lennart Sen. Carlén, ein Freund von Marlene Dietrichs skandinavischem Vertrauten Mago (siehe Eintrag), hatte während der Tournée 1964 Fotos von Marlene Dietrich gemacht, die das Wohlwollen der Diva fanden. Unter dem Pseudonym ihrer Sekretärin tippte Marlene Dietrich ihm einen Brief: »Dear Mr. Carlen, would you please be kind enough to let Miss Dietrich know for how much you would sell her her favourite photograph! I mean, naturally, the negatives [Lieber Herr Carlén, würden Sie bitte so freundlich sein, Frau Dietrich wissen zu lassen, für welchen Preis Sie ihr das Lieblings-Foto, ich meine selbstverständlich das Negativ dazu, verkaufen würden]?????« Wie bei dem »favourite Photo« von Arno Fischer (siehe Eintrag) bat sie auch in diesem Falle den Fotografen um Retuschen – diesmal ging es um »the streaks on the cheek [die Streifen auf der Wange]«, die gnädig entfernt werden sollten. Das Bild wurde später in einem ihrer Programmhefte verwendet.

Lennart Carlén, Marlene Dietrich beim Auftritt in Göteborg, Juni 1964

MAX LEFKO ■ **Park Avenue Hotel · Göteborg** ■ Max Lefko arbeitete am »Liseberg Teatern« (siehe Eintrag) und kümmerte sich während der Skandinavien-Tournée 1964 um Marlene Dietrichs Abrechnungen in Göteborg. »Es war eine ziemliche Arbeit, die Zusammenstellung zu machen«, klagte er am 18.6.1964 und fügte hinzu: »Daß ich sehr traurig bin und Sehnsucht nach Marlene habe, brauche ich wohl nicht zu erwähnen – es ist hier alles so leer und bedeutungslos geworden, nachdem Marlene uns verlassen hat. Ich bin in meinen Gedanken immer bei Ihnen – meine besten Wünsche von ganzem Herzen und ein inniger Kuss, Ihr trauriger, treuer Max.« Lefko versuchte im August 1964, ihr ein Engagement im kommenden Jahr in Göteborg zu vermitteln, die Korrespondenz wechselte zum vertraulichen »Du« und die Anrede zu »Geliebte Marlene!« Noch inniger schrieb er dann im Juni 1967 an sie als »Geliebtes, göttliches Geschöpf Marlene« und dankte ihr für ihren Anruf: »Wie kann man mit Worten ausdrücken, welch himmlisches Gefühl es ist, plötzlich und nichtsahnend Deine geliebte Stimme am Telephon hören zu können.« Er schloß den Brief mit den jüdischen

Wünschen »Massel und broche! Innige Küsse, immer Dein Untertan Max« und unterstrich noch einmal am Rande <u>»Ich liebe Dich!«</u>

LISEBERG TEATERN ■ Das »Liseberg Teatern« lag in dem gleichnamigen Vergnügungspark inmitten des Stadtzentrums von Göteborg. Der Liseberg-Park orientierte sich an seinem Kopenhagener Vorbild »Tivoli« und bot ebenfalls eine bunte Mischung von Karussels, Restaurants, Freilichtbühnen und Konzerthallen. In der »Cabarett Hallen« des »Liseberg Teatern« trat Marlene Dietrich vom 8. bis 16. Juni 1964 auf. Max Lefko (siehe Eintrag) wird im Programmheft als der »Regissör« des Abends genannt.

BANG BENDZ ■ **Dr.Tvaergade 58 · Kopenhagen** ■ Der Rechtsanwalt Bang Bendz, ebenfalls ein Freund ihres Freundes Mago, übernahm die Vertretung einer Klage Marlene Dietrichs gegen »General Motors« im Zusammenhang mit ihrem Auftritt 1965 in Kopenhagen. Der Fall wurde ihm jedoch später von Marlene Dietrichs Pariser Anwalt Weill entzogen, der für Marlene eine Entschädigung in Höhe von 10 000 $ erstritt. Bendz war gekränkt und forderte: »1. Achtung vor meiner Arbeit, oder 2. volle Bezahlung für die geleistete Arbeit.« Erhofft haben wird er sich jedoch die dritte Variante, die er Marlene Dietrich am Schluß seines Briefes versöhnlich vorschlug: »Die beste Lösung überhaupt wäre vielleicht, dass ich gar kein Honorar erhielte, sondern dass wir in gleicher Weise wie im vorigen Jahr nach Ihrem Auftreten uns beim Nachtsoupée auf der Belle Terrasse im Tivoli träfen, um dort eine nette gemeinsame Stunde zu verbringen.« Sie konterte: »Ich hatte den Eindruck von Ihren Reaktionen im Sommer, dass Sie nicht begeistert von einem Prozess gegen General Motors waren. Das ist Ihr gutes Recht.« Sie zog daher den Schlußstrich der beglichenen Rechnung einem Treffen vor: »Ich erbitte eine Rechnung, die Ihrer von mir sehr geachteten Arbeit entspricht. Natuerlich, da Sie von einem Freund empfohlen wurden, erwarte ich nicht ›Beruehmtheit‹-Preise.« Abschließend heißt es kühl: »Vielen Dank und bitte vergessen Sie die Angelegenheit.« Damit endet die Korrespondenz.

PREBEN UGLEBJERG ■ **Strandvet 33 · Kopenhagen** ■ Der Schauspieler Preben Uglebjerg (16. Januar 1931 Glostrup/Dänemark bis 31. Mai 1968) stand 1948 erstmals vor einer Filmkamera und spielte bis 1963 in zahlreichen, meist skandinavischen Produktionen mit. 1960 trat er neben Marlene Dietrich in einer Show im »Tivoli« auf, er wird mehrfach in Briefen von der »Tivoli«-Belegschaft an Marlene Dietrich erwähnt: »Preben

(. . .) is of course an alcoholic. Every night, before the show, he has a good shot of whiskey followed by a quick beer [Preben ist Alkoholiker. Jeden Abend trinkt er vor dem Konzert einen Schluck Whiskey, gefolgt von einem hastigen Bier].«

FELIX STAHL ■ **Drottningsgatan 55 · Stockholm** ■ Felix Stahl bat 1973 darum, Marlene Dietrich auf ihrer Skandinavien-Tournée in Stockholm zu treffen, erhielt aber von Marlene Dietrichs Betreuerin Ginette Vachon eine abschlägige Antwort: »Lieber Herr Stahl, es tut Frau Dietrich sehr leid, dass sie Sie nicht empfangen kann, da die Tournée sehr schwierig ist und sie ueberhaupt keine Zeit hat ausser den Proben und den Vorstellungen. Ich glaube, Sie sind sich darueber klar, dass, wie Sie ja wissen, die Vorstellungen jeden Tag in anderen Staedten stattfinden, also Reisen und Proben am gleichen Tag der Vorstellung arrangiert sind; deswegen keine Zeit uebrig ist fuer andere Plaene.«

BENGT MALMQVIST ■ **Tidaholmsvägen 30 · Johaneshov, Schweden** ■ Der Fotograf Bengt Malmqvist begleitete Marlene Dietrichs Auftritte 1963 bei »Bern's Salonger« in Stockholm und im »Tivoli« in Kopenhagen. »It was a great pleasure and a big honour to work with you [Es war mir ein großes Vergnügen und eine große Ehre, für Sie zu arbeiten]«, bedankte er sich im Oktober 1963 und ergänzte: »I am very grateful to you and very satisfied with the pictures. Mr. Mago asked me about a particular one, on which you take a goodbye to the audience with all the flowers on the stage. This one is one of my best pictures [Ich bin Ihnen sehr dankbar und bin sehr zufrieden mit den Fotos. Mr. Mago fragte mich nach einem speziellen Bild, auf dem Sie sich inmitten all der Blumen auf der Bühne vom Publikum verabschieden. Das ist eines meiner besten Fotos].« Das fand offensichtlich auch Marlene selbst, denn sie kaufte ihm das Negativ zum Preis von 500 US-Dollar ab.

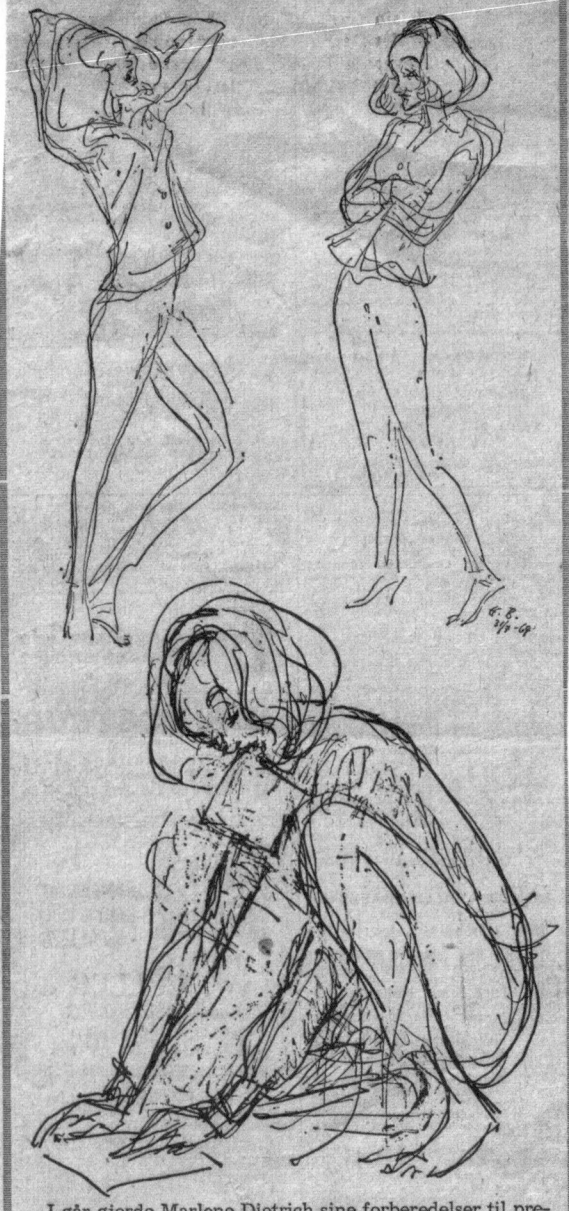

I går gjorde Marlene Dietrich sine forberedelser til pre-
mieren i Tivoli-Varieteen i aften. Hun er temmelig foto-
grafsky, men havde tilladt Hans Bendix at komme ind og
gøre nogle skitser, mens hun samlede nodetekster sam-
men på gulvet og kom i takt med orkestret foran mikro-
fonen,

In Dänemarks Hauptstadt Kopenhagen trat Marlene Dietrich im Mai 1960 zum ersten Mal auf. Ein Konzertabend wurde von der dänischen Kaffeefirma »IRMA-Kaffee« gesponsert, als Eintritt galt neben dem Einheitspreis von 9.98 DKr. eine leere Kaffeepackung, was den Unmut der Besucher anderer Marlene-Konzerte hervorrief, die bis zu 100 DKr. für ihre Eintrittskarte bezahlten. Tournéeleiter war 1960 der Frankfurter Konzertveranstalter Fritz Rau (siehe Eintrag), begleitet wurde Marlene Dietrich von ihrem Beleuchter Siegfried Ehrenberg und dem Tontechniker Günter Loof. Zum Begleitpersonal gehörten weiterhin 13 Tänzer und Tänzerinnen, 26 Orchestermusiker und Burt Bacharach als Dirigent. Alle wohnten im »Hotel 3 Falke« (siehe Eintrag). Auf dem Foto von ihrer Abreise am Flughafen, das das »Tivoli« ihr zusandte, notierte sie: »Please destroy photo I look too ugly [Bitte vernichten Sie das Foto, ich sehe zu häßlich aus]«. Jeweils in den Sommermonaten trat Marlene Dietrich in den Jahren 1964, 1965 und 1971 für zwei bis drei Wochen im Kopenhagener »Tivoli« (siehe Eintrag) auf. Ihr letztes Gastspiel dort fand am 20.10.1973 statt.

Vorige Seite: Vor der Konzerthalle im »Tivoli«, 1973

In Kopenhagen wohnte Marlene Dietrich 1973 im »Hotel Plaza«. Dessen Besitzer gehörte früher das »Hotel Kong Frederik« (siehe Eintrag), in dem Marlene bisher gewohnt hatte: »Your old suite 511/12 at Kong Frederik does not exist anymore – but some very nice ones at the Plaza – our new Hotel. We have more space here – no noise or smell from the kitchen – facilities large enough in case you intend to invite the press – all in all we look so much forward to give you the best of the Plaza [Ihre frühere Suite im Kong Frederik existierte nicht mehr – aber dafür einige sehr hübsche im Plaza, unserem neuen Hotel. Wir haben hier mehr Platz, weder Lärm noch Geruch von der Küche, große Räume für Festlichkeiten, falls Sie eine Pressekonferenz geben wollen – alles in allem freuen wir uns sehr, Ihnen das Beste in unserem Hotel zu bieten].

Skizzen von Hans Bendix bei der Probe im »Tivoli«, 1964

DREI FALKE HOTEL ■ Falkonerallee 9 · Kopenhagen ■ Im »Hotel 3 Falke« wohnte Marlene Dietrich mit ihrer »Entourage« während der Gastspiele 1960 und 1965 in Kopenhagen. Ob und mit wem sie am 15.7.1965 zwei »Bloody Mary« und zwei Wodka in ihrem Zimmer teilte, ließ sich nicht ermitteln, übrig blieb lediglich die Zimmerrechnung des Barmanns.

KONG FREDERIK HOTEL ■ **25 Vester Voldgade · Kopenhagen** ■ Das »Hotel Kong Frederik« wurde 1898 in Stil eines Grand Hotels eröffnet. Es liegt direkt im Zentrum der Stadt, unweit des Vergnügungsparks »Tivoli«, der Stadthalle und der Hauptgeschäftsstraße Strøget. Marlene Dietrich wohnte dort während ihres Kopenhagen-Aufenthaltes 1971. »In der Art ›Kong Frederik‹ sehr ähnlich. Dort ist es gemütlicher«, beschreibt Marlenes Stockholmer Freund Mago (siehe Eintrag) ihr 1973 seine Unterkunft in Kopenhagen.

TIVOLI/EIGIL SVAN ■ **Vesterbrogade 3 · Kopenhagen** ■ **Mit Eigil Svan in Kopenhagen, 1973**

Der Vergnügungspark »Tivoli« in der dänischen Hauptstadt wurde 1843 auf einem ursprünglich militärisch genutzten Gelände eröffnet. Eigil Svan war in den 1960er Jahren der künstlerische Leiter der »Tivoli Concert Hall«, einem Konzertsaal im Vergnügungspark, in dem Marlene Dietrich mehrfach aufgetreten ist. »Ich singe dort in dem beruehmten TIVOLI und Copenhagen ist eine wunderschoene Stadt«, schwärmte Marlene Dietrich gegenüber ihrem bevorzugten Beleuchter Siegfried Ehrenberg (siehe Eintrag) und lud ihn 1964 zu ihrem Gastspiel nach Kopenhagen ein.

Das ursprüngliche Tivoli-Theater wurde 1972 geschlossen. Eigil Svan schrieb ihr deshalb bedauernd: »I am very sorry to have to say that we shall never more be working together on the Tivoli-Varietéen as we are going to close this place definitely as a Music-Hall on the 15th of August this year. We are forced to do so due to the high taxes [Es tut mir sehr leid, Ihnen sagen zu müssen, daß wir nie wieder im Tivoli-Varieté zusammen arbeiten werden, denn wir schließen hier als Konzerthaus definitiv am 15. August diesen Jahres. Wir sind wegen der hohen Steuern dazu gezwungen].« Grund war die hohe Vergnügungssteuer – wegen Marlene Dietrichs Auftreten mit Zylinder galten etwa ihre Veranstaltungen nicht als Konzert, sondern als Varieté und wurden mit 16 Prozent Umsatzsteuer belegt. »I wish you still many big successes. With love, yours Eigil [Ich wünsche Ihnen gleichwohl weiterhin viel Erfolg. Liebe Grüße, Ihr Eigil Svan].« Bei ihrem Gastspiel 1973 in Kopenhagen trat Marlene Dietrich in der mittlerweile wieder eröffneten »Tivoli Concert Hall« auf.

TIVOLI: MINERVA/NIELSEN (secretary) ■ **TIVOLI STAGE STAFF**: PAUL OLSEN (Stagemanager)/OLE ALEXANDERSEN (Switchboard)/KURT STASEL (Spots)/ JORGEN JACOBSEN

FLEMMING SKOV ■ **Dr.Tvaergade 58 · Kopenhagen** ■ Der als »friend Mago« titulierte Flemming hatte Marlene Dietrich 1971 ein Kleid in das »Kong Frederik Hotel« geliefert. Wiederum war es ihr Freund Mago, der sich kümmern mußte – in diesem Fall um die Abrechnung als Produktionskosten. Mago schickte ihr eine Quittung, die das Hotel ausgestellt hatte »ueber die Schallplattenrechnung, die du mir geschickt hast (DKr 240,75) und Flemmings Auslagen fuer das ›Kleid‹. Du hattest ihm geschrieben, er solle sich das von mir auszahlen lassen. DKr. 372,72. Alles steht auf der Hotelrechnung, noch datiert im Juli, so dass du es abziehen kannst. Das Hotel hat das Geld ausbezahlt.«

RECORD SHOP FONA ■ Im Schallplattenladen »FONA« – »DANMARKS STØRSTE SPECIALFORRETNING« erwarb Marlene Dietrich bei ihrem Kopenhagener Aufenthalt 1965 fünf Exemplare ihrer eigenen, bei »Skandinanviska Grammophon« verlegten Schallplatte »Marlene. Marlene returns to Germany«, die sie vermutlich als Geschenk an Kopenhagener Freunde und Kollegen benötigte.

EYELASHES ANKER & LOVBO ■ **Amagertov 15 · Kopenhagen** ■ Die Firma »Anker & Lovbo« sorgte für Marlene Dietrichs unwiderstehlichen Augenaufschlag: Sie belieferte die Diva mit künstlichen Augenwimpern, »costing 15 crowns each and the number is 285. The name is STERN the color BLACK [zum Preis von 15 Kronen pro Stück, die Nummer ist 285, der Name Stern und die Farbe schwarz]«, wie Marlene in ihrer Bestellung am 3.10.1966 die Angaben im Adreßbuch erläuterte. Sparsam darauf bedacht, keine unnötigen Zollkosten zu zahlen, bestellte Marlene Dietrich die 12 Paare von Nr. 285 in mehreren kleinen Päckchen an ihre Londoner Tournée-Adresse, gekennzeichnet als »SAMPLE NO VALUE«. Die Kopenhagener Firma erbat im Gegenzug ein Foto mit Autogramm: »We have a wall in our shop where all the famous artists we have had the pleasure to help are represented [Wir haben eine Fotowand in unserem Laden, auf der wir all die berühmten Künstler zeigen, denen zu dienen wir das Vergnügen hatten].«

RESTAURANT 7 NATIONS ■ **Radhuspladsen · Kopenhagen** ■ Die Kopenhagener Filiale der Restaurant-Kette »7 Nations« warb im Programmheft Marlene Dietrichs: »... seven stations on a gastronomic trip thru' a dream-land of delicious food and a wealth of wines in wonderful Copenhagen [... sieben Stationen einer gastronomischen Reise durch das Traumland vorzüglicher Speisen und einer reichen Auswahl von Weinen im wunderschönen Kopenhagen].«

Finnland

1967 unternahm Jörn Donner (siehe Eintrag unter Schweden) mit seiner Firma »Jörn Donner Productions« den Versuch, Marlene Dietrich für ein Gastspiel in Helsinki zu gewinnen. Er plante zugleich einen Dokumentarfilm über ihren Aufenthalt in Helsinki. Das Gastspiel sollte vom 2. bis 5.9.1967 im »Svedish Theater« in Helsinki stattfinden. Vorgesehen waren sechs Konzerte in vier Tagen, wobei Marlene Dietrich jeweils nur in der zweiten Hälfte des Konzertes auftreten sollte. Wegen Unstimmigkeiten über einen zusätzlichen Konzerttermin und die Programmänderung ihrer Shows – sie sollte nun in einer »One woman show« alleine auftreten – sagte Marlene ihr Gastspiel kurzfristig am 9.8.1967 ab. »To inform an artist that the entire format of a show has been changed <u>without even talking to the artist about it</u> is not my idea of fairness, nor of friendship, nor of professionalism. I am very sorry that all of this happened. Really I am [Den gesamten Ablauf einer Show zu ändern, ohne vorher mit der Künstlerin selbst darüber gesprochen zu haben, halte ich weder für Fairness, noch für Freundschaft oder Professionalität. Daß das passiert ist, finde ich wirklich sehr, sehr schade]«, erboste sie sich gegenüber Donner. Der beschwerte sich bei ihrem Konzertmanager Eddie Marouani in Paris: »I got the point: Miss Marlene Dietrich does not want to come to Helsinki in September 2–4, and this is all that there is to it.« [Ich hab's verstanden: Frau Marlene Dietrich will vom 2. bis 4. September nicht nach Helsinki kommen, und das ist alles]. Und er schloß den Vorgang mit dem Vorschlag an Marouani ab: »Let us forget the whole contract and please buy me a coffee in Paris next time I am there, so I can cover up my costs [Also vergessen wir die ganze Sache, und bitte laden Sie mich zum Kaffee ein, wenn ich das nächste Mal in Paris bin, das deckt dann meine Unkosten].«

Im Juli und August 1959 unternahm Marlene Dietrich eine Tournée nach Südamerika, die sie zu Gastspielen in Rio de Janeiro, Sao Paolo und Buenos Aires führte. Marlene Dietrich trat vom 27.7. bis 2.8.1959 im Nachtclub des »Copacabana Palace Hotel« (siehe Eintrag) in Rio auf, ein Konzert wurde von »Columbia Records« (siehe Eintrag) für eine Schallplatte mitgeschnitten. In Buenos Aires gastierte Marlene Dietrich 1959 im »Gran Teatro Opera«, in Sao Paolo vom 4. bis 9.8.1959 im »Teatro Record – un grandioso emprendimento da Rádio Record e do Canal 7«.

»Ich liebe das Land und besonders Buenos Aires«, bekennt Marlene Dietrich in ihrem »ABC meines Lebens«: »Nicht nur die Großzügigkeit der Anlage, sondern auch die Kultiviertheit der Menschen, die ich dort traf, erinnern mich an Paris. Ein wunderbares, enthusiastisches Publikum, warmherzig und lebhaft.« Während die Lokalpresse sie überschwenglich feierte, reagierten die deutschsprachigen Zeitungen »Freie Presse Buenos Aires« und das »Argentinische Tageblatt« reserviert und verglichen ihre Auftritte mit denen in Las Vegas, »wo sie gelangweilten Millionären ihres Jahrgangs (1904) [sic!] Illusionen ewiger Jugend für einige Tausend Dollar pro Abend vorgaukelt. Und jetzt auch in Buenos Aires für 500 000 Pesos pro Abend, wenn auch nicht vor Dollar-Millionären.«

Marlene Dietrich genoß, wie sie der amerikanischen Presse nach ihrer Rückkehr mitteilte, den Enthusiasmus des lateinamerikanischen Publikums: »Latin audiences are much more enthusiastic and warmer. In Las Vegas they are a different breed. When the reviewer wrote about me act in Latin America they did it from a much more artistic view than is done here: They didn't duel nearly as much on the brevitiy of some of my costumes. Furthermore, as I completed my act the stages were so full of flowers thrown by the audience that I couldn't move. In Las Vegas they don't even have flowers on the tables [Das südamerikanische Publikum ist viel herzlicher und wärmer. In Las Vegas sind sie von andrem Schlag. Als die lateinamerikanischen Konzertkritiker über meine Auftritte schrieben, hatten sie viel mehr das Künstlerische im Blick, als es hier der Fall ist. Sie übertrumpften sich nicht bei Beschreibung meines kurzen Kleides. Und zweitens war nach meinem Auftritt die Bühne so voller Blumen, die das Publikum mir zugeworfen hat, daß ich mich kaum bewegen konnte. In Las Vegas haben sie nicht mal Blumen auf dem Tisch].«

**Vorige Seite:
In einer Bar in Rio,
1959**

**Mit dem
brasilianischen
Staatspräsidenten,
Kommentar auf
der Rückseite:
»who is that?«**

La Incomparable
VENUS DEL CINE
Se presenta en ESCENA el 12 de Agosto · 4 UNICOS DIAS DE ACTUACION
· Localidades en Venta con 8 Dias de Anticipación

GUINLE (Owner COPA) ■ 283 Porta Praia de Flamengo · Rio de Janeiro ■ Mit »COPA« ist der Nachtclub im »Copacabana Palace Hotel« gemeint, das Mr. Guinle gehörte. Das Grand Hotel wurde um die Jahrhundertwende direkt an der Strandpromenade Rios mit Blick auf Copacabana errichtet. Marlenes Tochter Maria Riva schickte ihr dorthin vermutlich einen Badeanzug und telegrafierte zum Premierenabend: »SWIM IN IT WALK IN IT DANCE IN IT TAKE A BATH IN IT DO ANYTHING YOU WANT WITH IT AND HAVE A GREAT TIME [Schwimm darin, laufe darin, tanze darin, nimm ein Bad darin, mach' darin, was Du willst und hab Spaß dabei].« Das Programmheft würdigte unter der Zwischenüberschrift »A Guerra« in ihrer Biografie insbesondere ihren Kriegseinsatz und zeigte dazu ein ganzseitiges Foto von ihr in Uniform.

VARIG/MARKAN/CHARLOTTE FRANKLIN ■ 290 Bogosogo · Rio de Janeiro ■ Die brasilianische Fluggesellschaft »VARIG« warb im Programmheft zu Marlene Dietrichs Auftritt in Rio de Janeiro mit ihrem Foto und dem Werbespruch: »... y también MARLENE DIETRICH viaja por VARIG« [... und auch Marlene Dietrich reist mit VARIG]. Fernando Markan war bei der Fluggesellschaft für die Verladung und Rücksendung der fünf Tonbänder von Marlene Dietrichs Konzert in Rio zuständig. Marlene telegraphierte deswegen am 10.9.1959 an Jean Luis Lacerda: »TELEPHONE FERNANDO MARKAN VARIG RIO 523700 OR 472702 PACKAGE ADDRESSED ARRIVING VARIG FRIDAY AFTERNOON AND DON'T BE SO SILENT KISSES MARLENE [Ruf Fernando Markan bei Varig in Rio an, das Paket kommt mit Varig am Freitag nachmittag, und sei bitte nicht so stumm. Ich küsse Dich, Marlene].« Und Roberto Corte Real (siehe Eintrag) ließ sie wissen: »5 REELS LEAVING FLIGHT 853–1 TOMORROW PLEASE CONTACT FERNANDO MARKAN VARIG ADVISING HIM OF ARRIVAL WEDNESDAY AND PICK UP YOURSELF LOVE MARLENE [5 Tonbänder fliegen hier ab mit dem Flug 853–1 ab, ruf Fernando Markan bei Varig an und sag ihm über die Ankunft am Mittwoch Bescheid, und hol sie selbst ab].« Für alle Fälle hatte Markan ihr auch seine Privatadresse notiert, Marlene Dietrich vermerkte darauf das Wort »picture« und übersandte ihm wahrscheinlich ein Foto zum Dank.

Ankunft auf dem Flughafen in Rio, 1959

Werbung für Marlene Dietrich in Rio, 1959

COLUMBIA/ROBERTO CORTE REAL ■ Rua Visconde do Rio Branco 53 · Rio de Janeiro ■ Die brasilianische Filiale der New Yorker Schallplattenfirma

»Columbia Records«, »Columbia do Brasil S.A.« produzierte 1959 eine Schallplatte von Marlene Dietrichs Auftritt im »Golden Room« des »Copacabana Palace Hotel«. Marlene verstaute fünf Stereo-Bänder in ihrem umfangreichen Tournéegepäck. Sie wurden in den USA bearbeitet und dann zur Produktion zurückgesandt. Marlene Dietrich telegrafierte daher an Roberto Corte Real, der bei »Columbia Do Brasil« arbeitete, über ihre glückliche Rückkehr: »ARRIVED SAVELY WITH PRECIOUS CARGO PLEASE TAKE ALL MY THANKS FOR YOUR EFFORTS AND YOUR PATIENCE WITH ME GIVE MY LOVE TO EVERYBODY, MARLENE [Bin mit meinem wertvollen Gepäck gut angekommen, herzlichen Dank für all Ihre Mühe und für Ihre Geduld mit mir, grüßen Sie bitte alle herzlich von mir, Marlene].« Roberto Corte Real bedankte sich überschwenglich: »Unnecessary to say how happy all of us felt in reading your warm expressions of love. Everybody here was really glad to work with you. (...) You have nothing to thank for. On the contrary I am the debtor, as I should have liked to be able to avoid all the troubles and tiresome hours of recording sessions. There is, however, a Brazilian proverb which says: ›Every sour has it's sweets‹ [Überflüssig zu sagen, wie glücklich wir alle waren, Ihre liebenswerten Worte zu lesen. Alle hier hatten viel Spaß daran, mit Ihnen zu arbeiten. Es gibt nichts, wofür Sie uns Dank schulden, im Gegenteil bin ich in Ihrer Schuld, denn ich hätte all die Schwierigkeiten und die ermüdenden Stunden der Tonaufnahmen gerne vermieden. Es gibt aber ein brasilianisches Sprichwort dazu: ›Alles Saure hat einen süßen Kern‹.« Marlene Dietrich hielt den Kontakt zu Roberto Corte Real aufrecht, im März 1960 übersandte sie ihm eine der »Rio Records« mit dem Zusatz: »... fearing a year would elaps otherwise. Please cable me date of your visiting me in N.Y. aproximately [... ich fürchte, sonst geht wieder ein Jahr rum. Bitte schreiben Sie mir, wann Sie mich ungefähr in New York besuchen werden].«

Auf der Pressekonferenz in Rio, 1959, Kommentar auf der Rückseite: »I have room to breathe – but just watch how they close in«

COPACABANA PEOPLE: ARMAND/PEPE/RENATO PEDROSO ■ Avenida Atlantica 1859 · Rio de Janeiro · Pedroso privat: · Rua Barath Bibeiro 723 · Rio de Janeiro ■ Unter »Copacabana people« sind vermutlich die Bühnentechniker des gleichnamigen Nachtclubs gemeint, in dem Marlene Dietrich im August 1959 auftrat. An Renato Pedroso telegrafierte sie nach ihrer Rückkehr: »GOOD TRIP

Mrs. Robert F. Ma-
of Baltimore, and
Dr. and Mrs. Jo-
oolverton of Phila-

as graduated with
from Williams Col-
d is affiliated with
nma Delta and The
rs of San Francisco
a member of Clan
or. He served with
ny in Korea.

GAIL BARNES NICHOLAS
Betrothed to Jeb Stuart Magruder.

CHOLLY KNICKERBOCKER

Marlene's Beau Handsome . . . 25!

NEW YORK, Aug. 16 — Cholly's Carousel: Glamorous grandma Marlene Dietrich and Rio's handsome 25-year-old socialite Ricardinho Pasanallo are the talk of Brazil's Samba Set. Adding spice to the romance is the fact that not so long ago while she was working at Rio's Copa Palace, Marlene said she was younger than springtime because of her accompanist, Burt Bacharach. . . .

Liz, Liz, who's got Liz? Just as rumors were circulating that Liz Schaefer Schell was on the West Coast wearing an engagement and wedding ring from wealthy Richard Allison, we heard that she's in Palm Beach instead. . . .

London champions of the romance of English beauty Henrietta Tiarks and the Marquess of Tavistock blame the relentless limelight of publicity on the couple's snagged engagement. But they say you can disregard reports of a rift between Henrietta's rich banker papa and Robin's dad, the eccentric Duke of Bedford. . . .

Alex Roarke, the handsome son-in-law of Sherman Billingsley who had gone to Havana to get some exciting photographs, got himself arrested instead when he appeared at the rendezvous which was a trap set by Major Morgan for the rebel conspirators against Castro. However, he was permitted to call his wife and now heaven and earth is being moved to get him released. The very worried Mrs. Roarke gave us the news herself.

Not So

Correction: This column regrets that based upon sources we considered reliable, we published on June 30 some misinformation about Cornelius Vanderbilt Whitney and his family.

It now appears that there was and is no ill feeling whatsoever between Mr. Whitney and his sisters, Mrs. Samuel Peck and Mrs. G. MacCulloh Miller, and that in fact when he sold his 530-acre estate, he first offered to sell to his sisters all or any part of the estate that they might want to buy.

It further appears that he still owns his Saratoga house and hence did not sell it "right from under Mrs. Peck's feet" as was stated. We regret that the erroneous items appeared and we extend our apologies to the family.

(Copyright, 1959, King Features Synd., Inc.)

---

terials appear in
n of shoes cur-
are in genuine
ers are in otter,
ric for at-home.

THANKS FOR ALL LOVE MARLENE [Bin gut angekommen, danke für alles, liebe Grüße, Marlene].«

RICARDO PASSANELLO ■ **Hotel Plaza Copacabana · Ave Princessa Isabel · Sao Paulo** ■ Der »Los Angeles Examinator« lüftete am 17.8.1959 das Geheimnis des Eintrags unter der Überschrift: »Glamorous Marlene's Beau handsome . . . 25 [Der gutaussehende Beau der bezaubernden Marlene . . . 25]!« Im Artikel heißt es dazu: »Glamorous grandma Marlene Dietrich and Rio's handsome 25-years-old socialite Ricardinho Passanello are the talk of Brazil's Samba set. Adding space to the romance is the fact that not so long ago while she was working at Rio's Copacabana Palace, Marlene said she was younger than springtime because of her accompanist Burt Bacharach [Die bezaubernde Großmutter Marlene Dietrich und Rio's gutaussehender 25jähriger Gefährte Ricardinho Passanello sind das Stadtgespräch in der brasilianischen Samba-Szene. Diese Romance gewinnt durch die Tatsache Raum, daß Marlene kürzlich, als sie im Copacabana Palace in Rio auftrat, erklärte, sie fühle sich jünger denn je, weil Burt Bacharach sie begleite].« In der »New York Post« wurde das Gerücht sofort aufgegriffen: »Ricardinho, in his 20ies, is handsome and rich and the hero of Brazil's apprentice playboys [Ricardinho, Mitte zwanzig, ist gutaussehend, wohlhabend und der Held der Nachwuchs-Playboys].«

Aus der Klatschpresse über Ricardo Passanello, 1959

IL SEDUTTORE ITALIANO NON È PIÙ DI MODA?

Dietrich ha trascorso una breve vacanza a

»Italien, Land der Orangen, ich habe dich nur im Krieg kennengelernt. Steinbunker, Felsen, auf die wir unsere müden Köpfe betteten. Hand in Hand mit fremden jungen Männern in ihren Blütejahren«, heißt es in Marlene Dietrichs Autobiografie. Und sie fährt fort: »Noch über den dreckigsten Schlupfwinkeln, wo wir uns vor dem Feind versteckten, lag ein Hauch von Zärtlichkeit.« 1944 nahm sie am Vormarsch der amerikanischen Truppen in Italien teil. 1956 kehrte sie zu Dreharbeiten an dem Film »Monte Carlo Story« nach Rom zurück und traf dort die *crème de la crème* des italienischen Films. Eine Affäre mit dem Schauspieler Raf Vallone (siehe Eintrag) führte sie 1959/60 erneut nach Rom.

RAF VALLONE ■ **Via Ruggero Bacone 14 · Rom** ■ »MEIN ITALIENER« notierte Marlene Dietrich an den Rand eines Pressefotos, das sie 1960 in Begleitung von Raf Vallone und Noel Coward zeigte. Mit dem jungen italienischen Schauspieler Raf Vallone (17. Februar 1917 Tropea bis 2002 Rom) verband sie 1959/60 eine kurze, aber heftige Liaison, die im Unterschied zu den meisten ihrer Liebschaften mehr von ihrer Seite ausgegangen zu sein scheint. »JE PENSE A TOI SANS PAUSE LA NOUVELLE ANNEE COMMENCE LE VINGTTROIS NOVEMBRE QUAND TOUTES LES ETOILES ILLUMINAIENT LE CHEMIN A MALMAISON [Ich denke pausenlos an Dich, das Neue Jahr beginnt am 23. November, wenn alle Sterne den Weg nach Malmaison weisen werden]«, telegrafierte sie ihm 1959. Raf Vallone war zu dieser Zeit zu einem Gastspiel im Theatre Antoine in Paris. Der 39jährige Schauspieler und die 56jährige Diva lernten sich im Hause von Jean Pierre Aumont in Paris kennen. Marlene litt unter ihrer Verliebtheit, die ihr, wie sie schrieb, »die Sinne raubte«: »JAI OUBLIE MES SENSES PRATIQUES POUR UNE MERVEILLEUSE RAISON [Ich habe meinen praktischen Verstand aus einem wunderbaren Grunde verloren]«, telegrafierte sie ihm am Weihnachtsabend aus Las Vegas und dankte ihm: »LAISSE LA AVEC NOUS CETTE JOIE UNIQUE ET LAISSE MOI LE RIRE QUE TU AS CRÉE DANS MOI POUR TOI [Laß uns diese außergewöhnliche Freude, und laß mir das Lachen, das Du in mir für Dich geweckt hast].« Poetisch erinnert sie ihn an den Abschied vor ihrer Abreise in die USA: »JETAIS AVEC TOI LE LONG DES QUAIS ET EN TRAVERSANT LA PETITE COUR JE SUIS ASSISE DANS LHOMBRE ET JE TE REGARDE ET JE TECOUTE DISANT ADIEU A QUELQUUN

Vorige Seite: Am Set der Dreharbeiten zu »Monte Carlo Story«, 1956

Mit Raf Vallone auf der Spanischen Treppe in Rom, 1960

Mar 10 - 6° nite letter

RAF VALLONE
HOTEL TOFANA
CORTINA AMPEZZIO
ITALY

LA VOIX M'A DONNEE
UNE FORCE DONT
J'AVAIS BESOIN STOP JE

VIENS DE CHANTER
COMME UN ANGELO
AZZURRO STOP
JE VAI ME NOURRIR
AUSSI SOUVANT
QUE POSSIBLE

VIA BACONE 14
TEL. 892577
ROMA

RAF VALLONE

VILLA VALLONE
TEL. n. 1
SPERLONGA (Latina) ITALIA

Come stai?
Ou es tu?
Dis moi, dis le moi
où vas tu! Ciao Raf

CRÉE PAR TOI QUE TU LAISSE GLISSER DE TES MAINS LENTEMENT REGARDE MOI ET GAR-
DE MOI TA RECONNAISSANCE [Ich ging mit Dir die Quais entlang, und als wir den kleinen
Platz überquerten, habe ich mich im Schatten hingesetzt und Dich angesehen und Dir zu-
gehört, als Du jemandem Adieu sagtest, den Du selbst geschaffen hast, den Du langsam
aus Deinen Händen gleiten läßt – Sieh mich an und bewahre mir deine Anerkennung].«
Sie nannte ihn zärtlich »pommier fleuri [blühender Apfelbaum]« er revanchierte sich in
seinen Briefen an »la fille de soldat [die Soldatentochter]« oder den »petit soldat de la rou-
te [kleinen Soldat von der Landstraße]«. Zunächst schien auch Vallone von ihrer Liebe be-
eindruckt: »TA VOIX DANS MES OREILLS TON RIRE DANS MES YEUX TES GESTES IMPRI-
MÉES DANS MA MÉMOIRE TON JEUX DANS MA TETE ET MON COEUR ET TOI
DANS TOUT [Deine Stimme in meinen Ohren, Dein Lachen in meinen Augen,
und Deine Gesten eingeprägt in meiner Erinnerung, Dein Spiel in meinem
Kopf, und mein Herz und Du in Allem]«, verspricht er ihr und beantwortet ihr
Weihnachtstelegramm aus Las Vegas 1959 mit den Worten: »DE MA SOLI-
TUDE Á LA TIENNE QUELLE ENVIE ENTENDRE TON RIRE LE RIRE DE LA VIE =
RAF [Von meiner Einsamkeit zu Deiner, welche Lust, Dein Lachen zu hören,
das Lachen des Lebens = Raf]«. Doch er mißtraute den Worten für seine Gefühle und seiner Beziehung zu ihr, denn »... tout ce que je peux vous dire on
vous l'a déjà dit (mieux peut-être!) [... alles, was ich Dir sagen könnte, hat
man Dir schon gesagt (vielleicht besser!)]«.

Telegramm-
entwurf an
Raf Valone,
1959/60

unten:
Visitenkarte
mit Notiz von
Raf Valone

Die Korrespondenz läßt jedoch bald den Eindruck entstehen, als ob Raf Vallone ihre Hin-
gabe, mit der sie sich ihm auslieferte, nicht ertrug, deshalb warnte er sie davor, aus Liebe
»zerbrechlich« zu sein und appellierte an ihre »soldatischen« Tugenden: »Comme tu es
fragile! Comme je suis triste pour ta fragilité [Was bist Du zerbrechlich! Wie traurig bin ich
wegen Deiner Zerbrechlichkeit].« Sie gestand in einem undatieren Briefentwurf ihre
Schwäche und Zerbrechlichkeit ein, die sie seit der ersten Begegnung mit ihm verspürte –
und mit der er offensichtlich spielte: »Tu savais que tu pouvais me jeter au ciel avec un
mot où une phrase, et aussi tu pouvais me jeter dans l'enfer quand tu voulais. (...) Toi
tu as la force – moi j'ai seulement la force de mon amour et je l'emploie mal. Je devient
quelqu'un que je ne connais pas [Du wußtest, daß Du mich mit einem einzigen Wort oder

Satz von Dir in den Himmel heben konntest, und genauso konntest Du mich in die Hölle stürzen, wenn Du wolltest. (. . .) Du hast die Kraft dazu, ich habe nur die Kraft meiner Liebe, und ich setze sie falsch ein. Ich werde zu jemandem, den ich nicht kenne].« Im Februar 1960 besuchte Marlene Dietrich Raf Vallone in Rom, um ein gemeinsames Projekt vorzubereiten, bei dem er Regie führen wollte, »Il compagno di viaggio« nach Curzio Malaparte. Außerdem bot er ihr die weibliche Hauptrolle in dem Theaterstück »Le repos du guerrière« an, das er im »Théâtre Antoine« in Paris inszenieren wollte. Möglicherweise aus Selbstschutz trat eine freundschaftliche Arbeitsbeziehung an die Stelle der Liebe: »Siamo soltano amici [Wir sind nur Freunde]« zitierte die römische Klatsch-Presse Raf Vallone zum Besuch Marlenes — schließlich hatte er sich gerade mit der jungen italienischen Schauspielerin Elena Varzi verlobt. So blieb es in den folgenden Jahren bei unverbindlichen Urlaubspostkarten an Marlene.

MARIO RUSSO ■ **Passegiata di Ripeta 25 · Rom** ■ Mario Russo arbeitete bei der Produktion des Films »Monte Carlo Story« mit. Schon im Vorfeld der Dreharbeiten lud er Marlene Dietrich in sein neues Apartment in Rom ein: »This time you come by I'll be able to cook spaghetty for you [Wenn Sie diesmal herkommen, werde ich Spaghetti für Sie kochen können].« Nachdem der Film fertig war, schrieb er ihr: »Marlene, Marlene, I know from a letter that you did not think of Montecarlo as a good picture — A year is gone now and I think it was an intelligent picture too bad we did not have a real unique director [Marlene, Marlene, ich weiß von einem Ihrer Briefe, daß Sie Montecarlo Story nicht gerade für einen guten Film halten. Nun ist ein Jahr vergangen, und ich finde, es war ein intelligenter Film, nur zu schade, daß wir keinen richtig herausragenden Regisseur hatten].« Und er gestand: »When I am Marlene-nostalgic I put on a reel of that picture on the moviola and I hear your voice while watching and it is very warm and happy [Wenn ich Marlene-nostalgisch bin, lege ich mir eine Rolle des Films in den Projektor, und ich höre beim Ansehen Ihre Stimme, dann wird es mir warm ums Herz und ich bin glücklich].« Beigefügt ist dem Brief sein Pasta-Rezept für sechs Personen mit dem Zusatz: »Marlene, Marlene it is not very fun to be in the same studios you were last year and not to see you around [Marlene, Marlene, es ist nicht gerade lustig, wieder hier in denselben Studios zu arbeiten, in denen Sie letztes Jahr waren, und Sie sind nicht dabei].« Marlene Dietrich blieb in lockerem Kontakt mit ihm, so lud sie ihn – vergeblich – 1959 nach Paris ein. Sie telegrafierte ihm am 24.12.59: »JOIEUX NOEL TRISTE QUE VOUS NETES PAS VENU A PARIS ECRIVEZ AMORE MARLENE [Frohe Weihnachten, schade, daß Sie nicht nach Paris gekommen sind, schreiben Sie mir, alles Liebe, Marlene].«

KAY THOMPSON ■ **Palazzo Torlonia · Rom** ■ Die Schriftstellerin Kay Thompson (1909 in St. Louis/USA bis 1998) arbeitete als Sängerin, Tänzerin und Arrangeurin unter anderem für die »Metro Goldwyn Mayer«-Studios, wo sie Stars wie Lena Horne oder Judy Garland Gesangsunterricht erteilte. Judy Garland machte sie zur Patentante ihrer Tochter Liza Minelli, in deren Wohnung sie 1998 starb. Lange Jahre lebte sie im »New York Plaza-Hotel«. Dort spielt daher auch ihr 1955 veröffentlichtes Kinderbuch »Eloise«, das zu den meistgelesenen amerikanischen Kinderbüchern gehört. Welche persönliche Beziehung Marlene Dietrich zu ihr hatte, ist aus dem Nachlaß nicht ersichtlich, vermutlich kannte sie Kay Thompson von ihrer Arbeit in den Filmstudios, und ziemlich wahrscheinlich ist es, daß die berühmteste Großmutter der Welt ihren Enkeln Kay Thompsons Buch vorgelesen hat.

TITANUS/MARCELLO GIROSI ■ **Via Sommacampagna 28 · Rom · privat: · Via Mercati 38 · Rom** ■ Marcello Girosi produzierte 1956 »Monte Carlo Story« für die Filmgesellschaft »Titanus« mit Marlene Dietrich. »I have never worked so hard in my life [Ich habe noch nie in meinem Leben so hart gearbeitet]«, beklagte sich Marlene Dietrich über die Dreharbeiten in Monte Carlo und Rom. »They work twelve hours straight here. The workmen have no union. They get no food even when they work through all night from seven to seven. Nobody gets overtime, so the producers just keep everybody working until they drop [Die arbeiten hier zwölf Stunden durch. Die Arbeiter haben keine Gewerkschaft. Sie bekommen nicht mal etwas zu essen, wenn sie die ganze Nacht durcharbeiten müssen. Niemand bekommt die Überstunden bezahlt, deshalb lassen die Produzenten die Leute arbeiten, bis sie umfallen].« Und gegenüber einem ihrer New Yorker Anwälte gestand sie ein: »I am at a point of daggers with Titanus and any item I claim which is not due to me by my contract makes me stand that much weaker [Ich stehe mit Titanus auf Kriegsfuß, und wenn ich etwas verlange, das nicht in meinem Vertrag steht, schwächt es meine Position].« Zu den Extra-Forderungen, über die es Krach gab, gehörte zum Bei-

spiel ihre Garderobe, die sie selbst auswählte und kaufte, aber von der Produktion bezahlen ließ. Der Ton zwischen ihr und Gerosi wurde im Laufe des erhitzten Klimas der Dreharbeiten etwas rüder, wenn sie etwa schreibt: »You can kiss my ass in spades I remain standing [Sie können mich am Arsch lecken, es wirft mich nicht um].«

PEPPINO ROTUNDO ■ **Piazzale Clodio 32 · Rom** ■ Der Kameramann von »Monte Carlo Story«, Giuseppe Rotundo, genannt Peppino, mußte sich Marlene Dietrichs fachmännische Ratschläge auf dem Set gefallen lassen: »The eyes were not blue but some sort of mush and I told Peppino about the eyelight we have and when I see my first rushes I will know more [Die Augen waren nicht blau, sondern irgendwelcher Mus, und ich erzählte Peppino von dem Licht, das wir sonst für meine Augen verwenden, wenn ich meine ersten Filmproben sehe, weiß ich mehr].«

VASCO REGGIANI ■ **Piazza Zama 3 · Rom** ■ Vasco Reggiani war Marlene Dietrichs Friseur bei den Dreharbeiten für »Monte Carlo Story«. Während sie sich über den Maskenbildner wegen seines schlechten italienischen Akzents und seiner schweren, fetten und heißen Hände bitter beklagte – »He has already lost onto the floor or they must have glued to his pants 6 pairs of my eyelashes, but I always say: ›No importa, no importa‹ – they say everything twice here [Er hat schon sechs Paare meiner künstlichen Wimpern auf dem Fußboden verloren,

Der Kameramann Peppino Rotundo (2. v. links) bei den Dreharbeiten zu »Monte Carlo Story«, 1956

oder sie müssen an seiner Hose kleben, aber ich sage immer zu ihm: ›macht nichts, macht nichts‹ – man sagt hier nämlich alles zweimal]« – kam der Friseur in ihrer Beurteilung gut weg, denn mit ihm konnte sie sich wenigstens unterhalten, wie sie ihrer Tochter Maria Riva (siehe Eintrag) berichtete: »The hair dresser is very good and speaks french so we can communicate [Der Friseur ist sehr gut und spricht französisch, so können wir uns verständigen].«

STUDIO FARNESINA ■ Im Studio Farnesina in Roms »Cine Città« wurde ein Teil der Innenaufnahmen für »Monte Carlo Story« gedreht.

VITTORIO DE SICA ■ **Via del Consulta · 8A Via Barnabao Orianni · V. Aventina 19 · Rom** ■ Der Schauspieler, Regisseur und Drehbuchautor Vittorio de Sica (7. Juli 1902 Sora bis 13. November 1974 Paris) war im Sommer 1956 Marlene Diet-

richs Filmpartner in »Monte Carlo Story«. Marlene Dietrich spielte die Rolle einer Betrügerin, und de Sica einen kleinen verarmten Aristokraten, der dem Glücksspiel verfallen ist. De Sica freute sich schon im voraus auf die Zusammenarbeit am Set und ließ sie wissen: »I know that together we will make a picture that will not easily be forgotten [Ich bin sicher, zusammen werden wir einen Film machen, den man nicht so schnell vergißt].« Die Dreharbeiten mit ihm waren jedoch alles andere als erfreulich, wie Marlene ihrer Tochter Maria Riva berichtete, denn der Film wurde ohne gesprochene Dialoge quasi als Stummfilm gedreht und hinterher synchronisiert: »They do a silent picture and concentrate on the expression and the eyes and say the words rather toneless. I had a hard time playing to Desica, because there was no meaning to his lines [Die drehen hier einen Stummfilm und konzentrieren sich auf den Gesichtsausdruck und die Augen und sprechen dabei fast tonlos. Mir fiel es schwer, mit de Sica zu drehen, weil ich seine Sätze nicht verstand].«

De Sica verbrachte die Zeit fast ausschließlich im Spielcasino – was sie offensichtlich bedauerte: »I see him only during the day when we work. He is charming but a little stiff, very conscious of his profile, this being the first part of an elegant man and lover. His make-up is thick and pasty looking and I told him last night that in America people will laugh at a man who looks made up [Ich sehe ihn nur tagsüber, wenn wir arbeiten. Er ist charmant, aber ein bißchen steif, sich seiner Erscheinung sehr bewußt, die aus ihm erstmals einen eleganten Liebhaber macht. Seine Schminke sieht dick und klebrig aus, und ich erzählte ihm gestern Abend, daß sich das amerikanische Publikum über einen geschminkten Mann kaputtlachen wird].« Marlene Dietrich saß während der Dreharbeiten zwischen den Stühlen: »I had Desica on one side who saw me and the part one way and Taylor who saw me another way. De Sica says I have the face of Duse and that he loves the melancholy which hangs over me, and Taylor wants the animal ›femme du monde‹. Both did not want love [Auf der einen Seite hatte ich de Sica, der mich und meine Rolle auf seine Weise sah, und auf der anderen Seite Taylor, der mich anders sah. De Sica sagte, ich hätte das Gesicht einer Duse, und er liebe meine Melancholie, und Taylor will mich als das Tier ›Frau von Welt‹. Liebe wollen beide nicht]«, schließt sie resigniert ihren Bericht. De Sica entschuldigte sich handschriftlich für seine »faible collaboration comme acteur [schwache Mitarbeit als Schauspie-

Mit Vittorio de Sica am Set bei den Dreharbeiten zu »Monte Carlo Story«, 1956

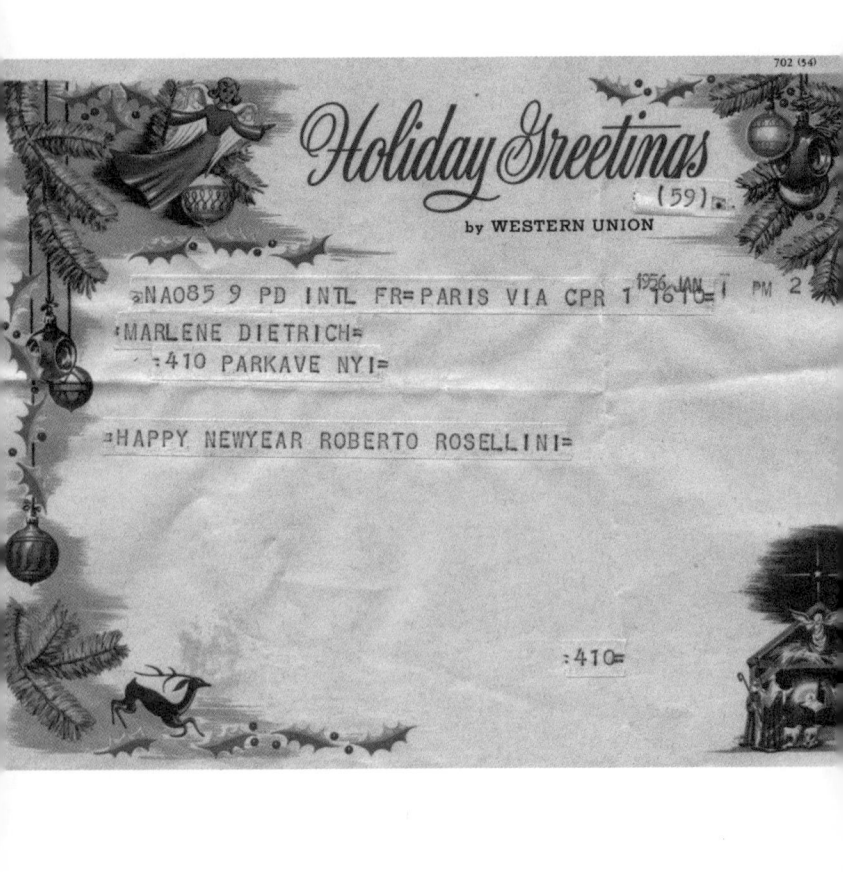

702 (54)

Holiday Greetings
by WESTERN UNION

(59)

NA085 9 PD INTL FR=PARIS VIA CPR 1 1610= 1956 JAN 1   PM 2

MARLENE DIETRICH=

410 PARKAVE NYI=

HAPPY NEWYEAR ROBERTO ROSELLINI=

410=

ler]«. Doch auch er erhielt nach Abschluß der Dreharbeiten von Marlene Dietrich ein Geschenk.»Je me reveille pendant la nuit pour le regarder«, bedankte er sich überschwenglich und fügte hinzu:»Votre autorité se manifeste dans ce filme comme toujours.Vous êtes une actrice qui s'impose pour son jeu mysterieux et intelligent [Ich wache nachts auf, um Ihr Geschenk anzusehen. Ihre Autorität erweist sich wie immer auch in diesem Film. Sie sind eine Schauspielerin, die sich ihrem mysteriösen und intelligenten Spiel hingibt].«

ROBERTO ROSSELLINI ■ Via Caroncini 52 · Santa Marinella ■ Den Produzenten und Regisseur Roberto Rossellini (8. Mai 1906 Rom bis 3. Juni 1977 Rom) lernte Marlene Dietrich nach Kriegsende über ihren Freund Max Colpet kennen. Wie Colpet sich erinnert, hatte sie ihm einen seiner Filme empfohlen, und Colpet nahm den Kontakt zu ihm auf. Rossellini engagierte Colpet 1947 für das Drehbuch zu seinem Film »Deutschland im Jahre Null«, der im zerstörten Berlin gedreht werden sollte. Die italienische Fassung übernahm Rossellini selbst, die deutsche schrieb Colpet, und

bei der englischen Fassung half Marlene Dietrich, wie Colpet in seinen Memoiren berichtet:»Wir tippten gleichzeitig an drei Schreibmaschinen, während Rossellini wie ein Aufseher von einem zum anderen ging. Er hatte das bewundernswerte Talent, Leute für sich zu begeistern und arbeiten **Neujahrswünsche von Roberto Rossellini, 1956**

zu lassen, wenn nötig Tag und Nacht. Dazwischen machte Marlene für uns Kaffee, starken Espresso, wie ihn die Italiener lieben.« 1948 bot Rossellini »Mademoiselle Marlene Dietrich« die Hauptrolle in seinem Filmprojekt »Maria Tarnowska« an, einem Film, der wie er hinzufügte, in den Jahren 1940 bis 1943 spielen sollte.»Je vous prie d'agréer, Mademoiselle, mes salutions distinguées, ROSSELLINI, Roberto [Ich bitte Sie, meine ergebenen Grüsse entgegenzunehmen]« fügte der damals noch wenig bekannte Regisseur des italienischen Neo-Realismus hinzu. Drehtermin sollte im April/Mai 1948 sein, so telegrafierte er Ende März noch einmal eindringlich:»QUANDO CE VEDREMO ET QUANDO FINALMENTO LAVOREMO INSIEMME? SALUTI AFFETUOSI DA ANNA UN ABBACCIO ROBERTO [Wann sehen wir uns und wann arbeiten wir endlich zusammen? Herzliche Grüße von Anna und ein Kuss von Roberto]«. Der Film kam jedoch nicht zustande, denn Rossellini entschied sich für einen anderen Stoff – und Marlene für einen anderen Film: Billy Wilders »A Foreign Affair«.

Dearest Marlene
Othello
Buon Natale

always O[rson]

MARCELLA ROSSELLINI ■ Via Buozzi 14 · Rom ■ Marcella Rossellini war mit dem Komponisten und Manager Renzo Rossellini verheiratet. Er schrieb 1956 die Filmmusik für »Monte Carlo Story«.

TRE SCALINI ■ Piazza Navona · Rom ■ Das ehrwürdige Restaurant und Café »Tre Scalini«, benannt nach den drei Stufen, die ins Innere des Lokals führen, gibt es noch heute. 1997 empfahl zum Beispiel der »vis-à-vis«-Reiseführer über Rom: »Ein himmlisches, wenn auch nicht ganz billiges *tartufo* bekommt man im Tre Scalini an der Piazza Navona.«

LUCCINO VISCONTI ■ Via Salaria 366 · Rom ■ Den Regisseur, Autor und Schauspieler Luccino Visconti (2. November 1906 Mailand bis 17. März 1976 Rom) lernte Marlene Dietrich vermutlich während der Dreharbeiten für »Monte Carlo Story« in Rom kennen. »Er bezaubert, entzückt, belehrt und verhext alle, ohne einen Finger zu rühren«, schreibt sie in ihrem »ABC meines Lebens«.

ANNA MARIA TUCCI ■ Via Taro 1 · Rom ■ »Anna Maria, my wardrobe girl, an Angel with wings [Anna Maria, meine Garderobiere, ein Engel mit Flügeln]«, lobte Marlene Dietrich Anna Maria Tucci, die ihr bei »Monte Carlo Story« assistierte.

»Laughing, slaving, sewing, running, always there with whatever you want at that particular moment, sitting in the lobby for hours at night because she wanted to wash a shirt. (. . .) She only speaks Italian and I understand everything she says but I still cannot speak it [Lachend, schuftend, nähend, herumrennend, immer da, wenn man etwas gerade in diesem Augenblick

Künstlerfoto von Orson Welles, Marlene Dietrich gewidmet

braucht, sitzt sie für Stunden nachts in der Eingangshalle des Hotels, weil sie eins der Hemden waschen will – sie spricht nur italienisch, aber ich verstehe alles, was sie sagt, nur kann ich selbst noch kein Italienisch].« Schon bei den Dreharbeiten 1956 überlegte Marlene Dietrich, Anna Maria Tucci für künftige Aufgaben als Garderobiere fest zu engagieren. Tatsächlich lud sie sie 1960 ein, sie als Garderobiere auf ihrer ersten Europa-Tournee zu begleiten. Die Zusammenarbeit kam jedoch nicht zustande.

ORSON WELLES ■ Via Bordighera 26 · Rom ■ Den Schauspieler und Regisseur Orson Welles (6. Mai 1915 Kenosha/Wisc. bis 10. Oktober 1985 Hollywood) kannte Marlene Dietrich durch ihre Zusammenarbeit während des Zweiten Weltkriegs. 1943 trat Marlene Dietrich in seiner »Mercury Wonder Show« in Los Angeles als Ersatz für Rita

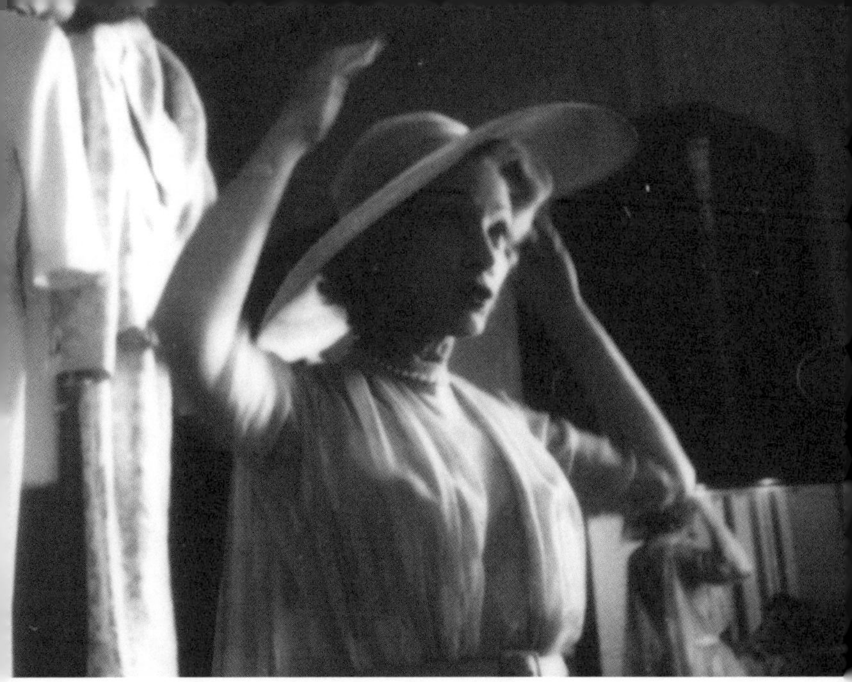

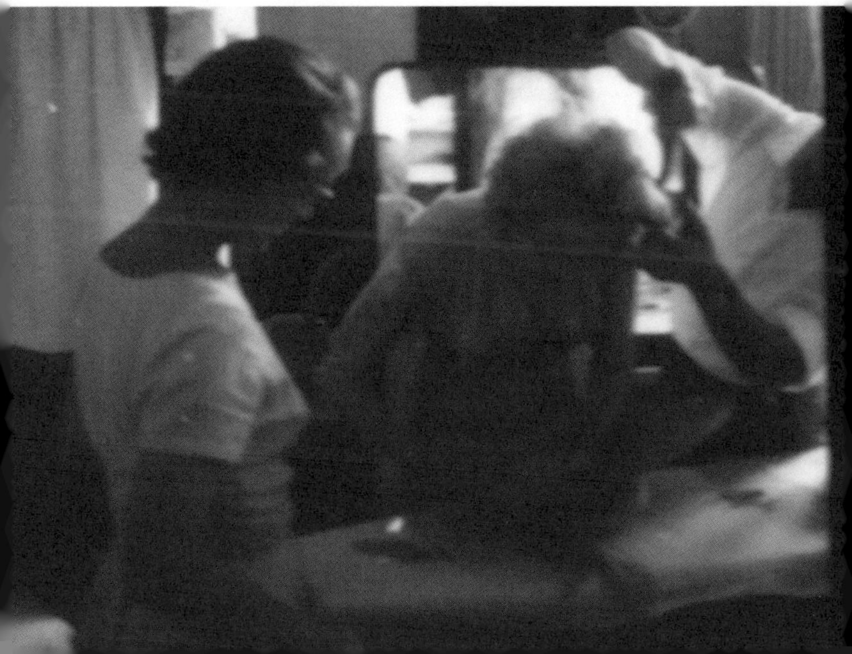

flo 8673

Hayworth in einer Zaubernummer auf, bei der sie in zwei Teile zersägt wurde. Die Nummer wurde auch für den Film »Three Cheers for the Boys« (später »Follow the Boys«) zur Unterhaltung der amerikanischen Truppen gedreht. Marlene Dietrich übernahm von Orson Welles einen Telepathie-Trick, den sie bei ihren Bühnenshows während der Truppenbetreuung 1944 einsetzte. »Dearest, dearest Marlene: I can't tell you how much joy your letter brought me [Liebste, liebste Marlene: Ich kann Dir gar nicht sagen, wieviel Freude mir Dein Brief gemacht hat]«, bedankte er sich für ihren Bericht, und fügte hinzu: »I'm only sorry that some of your thoughts are dark sometimes. I can't imagine why, because you're doing such really wonderful things [Es tut mir nur leid, daß Du manchmal so düsteren Gedanken nachhängst. Ich kann mir gar nicht vorstellen, warum, denn Du machst doch wirklich wunderbare Sachen].« Nach Kriegsende nahmen Orson Welles und Rita Hayworth sie vorübergehend in ihrer Villa in Hollywood auf. 1957 übernahm Marlene Dietrich eine kleine Rolle in dem Film »Touch of Evil«, in dem Welles Regie führte und die Hauptrolle spielte. Als zigarrerauchende Wahrsagerin in einem Bordell sagte sie Welles voraus: »Es gibt keine Zukunft mehr für dich – du hast sie dir selbst genommen« – wie sie fand, war dies ihre beste Rolle.

Vorige Seiten: Mit Anna Maria Tucci in der Garderobe am Set

Zeichnung von Orson Welles für Marlene Dietrich, eine Anspielung auf seinen Namen

Marlene Dietrich traf Orson Welles während ihres Rom-Aufenthalts Ende 1959. Er war zu dieser Zeit dort mit den Dreharbeiten zu dem italienischen Film »David e Golia« [Regie Ferdinando Baldi, 1960] beschäftigt. In diesem Historienfilm nach dem Alten Testament spielte Welles die Rolle des Königs »Saul«.

Im letzten seiner im Nachlaß überlieferten Briefe bekannte er: »Darling Marlene, I wasn't part of that mass welcoming at the Airport last night because I'm a selfish, foolish and jealous old friend who wanted – – after all this long time – – to have our first reunion a private rather than a collective affair. So here I am waiting and hoping for just that. Lunch? Drinks before the Gala dinner tonight? Love, Orson [Marlene, Liebling, ich wollte gestern Abend nicht an dieser Massenveranstaltung zu Deiner Begrüßung am Flughafen teilnehmen, weil ich ein überheblicher, dummer und eifersüchtiger alter Freund von Dir bin, der sich – nach all dieser langen Zeit – wünschte, daß unser erstes Wiedersehen privater Na-

tur wäre und keine öffentliche Angelegenheit. Hier sitze ich also und warte und hoffe genau darauf. Mittagessen? Ein Drink vor dem Gala-Essen heute Abend? Alles Liebe, Orson].«

HOTEL EXCELSIOR ROM/LUIGI VALTORTA ■ Via Veneto · Rom ■

»Ein prachtvoller Hotelpalast und ein Klassiker unter den berühmten Grandhotels: an der berühmten Via Veneto, der exklusiven Einkaufsmeile des ›Dolce Vita‹. Noch heute hat sich die Via Veneto ihr elegantes, internationales Flair erhalten, in das sich das Hotel Excelsior harmonisch einfügt. Gäste aus aller Welt, italienische Industriemagnate, Angehörige der umliegenden Botschaften, Künstler und deren Bewunderer geben sich hier seit Jahren ein Stelldichein«, heißt es heute in der Werbung des Hotels. Luigi Valtorta war der Hoteldirektor während Marlene Dietrichs Rom-Aufenthalten in den 1950er Jahren.

NINO CALARCO ■ Taormina ■ Nino Calarco war, wie Marlene Dietrich hinzufügte, Redakteur der Zeitung »Gazetta del Sul«.

MARIA RIVA ■ **15 Viale Europe · Rom** ■ Marlene Dietrichs   **Mit Maria Riva** Tochter Maria Riva (geb. 13. Dezember 1924 Berlin) übersiedelte 1931 zusammen mit ihrer Mutter von Berlin in die USA. Maria Riva, die in den USA selbst Schauspielerin wurde, begleitete Marlene Dietrich auch in den folgenden Jahrzehnten über weite Strecken ihres Lebens. Maria Riva war mit Sicherheit der wichtigste Mensch in Marlene Dietrichs Leben. Zusammen mit ihrem Mann, William Riva, zog sie neben ihrer Berufstätigkeit vier Söhne groß, von denen zwei hier erwähnt sind: Peter und Michael Riva besuchten in den 1960er Jahren das Internat »Le Rosey« (siehe Eintrag) in Gstaad.

Marlene Dietrich schreibt über Maria Riva in ihrer Autobiografie: »Hier muß ich erklären, warum ich immer meine Tochter anrufe, wenn ich in Schwierigkeiten bin. Meine Tochter weiß alles, was sie wissen will oder wissen muß. Abgesehen davon, daß sie eine ausgezeichnete Schauspielerin ist, hat sie einen Mann und vier Söhne; sie kocht, hält das Haus in Ordnung, reist, wenn man ihre Hilfe braucht, in die entlegensten Orte. Sie ist die einzige ›Marketenderin‹, die ich kenne, Mutter Courage junior, Ratgeberin für alle, die Rat brauchen. Ich bin Nummer eins auf ihrer Liste . . .«

In den 1950en Jahre wohnte Maria Riva zeitweise in Rom. In ihrem dortigen Apartment wurden, wie der Drehplan belegt, in ihrer Abwesenheit einige Szenen des Films »Monte Carlo Story« gedreht.

Marlene Dietrich reiste 1960 im Rahmen ihrer ersten Europa-Tournee auch zu Gastspielen nach Israel. In einem Jahr, in dem nicht nur die israelische Öffentlichkeit mit dem Eichmann-Prozeß befaßt war, brach sie dort vermutlich als erste Künstlerin das Tabu, Lieder auf deutsch vorzutragen. Das Publikum, besonders aber die vielen deutschen Emigranten, dankte es ihr mit Ovationen, denn sie fühlten sich an ihre Kindheit und Jugend vor 1933 in Deutschland erinnert. »Madame, so eigenartig es klingen mag, aber dass ich Ihnen deutsch statt englisch schreibe (welches ich gut beherrsche) ist mein Ausdruck der grössten Bewunderung und Verehrung, die ich für Sie hege. Denn indem ich deutsch schreibe, breche ich ein stilles Gelübde, dass ich mir selbst gab: Nie mehr diese Sprache zu gebrauchen, obwohl es meine Muttersprache ist«, schrieb ihr zum Beispiel Betty Pesate, die 1933 zwölf Jahre alt gewesen war und ihre gesamte Familie im Holocaust verloren hatte. Und Mrs. M. Kanner, die Marlene Dietrich noch in Deutschland gesehen hatte, gestand: »Es hat so Vieles in mir wachgerufen, alle alten guten Zeiten, Elternhaus, Familie, Freunde, liebe Miss Marlene, vielen Dank auch dafür.« Ihr Publikum und ihre Fans schätzten Marlene Dietrichs Engagement gegen Hitler während der Nazizeit: »In einer Zeit, wo noch Millionen Deutsche sagen, dass ja alles nur Greuelmärchen sind, tut es wohl, eine ganz anders denkende Deutsche sehen zu können.«

Vorige Seite: Am Ölberg in Jerusalem, Juni 1960

Konzert am 17. Juni 1960 in Tel Aviv

Nachdem sie ein hebräisches Lied in ihr Repertoire aufgenommen hatte – eine Stewardess hatte es ihr auf dem Flug nach Israel beigebracht – lag ihr Tel Aviv zu Füssen, selbst als sie »one of the biggest traffic jams this busting city ever saw [einen der größten Verkehrsstaus, den diese geschäftige Stadt je erlebte]« auslöste, während sie auf der Hauptgeschäftsstraße in einem Sportgeschäft einkaufte. Wie die Polizei berichtete, warteten 15000 Menschen geduldig, um sie dort zu sehen.

1966 kam sie zu einer zweiten Konzertreise, die neben Tel Aviv nach Haifa, Jerusalem und in das Music Center im Kibbuz En Gev führte. »I am in the fortunate position of having to go only to countries that I like. I'm in Israel because I want to be. I like the country and I like the people [Ich bin in der glücklichen Lage, nur in Länder zu reisen, in die ich reisen will. Ich bin in Israel, weil ich hier sein will. Ich mag dieses Land und seine Bevölkerung]«, erklärte sie während der Pressekonferenz nach ihrer Ankunft in Tel Aviv. In diesem Jahr

kam auch der bereits 1960 geplante Besuch in der Holocaust-Gedenkstätte Yad Vashem (siehe Eintrag) zustande. Die zweite Tournée stand unter der Schirmherrschaft von »Beith Halochem«, »a sport therapy and social center for the invalides of the war of liberation [ein Sporttherapie- und Begegnungs-Zentrum für die Invaliden des Befreiungskrieges]«. So waren viele der Auftritte Wohltätigkeitskonzerte zugunsten sozialer Projekte in Israel. Einige der geförderten Einrichtungen besuchte Marlene Dietrich persönlich, so reiste sie mit der israelischen Kolumnistin Mira Avrech in einen Kinderkibbuz. »Kibbuz – Israels Lebensinhalt. Die Verwirklichung des Traumes des ewig wandernden Juden: ein eigenes Land zu besitzen und zu kultivieren«, schreibt sie darüber in ihrem »ABC meines Lebens«. Und über die »Kinder Israels« heißt es dort: »Sie sind heilig wie die Kühe in Indien. Sie wissen es. Man sieht es in ihren Gesichtern. Ihre Augen sind klarer als die Augen anderer Kinder.« Mira Avrech schwärmte nach diesem gemeinsamen Ausflug: »You are so ALL person, ALL woman, ALL human, ALL little girl and ALL mother **Im Sharon Hotel** that I can hardly refrain from calling you ›pretty mummy‹ [Sie sind so ganz und gar Persönlichkeit, Frau, Mensch, kleines Mädchen und Mutter, daß ich **Gedenkstätte** mir nur schwer verkneifen kann, Sie ›hübsche Mami‹ zu rufen]«. Bereits im **Yad Vashem,** Dezember 1965 war Marlene für ihr Engagement mit der »Medaillon of **Februar 1966** Valour of the State of Israel« ausgezeichnet worden.

YAD VASHEM/DR. GELBER ■ **Har Hazikaron · Jerusalem** ■ »Wir bitten um die Ehre Ihres Besuches in Yad Vashem, Regierungsinstitut zur Verewigung der jüdischen Opfer und Helden während des letzten Weltkrieges in Jerusalem. (. . .) Ihr Besuch wird Ihr Verständnis, Ihre Sympathie für traurigstes Kapitel unseres Volkes symbolisieren«, wandte sich der Direktor von Yad Vachem, Leon Bernstein, im Juni 1960 an Marlene Dietrich. Die Gedenkstätte Yad Vashem wurde von der Israelischen Knesset 1953 gegründet, um an Millionen von den Nationalsozialisten ermordete Juden in Europa und an die jüdischen Widerstandskämpfer zu erinnern.

Die Begegnung kam erst bei ihrem zweiten Israelbesuch, am 20.3.1966, zustande. Marlene Dietrich wurde dort vom Vizepräsidenten der Gedenkstätte, Dr. Edward Gelber, begrüßt: »We have some idea of your high-minded record in those awful days of Nazism when you refused to return to your homeland, but rather, in protest against the Hitler degradation

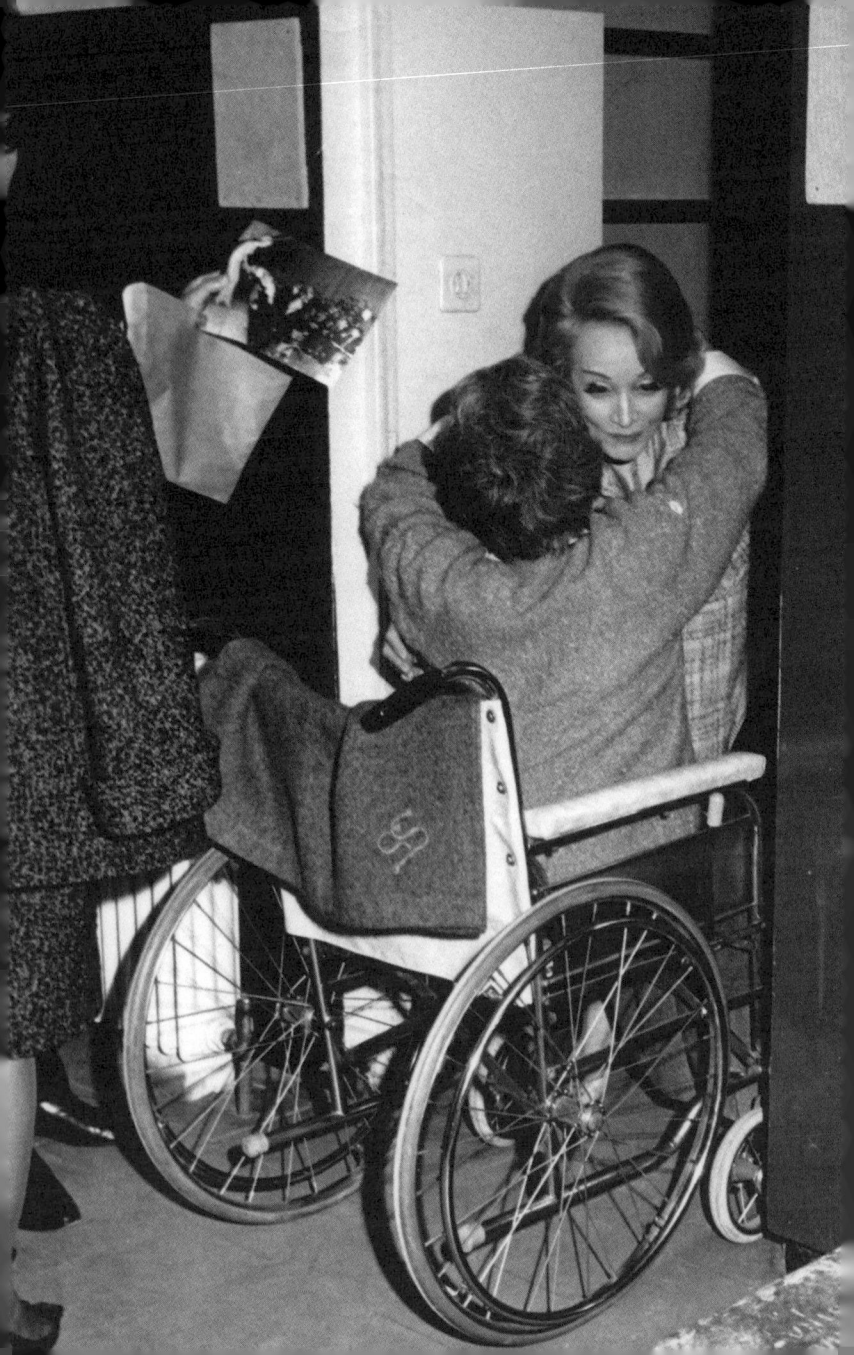

(. . .) you raised your voice in protest on behalf of freedom and human decency and in other ways, too, helped many Jews to escape [Wir haben nur eine Ahnung von Ihren ehrenwerten Verdiensten in dieser furchtbaren Zeit des Nationalsozialismus, als Sie sich nicht nur weigerten, in Ihre Heimat zurückzukehren, sondern darüberhinaus gegen die Erniedrigungen durch Hitler und für die Sache des Friedens und der Menschenwürde Ihre Stimme erhoben und auf Ihre Weise Juden zur Flucht verhalfen].« Gelber würdigte Marlene Dietrich als eine der »Gerechten«, an deren Hilfe für Juden in Yad Vashem in einer »Allee der Gerechten« erinnert wird. »I lit the flame at the symbolic graveyard of the ›HEROS AND MARTYRS‹ and I wish the world would know more about this monument to them [Ich entzündete die Flamme auf dem symbolischen Friedhof der ›Helden und Märtyrer‹ und ich wünschte, die Welt wüßte mehr über dieses Denkmal für sie]«, berichtete Marlene Dietrich nach ihrer Rückkehr dem Präsidenten der Frankenhuis Collection in New York und informierte ihn über die Bemühungen der Gedenkstätte, eine möglichst vollständige Namensliste aller Opfer des Holocaust zu erstellen. Während ihres Besuchs erzählte sie Edward Gelber von dem Dokumentarfilm »Black Fox«, einer Parabel über den Aufstieg Adolf Hitlers anhand der Fabel »Reinecke Fuchs« von Goethe. Für diesen Film hatte Marlene Dietrich den Kommentar gesprochen. So veranlaßte sie nach ihrer Rückkehr, daß Yad Vashem kostenlos eine Filmkopie erhielt.

Mit Sara Shapovoal, Tel Aviv

SARA SHAPOVOAL ■ **Ben Yehuda St. 4 · Tel Aviv** ■ Sara Shapovoal kam im Rollstuhl zu Marlene Dietrichs erstem Auftritt in Tel Aviv und schrieb ihr anschließend ins »Sharon-Hotel«: »Ihre Kunst und Ihr Scharm hat mich fühlen lassen, dass ich auf meinen Beinen stehen kann, wie es seit meiner Kindheit nicht mehr der Fall war. Nun ist meine Bitte – die Sie mir nicht abschlagen werden: Ich muss Sie in meine Arme schliessen.« Gerührt eilte Marlene wenige Tage später mit einem Plattenspieler als Gastgeschenk in die Ben Yehuda Street, um die 45jährige Frau zu besuchen. »Marlene erschien in der Ben-Yehuda Straße in der Wohnung der Briefeschreiberin, die ihre Familie bis auf einen Bruder im Krieg verlor. (. . .) Marlene verweilte bei der aus Odessa gebürtigen Frau fast eine Stunde und schickte ihr am nächsten Tag alle Blumen, die sie anläßlich einer ihrer letzten Vorstellungen erhalten hatte«, berichtete eine deutschsprachige Zeitung. Sara Shapovoal revanchierte sich mit einem Globus, ihrem wertvollsten Besitz. Marlene Dietrich hielt auch in den nächsten Monaten den Kontakt aufrecht und sandte Schallplatten, Parfüm und eine Bonbonniere aus Paris. »Seit dem Besuch bei mir schließt sich nicht die Tür. Und es sind Künstler und Freunde, die mich seither höher schätzen, weil Du, meine liebe Marlene, die Spitze der ›Boheme‹ bist. In meinen Räumen wird gefeiert, denn es ist noch die Atmosphäre der göttlichen Marlene da«, berichtete ihr Sara im August 1960 aus Tel Aviv.

SHAI K. OPHIR ■ **3 Habashan · Tel Aviv** ■ Mit dem Tänzer, Schauspieler, Schriftsteller und Komponisten Shai K. Ophir (auch Shaike Ophir) freundete Marlene Dietrich sich während ihres Israelaufenthalts 1960 an. Im selben Jahr begleitete er sie zu ihrem Gastspiel in Kanada und trat als Tänzer und Pantomime in der ersten Show-Hälfte vor Marlene im »O'Keefe Center« in Toronto auf. Wie weit diese Freundschaft ging, bleibt ein Geheimnis, immerhin schrieb Ophir ihr 1963 sehnsüchtig: »Mon amour, month, weeks and long days went by since I last saw you [Meine Liebe, Monate, Wochen und lange Tage sind vergangen, seit ich Dich zuletzt sah]«, erwähnte aber im gleichen Schreiben, daß er im Januar »a beautiful and wonderful girl« geheiratet hatte. So übertrug Marlene ihre Freundschaft rasch auch auf Lydia Ophir, sie überschrieb ihre Briefe fortan mit »Dearests« und versorgte beide mit Schallplatten. 1966 kam Ophir zu einem einmonatigen Gastspiel nach Paris, wo er zusammen mit dem Chansonier Adamo im »Olympia« auftrat.

EL-AL AIRLINES ■ **76 Mazestraße · Tel Aviv** ■ Für die israelische Fluglinie »EL AL« bat deren PR-Manager Peter Brunswick im Oktober 1960 um die Erlaubnis, mit einem Foto von Marlene Dietrich als Passagierin der Fluggesellschaft in einer ganzseitigen Annonce in der »New York Times« zu werben: »EL AL Airlines is proud to have had you as a passenger and would like to express these sentiments [EL AL ist stolz darauf, daß Sie mit uns geflogen sind, und würde dies gerne zum Ausdruck bringen].« Marlenes »sentiments« gegenüber der Fluggesellschaft waren eher negativer Art: angesichts der horrenden Flugpreise – »It had never occured to me that Paris Tel Aviv was anywhere near as expensive as New York Paris [Es ist mir nie in den Sinn gekommen, daß ein Flug Paris – Tel Aviv fast so teuer ist wie New York – Paris]« – hatte Marlene Dietrich darauf bestanden, daß die gesamte Tournée-crew, sie selbst eingeschlossen, in der Touristenklasse nach Tel Aviv flog. Als EL AL sie bat, doch in der leeren Ersten Klasse Platz zu nehmen, betrachtete sie dies nur so lange als Höflichkeit der Fluggesellschaft, bis ihr der Preis dafür nachträglich in Rechnung gestellt wurde.

ERNA FIEDERER ■ Bne Brak Osem · Tel Aviv ■ Die Verehrerin Erna Fiederer erwartete Marlene Dietrich bereits am Flughafen in Tel Aviv und traf sie später im »Sharon-Hotel«. »Du hüllst alles in Liebe. Die Menschen haben ganz glückliche Gesichter, wenn sie von Dir reden«, berichtete sie Marlene Dietrich nach deren Abreise. »Ich habe ein gemeinsames Bild mit Dir. Darf ich es Dir schicken? Dein herrliches Gesicht strahlt so darauf, daß man sogar mich sieht. Ich hab Dich sehr, sehr lieb«, gestand sie ihr weiter. Marlene beglückte sie mit einer Postkarte aus dem Flugzeug auf der Rückreise.

SHARON HOTEL/MR. + MRS. LEVY ■ **Herzlia, on Sea-Israel** ■ Im »Sharon Hotel« in Herzlia wohnten Marlene Dietrich und ihre »Entourage« während des Gastspiels vom 5.6. bis 27.6.1960.

GIORA GODIK ■ **10 Glicksonstraße · 126 Jarkonstraße · Tel Aviv** ■ »Giora Godik, Impresario« steht auf der Visitenkarte des Künstleragenten, der Marlene Dietrichs Gastspiele in Israel organisierte. »It was my pleasure and more than an honour to me to have been able during my capacity as impresario to have my name linked with so great a star as you [Es war mir ein Vergnügen und mehr als eine Ehre, daß sich mein Name und meine Fähigkeiten als Künstleragent mit einem so großen Star verbinden durften, wie Sie es sind]«, bedankte er sich 1960. Während das erste Gastspiel zur allgemeinen Zufriedenheit verlief, gab es bei der Tournée 1966 diverse Unstimmigkeiten, bedingt durch den engen Zeitplan, der häufig zwei Konzerte an verschiedenen Orten innerhalb eines Tages vorsah. »I am sorry that I surmised you remember her habits from the year 1960 (...) and that there was no need to spell them out like I usually do [Es tut mir leid, daß ich unterstellte, Sie würden sich noch von 1960 her an ihre Gewohnheiten erinnern (...) und daß es deshalb nicht nötig sein würde, sie noch einmal besonders zu betonen, wie ich das gewöhnlich tue]«, beklagte sich Eddie Marouani im Namen seines Schützlings. Giora Godik konterte: »She was more than pleased with the way everything was arranged in her previous visit. (...) You are no doubt aware that I have enough experience in this field [Sie war mit der Organisation des vergangenen Gastspiels mehr als zufrieden. (...) Sie können sich sicher vorstellen, daß ich in diesem Bereich jede Menge Erfahrungen habe].« Zu guter Letzt mischte sich Marlene Dietrich zehn Tage vor Tournéebeginn selbst ein und schrieb Giora Godik einen sechsseitigen Brief mit allen Details, die bei ihrem Gastspiel zu

beachten seien, und sie fügte hinzu: »The only guilt I feel is that I did not insist <u>personally</u> to be informed of all the details sooner [Meine einzige Schuld ist es wohl, daß ich selbst nicht früher darauf bestanden habe, über all diese Details informiert zu werden].«

WEISGAL/WEIZMANN INSTITUTE ■ Meyer Weisgal war der Vorsitzende des »Weizmann Institute of Science«, zu dessen Gunsten Marlene Dietrich während ihrer Tournée 1960 ein Konzert gab. Zu ihrer Ankunft in Tel Aviv schrieb er ihr: »Dear Marlene: I had been preparing myself for the past two weeks for a big hug on your arrival in the Holy Land [Liebe Marlene: seit zwei Wochen übe ich die große Umarmung zu Ihrer Begrüßung im Heiligen Land].« Wegen einer Sitzung im Institut konnte er jedoch nicht zum Flughafen kommen und vertröstete sie: »During my enforced absence I hope the Jews take good care of you – if not, I will settle with them on my return [Ich hoffe, daß die Juden während meiner erzwungenen Abwesenheit gut auf Sie aufpassen – wenn nicht, kriegen sie es nach meiner Rückkehr mit mir zu tun].« Zu Marlenes Ehren veranstaltete er am 24.6.1960 eine Gartenparty. Marlene Dietrich erhielt für das Konzert ein Honorar von 5000 Dollar, die sie ihm 1961 persönlich als Spende zurückreichte.

Mit dem legendären Bürgermeister von Jerusalem, Teddy Kollek

JOSEPH MILLO ■ Yiphtah St. 2 · Jerusalem-Baka ■ Der Schauspieler und Filmregisseur Joseph Millo (pseud. Pasovsky, geb. 1916 in Prag) lebte seit 1921 in Palästina, kehrte jedoch zum Studium in den 1930er Jahren nach Prag zurück. 1937 emigrierte er wiederum nach Palästina, leitete dort ein Marionettentheater, von 1944 bis 1959 das »Cameri Theater« in Tel Aviv und danach das städtische Theater in Haifa. Er inszenierte unter anderem Stücke von Bertolt Brecht in Israel und nahm an internationalen Theaterfestivals teil. Spuren einer persönlichen Beziehung zu Marlene Dietrich fanden sich nicht.

MICKEY ATTIR/HILTON ■ Mendele St. 8 · Tel Aviv ■ Mickey Attir arbeitete als Friseur im »brand new Hilton Hotel« in Tel Aviv, in dem Marlene Dietrich während ihres Aufenthalts 1966 residierte.

DR. BERND HASPEL ■ Dr. Bernd Haspel war vermutlich ein deutscher Emigrant und besaß in Tel Aviv eine Apotheke. Er versorgte Marlene Dietrich mit Arzneimitteln sowie Alkohol und Chloroform, die sie, wie immer auf Reisen, zur Desinfektion der Toiletten benötigte.

SÜDAFRIKA

Z 299

In Südafrika trat Marlene Dietrich erstmals vom 23. April bis 8. Mai 1965 auf. Sie gastierte im »Civic Theater« in Johannesburg und gab während dieses Zeitraumes 20 Konzerte. Die Stimmung während des Aufenthalts war ziemlich angespannt, nicht nur wegen des schlechten Wetters in Johannesburg. »We are all freezing, because nobody told us how cold it was here. We all have no warm clothings. I have a cold, Bernhard Hall has a cold and we all are quite at a loss to understand how a big agency (TUCKER) could be so ill informed about the most simple conditions in this country [Wir frieren alle, denn niemand hat uns gesagt, wie kalt es hier ist. Wir haben keine warmen Sachen zum Anziehen. Ich habe Schnupfen, Berhard Hall hat Schnupfen und wir finden alle keine Worte dafür, daß eine so große Agentur (Tucker) so schlecht über die einfachsten Sachen in diesem Land informiert sein konnte]«, beschwerte sich Marlene Dietrich gegenüber Terry Miller. Auch in Südafrika wurde Marlene Dietrich bei ihren Auftritten besonders freudig von deutschen Emigranten empfangen. So schrieb ihr etwa Steffi Reichenberg: »Ich bin eine deutsche Jüdin, in Berlin geboren und aufgezogen, und war 10 Jahre alt, als der Blaue Engel gefilmt wurde.« Von dieser Zeit an habe sie für Marlene Dietrich geschwärmt und bei der Auswanderung aus Deutschland ihre Sammlung an Zeitungsausschnitten und Schallplatten von Marlene Dietrich mit nach Südafrika genommen. Auch eine ehemalige Kollegin aus Berlin meldete sich im Hotel: Ruth Oppenheim hatte zur gleichen Zeit wie Marlene Dietrich ihre Karriere an Berliner Bühnen begonnen. Daneben schrieb sie Artikel in der »Lichtbildbühne«. Sie bat Marlene um ein Gespräch im Hotel: »I would include my mother into that interview. She is one of the survivors of Bergen-Belsen and it would mean one hell of alot to her [Ich würde gerne meine Mutter in unser Interview einbeziehen. Sie ist eine Überlebende des KZ Bergen-Belsen und es würde ihr unendlich viel bedeuten].« Ob das Gespräch stattfand, ist nicht überliefert – möglicherweise weckte der Name des KZ Bergen-Belsen, in dessen Nähe Marlene Dietrichs Schwester Elisabeth ein Kino betrieben hatte, unangenehme Assoziationen.

Das letzte Konzert am 8. Mai fand am südafrikanischen Neujahrstag statt und war daher mit zusätzlichen Aufregungen verbunden. Marlene Dietrich bedankte sich – wohl einmalig in ih-

**Vorige Seite:
Konzert im
»Civic Theatre«
in Johannesburg,
April 1965**

**Mit Kindern
in der »National
War Memorial
Foundation«,
April 1965**

#104 E

rer Showkarriere – mit einer Zeitungsannonce bei allen Organisatoren: »I have visited many countries and my thanks go to Mr. BASIL RUBIN and Mr. PIETER TOERIEN for spoiling me more than I had expected to be spoiled. I will remember not only that very special NEW YEARS EVE in MAY but the entire time I sang to the people of JOHANNESBURG and to all the others who travelled from far to hear me [Ich habe viele Länder besucht, und mein Dank geht an Mr. Basil Rubin und Mr. Pieter Toerien, mich mehr verwöhnt zu haben, als ich jemals erwartet hätte, verwöhnt zu werden. Ich werde nicht nur den außergewöhnlichen Neujahrsabend im Mai in Erinnerung behalten, sondern die gesamte Zeit, in der ich für die Bevölkerung von Johannesburg und für alle diejenigen gesungen habe, die von weit her anreisten, um mich zu hören].« Im Namen aller Beteiligten dankte ihr Basil Rubin: »This was truly a wonderful gesture on your part and is deeply appreciated not only by Pieter and I, but by all those people who were concerned with the show and whom you thanked in such a gracious manner [Das war wirklich eine wunderbare Geste von Ihnen, und nicht nur Pieter und ich haben sich darüber gefreut, sondern alle, die an der Show beteiligt waren und denen Sie in so großartiger Weise gedankt haben].«

Konzert im »Civic Theatre« in Johannesburg, Februar 1965

Ein zweites Gastspiel im April 1966 in Durban, Johannesburg und Kapstadt drohte zunächst an dem Boykott Südafrikas gegen das Auftreten britischer Künstler zu scheitern. Dies betraf Raymond le Senechal, Marlene Dietrichs Pianisten und musikalischen Leiter ihrer Show. Terry Miller teilte den Veranstaltern »Rubin and Toerien« mit: »As there is still a ban on British musicians playing in South Africa, there is now no question of Miss Dietrich appearing in South Africa until the ban is lifted [Da es in Südafrika immer noch einen Boykott gegen das Auftreten britischer Musiker gibt, steht es für Frau Dietrich außer Frage, daß sie erst dann in Südafrika auftreten wird, wenn dieser Boykott aufgehoben wird].« Offensichtlich wurde der Boykott im Falle von Raymond le Senechal aufgehoben, denn das Gastspiel fand dann doch im April 1966 im »Civic Theater« in Johannesburg statt. Marlene Dietrich wurde dabei auch von südafrikanischen Musikern begleitet, auf der Liste der Orchestermitglieder markierte sie mit einem Sternchen die »born South Africans«.

HYDE PARK HOTEL/MR. TOLLMAN ■ **Jan Smuts Ave. Ext. · Craighall Park · Johannesburg** ■ Marlene Dietrich wohnte während ihres Aufenthalts 1965 im »Hyde Park Hotel« in Johannesburg, dessen Besitzer hieß Stanley S. Tollman.

PERCY TUCKER ■ 165, Jeppe St · Johannesburg ■ Die »Theatrical and Concertbooking Agency« von Percy Tucker organisierte den Kartenverkauf für Marlene Dietrichs Konzerte 1965 in Südafrika. Er schickte ihr ein Bouquet zur Begrüßung ins Hotel und schrieb dazu auf ein Grußkärtchen: »Welcome to South Africa! The history of Theatre in this country will be ever enriched by your performances here [Willkommen in Südafrika! Die Theatergeschichte dieses Landes wird für immer durch Ihre Auftritte bereichert sein].« Während ihres Aufenthalts wurde im Mai 1965 das Hörspiel »The Mirror« – ein halbstündiges Zwei-Personen-Stück von Shirley Jenkins – mit Marlene Dietrich von der »South African Broadcasting Corp.« aufgenommen und am 17.6.1965 im südafrikanischen Rundfunk ausgestrahlt. Percy Tucker berichtete ihr über die Resonnanz: »Your records are still being played nightly on the radio and your show is still being discussed avidly and we are awaiting your return eagerly. Your radio play was listened to be the biggest percentage of listeners for a saturday night play for years and years [Ihre Schallplatten werden noch immer nachts im Radio gespielt und Ihre Auftritte werden noch begierig diskutiert, und wir erwarten sehnsüchtig Ihre Rückkehr. Das Radio-Feature erreichte angeblich die höchsten Zuhörerzahlen seit Jahren an einem Samstagabend].« Tucker hatte die Zeitungsannonce organisiert, mit der sich Marlene Dietrich bei ihrem Publikum und den Veranstaltern vor Ort bedankte.

BASIL RUBIN ■ 36a, Victoria Road · Cape Town ■ Basil Rubin fungierte zusammen mit Pieter Toerien (siehe Eintrag) als »Promoter« des Gastspiels 1965. Rubin war der Veranstalter, er verhandelte im Vorfeld mit Eddie Marouani, der seine Bedenken gegenüber Künstlerlaunen konterte: »I must raise the strongest objections to your comparing my client Miss MARLENE DIETRICH with any of the British pop stars who have caused alot of trouble during their trips to South Africa. If you have any doubts in your mind that my client Miss Marlene Dietrich would not act in a similar way, you can dismiss any further thoughts that she might ever come to play there [Ich muß Ihrem Vergleich meiner Mandantin mit irgendwelchen britischen Pop-Stars, die während ihrer Auftritte in Südafrika eine Menge Ärger verursachten, aufs schärfste widersprechen. Wenn Sie nur die geringsten Zweifel daran haben, daß meine Mandantin Frau Marlene Dietrich sich nicht anders verhalten würde, können Sie sich den Gedanken daran, daß sie jemals bei Ihnen auftreten würde, gleich aus dem Kopf schlagen].« Basil Rubins Frau Aileen dankte Marlene nach dem Gastspiel für ihre Geschenke und die Fotos, »which have a very prominent place in our studio and bring back very many wonderful memories [die einen besonderen Platz in unserem Studio haben und viele wunderbare Erinnerungen wecken].«

PIETER TOERIEN ■ **15, Achilles Way · Pinelands · Cape Town** ■ »Glamourous Miss Dietrich (62) was yesterday signed up by Pieter Toerien (24) South Africa's youngest impresario [Die bezaubernde Frau Dietrich (62) wurde gestern von Südafrikas jüngstem Agenten Pieter Toerien (24) unter Vertrag genommen]«, meldeten Südafrikas Zeitungen am 10.3.1965. The »Natal Mercury« nannte ihn gar »the 24-years-old brimful-with-enthusiasm Cape Town impresario [den 24jährigen vor-Enthusiasmus-überschäumenden Agenten aus Kapstadt]«. Pieter Toerien war offensichtlich das »Mädchen für alles« während Marlene Dietrichs Aufenthalten in Südafrika. Er kümmerte sich um die Abrechnungen – und um die Sonderwünsche der Sängerin, wie er 1966 nach dem Ende der zweiten Tournée den Zeitungen berichtete: »She organizes her life and everyone about her as if she were conducting a military operation [Sie organisiert ihr eigenes Leben und das ihres Umfeldes, als würde sie eine militärische Operation leiten].« Und er gestand: »She expects bouquets of flowers and she expects praise. She must be told after a show that it was a wonderful performance. It's these little things that go beyond the call of duty for which she is indescribably grateful [Sie erwartet Blumensträuße und sie erwartet Anbetung. Man muß ihr nach dem Auftritt sagen, daß es eine wunderbare Vorstellung war. Es sind diese kleinen Dinge, die über die tatsächlichen Pflichten hinausgehen, für die sie unbeschreiblich dankbar ist].« Wie oft, gelang es Marlene, auch dem 24jährigen Toerien den Kopf zu verdrehen. Seine zunächst förmlichen Briefe wechselten rasch zur Anrede »My dearest Marlene« und endeten mit »<u>more</u> love than before« und »xxx«. Gefragt, wie Marlene Dietrich sich ihre Jugendlichkeit erhalte, zitierte ihn 1966 die südafrikanische Presse: »All I can say is she is not of this world. She is not like ordinary people. There is a fire which burns inside her and keeps her vital [Alles, was ich dazu sagen kann ist, daß sie nicht von dieser Welt ist. Sie ist nicht wie die gewöhnlichen Menschen. In ihr brennt ein Feuer, das sie lebendig hält].«

FREIE WELT

06

1. FEBRUARHEFT 1964 · PREIS 0,50

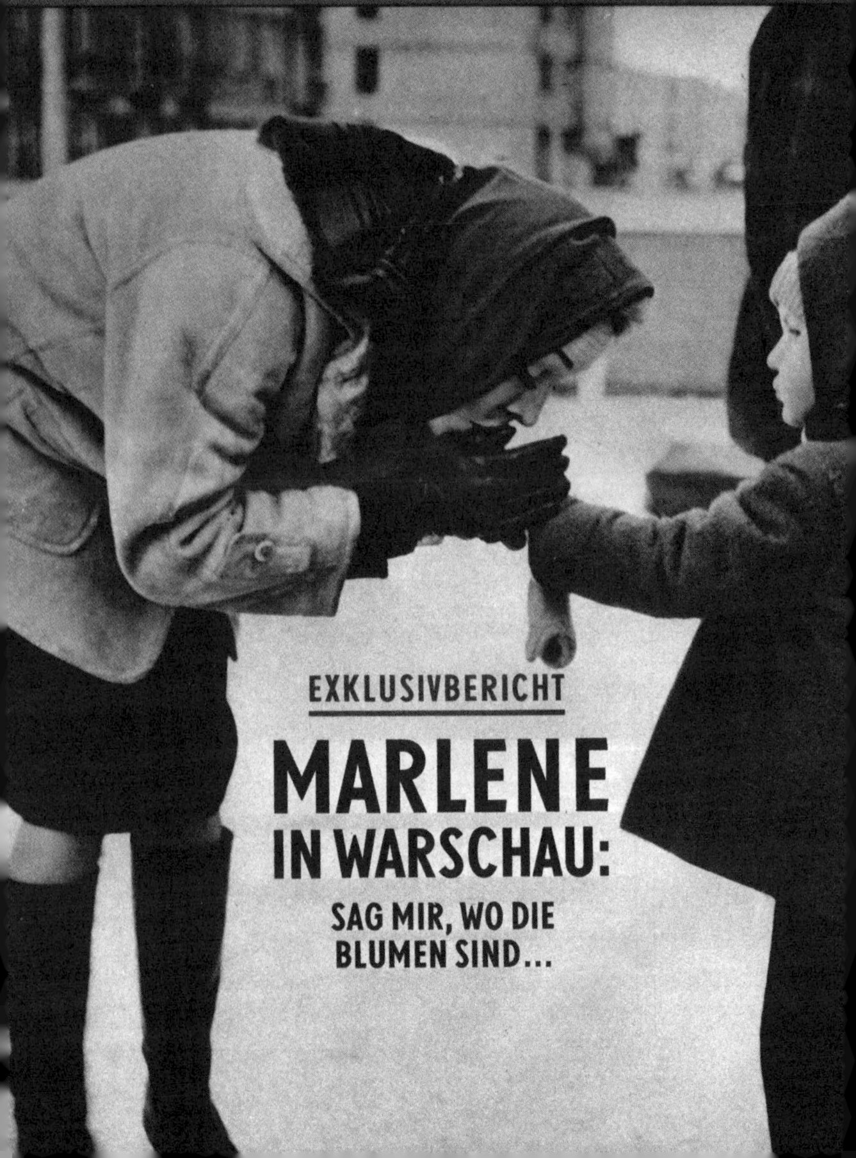

EXKLUSIVBERICHT

MARLENE IN WARSCHAU:

SAG MIR, WO DIE BLUMEN SIND...

Marlene Dietrich reiste zu zwei Gastspieltournéen nach Polen. Vom 16. bis 20. Januar 1964 war sie zu acht Konzerten in Warschau und trat dort im Kulturpalast auf. Auf einer weder adressierten noch abgesandten Postkarte mit dem Foto des Kulturpalastes notierte sie: »This is where I sang 8 concerts (3000 seats each 1000 standing) all sold out. And such love from the audience I never saw [Hier habe ich acht Konzerte gegeben – jeweils 3000 Sitzplätze und 1000 Stehplätze – alle ausverkauft. Eine solche Liebe des Publikums habe ich noch nie erlebt].« Eine zweite Postkarte zeigte die Innenstadt Warschaus, und Marlene Dietrich kommentierte auf der Rückseite: »Rebuilt the way it was. Had too much emotion here – am exhausted. But what joy, what audience, 8 soldout concerts, 4000 each plus standing rows [Wieder im alten Stil aufgebaut. Hatte zu viele Gefühle hier – bin erschöpft. Aber welche Freude, was für ein Publikum, acht ausverkaufte Konzerte, jeweils 4000 Zuhörer plus Stehplätze].« Großes internationales Aufsehen erregte 1964 ihr Besuch des früheren Warschauer Ghettos, wo sie am Mahnmal Blumen niederlegte. Die in Ost-Berlin erscheinende Zeitschrift »Freie Welt« berichtete darüber in einer Fotoreportage am 1.2.1966: »Am Sonntag, nach ihren beiden ersten Konzerten, fuhr Marlene Dietrich zur Blumenhandlung in der Aleje Jerozlimkie. Lange ging sie in Gedanken versunken durch das Geschäft. Schließlich kaufte sie einen großen Strauß Flieder. Und dann fuhr sie nach Muranów, wo einst das Warschauer Ghetto lag. Lange bevor sie an Ort und Stelle war, verließ sie das Auto und ging langsam, die Blumen an die Brust gedrückt, zum Denkmal. Ihr Gesicht war blaß, gleichsam erloschen. Plötzlich bedeckte sie es mit beiden Händen und begann zu weinen. Wir sahen ihre Tränen, die wir bisher nur gehört hatten – in ihrer Stimme, wenn sie ihr berühmtes Chanson sang: ›Sag mir, wo die Blumen sind‹.« Marlene Dietrich berichtete in ihrer Autobiografie über diesen Tag: »Ich ging zu dem Platz mit dem Denkmal zur Erinnerung an den Ghetto-Aufstand. Seit langem war ich von Haß erfüllt, und als ich dort stand, wo sich einst das Ghetto befunden hatte, verdunkelte er meinen Horizont und fraß sich in mein Herz. Immer, seit den grauenhaften Missetaten, die mich veranlaßt hatten, Deutschland den Rücken zu kehren, hatte ich mich schuldig für das deutsche Volk gefühlt. Jetzt mehr denn je.«

Vorige Seite: Beim Konzert in Warschau, Februar/März 1966

Titelseite der DDR-Zeitschrift »Freie Welt«, Februar 1966

Am Ende ihres letzten Konzerts in Warschau wandte sie sich mit Tränen in den Augen an die Zuhörer: »Je dois vous dire adieu, parceque c'est fini, c'était le dernier concert. Et j'aimerai bien vous dire que vous me faites pleurir parceque je vous admire beaucoup. J'ai admirée votre courage pendant la guerre – et je vous aime. Au revoir [Ich muß Ihnen Adieu sagen, jetzt ist Schluß, dies war das letzte Konzert. Und ich möchte Ihnen gerne sagen, daß Sie mich zu Tränen gerührt haben, weil ich Sie so sehr bewundere. Ich habe Ihren Mut während des Krieges bewundert – und ich liebe Sie].«

1966 kehrte sie zu ihrem begeisterten Publikum in Polen zurück und gastierte in Warschau (27. Februar bis 1. März), Gdansk (2. bis 4. März), Wroclaw (6. März) und zuletzt wieder in Warschau (7. März). In Polen wurde Marlene Dietrich gerade wegen ihres Engagements im Zweiten Weltkrieg verehrt. So schrieb ihr zum Beispiel Irena Pawenda aus Oliva, einem Stadtteil von Gdansk: »Sie sind uns polnischen Frauen sehr teuer. In den schwersten Stunden unseres Landes waren Sie mit Herz u. Seele bei uns. Gerade Sie stärkten unsere Männer u. Söhne, die im Ausland im Schnee und Wüstensand um **Auf dem Weg** unsere Freiheit kämpften, mit Herz u. Lied, das sie um so dankbarer annah- **zum Denkmal im** men, weil sie eine deutsche Frau sang, die sich von Deutschland abwen- **Warschauer Ghetto,** dete und mutig bekannte, daß die Herrscher ihres Landes feig u. ehrlos **Februar 1966** handelten.« Irena Pawenda, die direkt neben der »Polnischen Post« in Gdansk wohnte und ihre gesamte Familie in Auschwitz verloren hatte, bat Marlene Dietrich, während ihres Aufenthaltes auch die Gedenkstätten in Stutthoff und Auschwitz zu besuchen oder am Denkmal für die Verteidigung der »Polnischen Post« eine Blume niederzulegen.

MARTA ROMER/BARBARA KOTARSKA/PAGART ■ Senatorska B 15 · Warschau ■ Die »Polska agencija artystyczna Pagart« organisierte die beiden Gastspielreisen Marlene Dietrichs 1964 und 1966. Barbara Kotarska arbeitete bei der Agentur und war für die Betreuung von Marlene Dietrich zuständig. »Vous avez laissé en Pologne beaucoup d'amies épris des votre talent, personnalité, votre charme, votre simplicitée –––– je me permets de vous embrasser bien fort, Barbara [Sie hinterließen in Polen viele Freunde, eingenommen von Ihrem Talent, Ihrer Persönlichkeit, Ihrem Charme, Ihrer Schlichtheit – Ich erlaube mir, Sie herzlich zu umarmen, Barbara]«, schrieb sie ihr am 19.2.1964. Marlene revanchierte sich mit einem Paket mit Schallplatten. Barbara Kotarska dankte ihr dafür am 21.2.1964: »J'ai fait chanter votre voix et j'ai pu vous voir tout près de moi. (. . .) Merci pour les ›milles baisers‹ et veuillez recevoir le double de la part de votre devouée [Ich habe Ihre Stimme erklingen lassen und sah Sie dabei ganz nah neben mir (. . .) Danke für die ›tausend Küsse‹ und empfangen Sie die doppelte Portion von Ihrer Ergebenen].« Auch beim Gastspiel 1966 waren die Damen von »Pagart« im Dienst der Diva: »Comme je travaille toujours à Pagart je suis au courant de toutes les nouvelles concernant votre tournée en Pologne et je peux vous assurer qu'on fait tous les efforts possibles pour bien préparer vos concerts en Pologne [Da ich weiterhin bei Pagart arbeite, bin ich über alle Neuigkeiten Ihrer Tournéepläne für Polen auf dem laufenden, und ich darf Ihnen versichern, daß wir hier alle nur möglichen Anstrengungen unternehmen werden, um Ihre Konzerte in Polen gut vorzubereiten]«, schrieb Barbara Kotarska am 26.1.1966 an Marlene Dietrich, und sie schloß ihren Brief mit: »Votre admiratrice Barbara vous embrasse bien fort [Ihre Bewunderin Barbara umarmt Sie ganz fest].«

ELISABETH SIENIAWSKA ■ **Ul Polna Som 27 · Warschau** ■ Elisabeth Sieniawska gehörte zu den polnischen Dolmetscherinnen, die Marlene Dietrich bei ihrem Gastspiel 1966 in Polen begleiteten. Neben den Übersetzungen war sie Marlene Dietrich auch in praktischen Fragen zu Diensten — zum Beispiel, was das Reinigen der Bühne betraf: »My coat tail was BLACK last night although Mr. Davis had the stage cleaned in the afternoon. Cleaning and cleaning can be two different things. The boards have to be scrubbed with soap and water [Meine Mantelschleppe war letzte Nacht schwarz, obwohl Mr. Davis die Bühne nachmittags putzen ließ. Putzen ist nicht gleich Putzen. Die Bretter müssen mit Seifenwasser geschrubbt werden].« Elisabeth sorgte auch für die gewünschten »20 or 30« Aufkleber der Hotels: »I always stick these stickers onto all my suitcases so to remind me where I stayed in the different towns [Ich klebe diese Aufkleber auf all meine Koffer, zur Erinnerung, wo ich in den verschiedenen Städten übernachtet habe].« Erwähnt wird sie von Marlene Dietrich wegen der Abrechnung der »Pourboires [Trinkgelder]«: »Ajutez s.v.p. deux envelopes: Elisabeth, Margret, chaque envelope doit contenir l'équivalent de $ 20, mais laissez envelope ouvert, car je dois ajuter un mot [Fügen Sie bitte zwei Umschläge für Elisabeth und Margret hinzu, in jeden Umschlag den Gegenwert von 20 Dollar, aber lassen Sie die Umschläge bitte offen, denn ich möchte noch ein paar Worte dazuschreiben].« Elisabeth Sieniawska bedankte sich und fügte erklärend hinzu: »I think I owe you an explanation here that I do not work in PAGART; I have another job, I am a teacher of English at Warschaw Technical University and sometimes only, when they need my help, I cooperate with them [Ich denke, ich schulde Ihnen noch eine Erklärung, ich arbeite nicht bei Pagart; ich bin Englisch-Lehrerin an der Technischen Universität Warschau, und arbeite nur manchmal mit Pagart zusammen, wenn meine Hilfe gebraucht wird].«

ZBIGNIWEW CYBULSKI ■ Ul Czerniakowsa 95/37 · **Warschau** ■ Der Filmschauspieler und Autor Zbigniew Cybulski (3. November 1927 Kniaze bis 8. Januar 1967 Wroclaw) gilt in der Filmgeschichte als »polnischer James Dean«. Er spielte die Hauptrolle in dem legendären Film »Asche und Diamant« von Andrzej Wajda, einem Kultfilm der 1960er Jahre. »Wenn man diesen Film gesehen hat, kann man das Gesicht nicht mehr vergessen: Die Augen verdeckt hinter dunklen Brillengläsern. Dieser Film war seine ›tour de force‹, seine größte Leistung«, erinnert sich Marlene Dietrich in ihrer Autobiografie. Sie lernte ihn während ihres Aufenthalts 1966 in Wroclaw kennen. »Ich hatte ihn schon spielen sehen — aber er sah mich zum ersten Mal und war überrascht und begeistert von meiner Leistung auf der Bühne. Er hatte gedacht, ich sei nichts anderes als ein typisches Hollywood-Geschöpf. Er kam zu jeder Vorstellung.«

Cybulski starb im folgenden Jahr, wie Jörn Donner (siehe Eintrag) Marlene Dietrich mitteilte: »From Mago I heard you called him about Cybulski. We found out he was burried today in Kattovice. Some postcards from strange places reached me in the last month, he never was in northern Sweden and I thought of proposing a new film on him. So he is dead. That's not a funny reason for writing you [Ich hörte von Mago, daß Du ihn wegen Cybulski angerufen hast. Wir haben herausgefunden, daß er heute in Kattowice beerdigt wurde. In den letzten Monaten kamen noch ein paar Postkarten von merkwürdigen Orten, er war nie im Norden Schwedens, und ich dachte gerade darüber nach, ihm ein neues Filmprojekt vorzuschlagen].«

»Bis heute komme ich nicht über den nutzlosen Tod eines so großen Mannes und großen Schauspielers hinweg«, bekannte Marlene Dietrich weiter in ihrer Autobiografie: »Es hat noch nie am Theaterhimmel einen Schauspieler gegeben, der spielen konnte, ohne seine Augen zu gebrauchen, und ich weiß, es wird auch keinen mehr geben. Um so besser! Man wird sich ewig an ihn erinnern, und das ist mehr, als man über viele Schauspieler sagen kann.«

Personenregister

FILM
MUSEUM
BERLIN

Marlene Dietrich
im Filmhaus
am Potsdamer Platz

Öffnungszeiten: Filmmuseum Berlin
Di bis So Potsdamer Straße 2
10 – 18 Uhr 10785 Berlin
Do fon: 030 - 30 09 03 - 0
10 – 20 Uhr fax: 030 - 30 09 03 13
Mo geschlossen

e-mail: info@filmmuseum-berlin.de
www.filmmuseum-berlin.de